中国艺术研究院基本科研业务费个人后期出版资助项目

项目编号：2024—3—5

技术的幻象

当代西方技术主义文论片论

张墨研·著

文化艺术出版社
Culture and Art Publishing House

目　录

导论

兰登·温纳（Langdon Winner）在其名著《鲸鱼与反应堆：高科技时代的限度探索》(*The Whale and the Reactor： A Search for Limits in an Age of High Technology*）的开头说过这样一段意味深长的话："在处理这些问题时，这是一部批判性著作。如果它是文学评论的话，大家能立刻相信其根本目的是积极的。文学评论家审视一部作品，分析它的特点，品评它的素质，探索对同一文本的其他读者或许有用的更深层次的解读。同样地，音乐、戏剧和艺术评论家也扮演着重要的、公认的角色，成为艺术家和观众之间的有益桥梁。然而，对技术的批评还没有得到同等待遇。写作者如果超越了对工具及其用途最平庸、沉闷的认识，去探究技术形式是如何与我们文化的基本模式和问题相联系的，往往会被指责为'反技术'或'责难技术'。所有最近在这一领域挺身而出的批评者都被抹上了差不多愚蠢的污渍，这表明人们希望终止而非扩大那些我们亟须的对话。如果有读者想把这部著作视为'反技术'作品，那就尽情发挥吧。那是他们的话题，不是我的。"①温纳的这一表述本身及与其著作之间的关系都值得玩味。而从表面上，我们至少能看出几个层面的意思：首先，当时技术文化批判的读者在某种程度上并不能完全理解对技术的批判与对文学艺术的评论一样可以通过批评的手段实现积极的目的，也即对技术的批判能够提供对技术及其社会影响的积极价值；其次，在文化意义上值得做出的技术批评要面对更为深层的问题，而不能仅停留在对技术工具性使用的探讨上；最后，技术及其社会性批判是一种本体论的反思，它尤其涉及技术形式与文化的关系。对于最后一点，如果当时的温纳还没有意识到他自己陈述中的某种循环性，以他的导论开始我们的导论，一个鲜明而吊诡的隐喻已然显露出来，本书试图探讨的对象正是温纳话语中用以对比的两方面的结合，即往往被尊重的文艺评论（理论）和常常被诘难的技术批评相结合的"技术主义文论批判"。那么在这个意义上，本书作为以递归形式出现的"跨学科"批评文本便似乎天然具有了内在矛盾性。当直面这种矛盾性，导言的主要目标则是说明我们的主题——"当代西方技术主义文论片论"——在根本上是积极的。而依照惯例，我们需要对关键词进行说明，相对其他概念，"技术"仍然是论题中最核心的范畴。

在未完成的《技术与时间》（*La Technique Et Le Temps*）中，为了

---

① Langdon Winner, *The Whale and the Reactor: A Search for Limits in an Age of High Technology*, Chicago: University of Chicago Press, 1989, p. xi.

从根本上理解时间性中的人类，贝尔纳·斯蒂格勒（Bernard Stiegler）重释了普罗米修斯的故事，这一做法的另一目标是理解技术的诞生。在"最著名"的那些讲述（赫西奥德、埃斯库罗斯、柏拉图的讲述）中，斯蒂格勒聚焦于《普罗泰戈拉》，因为那里有关于被遗忘的普罗米修斯的兄弟的故事。故事中，众神将赋予每个种族品质的任务交给了普罗米修斯与爱比米修斯兄弟二人，普罗米修斯则准许了爱比米修斯独自完成分配工作的请求。但就像众所周知的那样，弟弟在给每个种族分配能力时唯独忘记了人类，为弥补这一过失，普罗米修斯从神那里偷来了技术（火与技艺），以免人类成为唯一没有任何能力的种族。① 由于这是关于人类诞生的故事，技术也被解释为人的本质。如果说人类技术的初始源于失误，那么失误的修正依靠的并非缺失事物的"回归"，而是额外东西的"增补"，这就造成了失误本身成为永久性的，在雅克·德里达（Jacques Derrida）延异（différance）的意义上来说也就是人类诞生于不可挽回的根本性的缺失，而技术在生产出了"人之生"的同时也生产出了"人之死"。那个不可挽回的缺失在雅克·拉康（Jacques Lacan）的意义上便有了一个更为准确的宏观描摹，它不是可以重复的所有可知的历史（事件），而是历史本身。

如果存在一种说法，认为在最新的技术时代比如数字资本主义时代，技术是无法避免的，具有文化上的必然性，它也就再次暗示着

---

① 参见 [古希腊] 柏拉图著，[美] 施特劳斯疏《普罗塔戈拉》，刘小枫译，华夏出版社2019年版，第48—54页。

温纳所说的讨论的不必要性，那么斯蒂格勒对神话的阐释则说明这一非必要性与其自身的历史性是矛盾的。因为在斯蒂格勒看来，技术从来都是不可避免的，不是人发明了技术，而是技术本身发明了人，技术的文化必然性就是其历史偶然性的兄弟，由此技术与文化之关系便始终具有甚至只有从本体论（存在论）的角度讨论的可能和价值。如果从斯蒂格勒最重要的思想资源之一吉尔伯特·西蒙东（Gilbert Simondon）的视角来看，这一不可分割性就是技术与人的"前个体环境"（preindividual milieu）的不可分割性，这一"不可分割"与前文的"不可挽回"共同构成了技术与人的永恒的纠缠。

　　如果以斯蒂格勒的技术与时间（人）之关系作为前提，我们反而可以对论题中的"技术"一词加以限定，而这一限定仍然困难，我们只是通过历时性与共时性两方面作初步理解。雷蒙·威廉斯（Raymond Henry Williams）在《关键词：文化与社会的词汇》(*Keywords: A Vocabulary of Culture and Society*)中认为"Technology[①]从17世纪起，指的是对技艺（arts）做有系统研究的描述，或者描述某一种特殊技艺"，其对应的希腊词根"tekhne"则有技艺和工艺之谓。而"Science（科学，参见本书）与scientist（科学家）这两个词开启了我们所熟悉的现代区分：知识（科学）与其实际的'应用事物'（工艺、技术）在

---

① 保留范畴原文的方式是中译本《关键词》的必要做法，这一方式对我们呈现能指的相关与差异同样有益，故本书在后文中的必要处皆保留这一做法。

特定领域里的划分"。① 在这个意义上，作为一种现代技术的潜台词的或前提的"科学技术"，以一种偏正概念同时体现了其历史化，科学与科学家范畴的发明和应用使得 Technology 获得了更为明确的技术性（西蒙东），而在古希腊时期，技术与艺术（文化）尚无明确分野。威廉斯的说法在晚近学者对批判理论传统的考证中获得了某种非严格意义上的回应，德国批判理论首先作为对 19 世纪德国文化传统的延续保持着对使用 Technik 的青睐，"随着 19 世纪德国工程学的崛起和科学地位的提升，Technik 这一概念变得流行并在人文学科和社会科学中被采用。它取代了 16 世纪围绕艺术科学出现的更古老、更具文化色彩的概念 Technologia。Technik 这一术语，由马克思、韦伯以及其他德国学者如桑巴特和海德格尔使用，被德国知识分子引入英语世界，为旧的技术概念赋予新的意义，反映了科学的统治地位并关联到文明的物质方面"②。而围绕这一概念的另一能指 Technology 则明显地经过了更为复杂的变化，"Technology 的概念，包括该术语本身，在 16 世纪出现时同时包含了 episteme 和 techne 两个概念，直到围绕着科学概念被重新发明。直到 20 世纪 40 年代，Technology 作为一个术语重新出现，其含义与 Technik 大致相同。但是，旧的 Technology 概念中的创造性和文化维度并未完全消失。它本应是 Technik 的一部分，因为

---

① [英] 雷蒙·威廉斯：《关键词：文化与社会的词汇》，刘建基译，生活·读书·新知三联书店 2005 年版，第 484 页。

② Gerard Delanty and Neal Harris, "Critical Theory and the Question of Technology: The Frankfurt School Revisited", *Thesis Eleven*, Vol. 166, No.1, 2021.

Technology 的基础——科学——需要发明的创造力，所以在一定程度上是文化的。然而，Technik 这一概念并不能满足人们对技术作为更广泛、更全面的概念的需求，这种概念可以容纳海德格尔所说的技术的'本质'。这一新的技术概念应同时涵盖技术的工具性和文化性，但又突出了技术的物质层面"①。再一次，technology 既获得了某种全面性和复合性，又明显地取代前者获得了时代性的显耀地位。

另外，关键词的演变涉及一个翻译问题（如果不是翻译技术问题），比如在德语向英语的翻译中所出现的偏差，约翰·杜海姆·彼得斯（John Durham Peters）称赞刘易斯·芒福德（Lewis Mumford）将 technik 译为 technique（而非 Technology），②而根据埃里克·沙茨伯格（Eric Schatzberg）的说法，第一版英译《资本论》又是第一次德文 technik 被译为 Technology 的明证。③如果上述两方面的阐发即翻译问题均关乎德语和英语，那么斯蒂格勒则提供了法国样本，深受西蒙东影响的斯蒂格勒（如同德勒兹）倾向于"生成"的概念，在

① Gerard Delanty and Neal Harris, "Critical Theory and the Question of Technology: The Frankfurt School Revisited", *Thesis Eleven*,Vol. 166, No.1, 2021.

② 参见［美］约翰·杜海姆·彼得斯《奇云：媒介即存有》，邓建国译，复旦大学出版社2021年版，第33页。更重要的或许在于芒福德较早地对英文中的"技术"和"技艺"进行了辨析，MacKenzie, D. and Wajcman, J. "Introductory Essay", *in D. MacKenzie and J. Wajcman eds., The Social Shaping of Technology*, Milton Keynes: Open UP, 1999.

③ Eric Schatzberg, "Technik Comes to America: Changing Meanings of Technology Before 1930", *Technology and Culture*,Vol. 47, No.3, 2006.

他看来 technics 与 Technology（有时候明确是工业技术）是生成意义上前后相继的概念，尤其当他使用工业技术时，上述生成以其在西蒙东那里更具形而上学意味的"个体化"（Individuation）拥有了历史现实的对应性，[①] 而这种生成性也有着共时性的说明。所以接下来借着翻译问题的切入我们再对概念群的共时性方面稍作探索。相对而言，经过历史的沉淀，technics 主要指向实证经验，Technology 则融合了科学知识和数学形式，[②] 后者的现代性也由此而来。而如果我们还需要对 technics 或 Technology 与 techniques 之间作一区分，《技术与时间》第一部正文中的第一个注释可以作为参考，"关于反复出现的术语 'technics'、'techniques'、'technical' 和 'technology'，有必要澄清一下。法文 une technique 和 des techniques 指的是一种或多种单独的专门 '技能'（techniques），译为 'technique' 和 'techniques'。法语中的 la technique 指的是技术领域（technical domain）或作为系统或结果的技术实践整体，译为 'technics' 或 'the technical'。法语中la technologie 和 technologique 指的是现代技术与科学的结合，译为 'technology' 和 'technological'。如果使用连字符（la techno-logie、

---

① Bernard Stiegler, *States of Shock: Stupidity and Knowledge in the 21st Century*, Hoboken: John Wiley & Sons, 2015, p.7.

② 参见［法］贝尔纳·斯蒂格勒《南京课程：在人类纪时代阅读马克思和恩格斯——从〈德意志意识形态〉到〈自然辩证法〉》，张福公译，南京大学出版社 2019 年版，第103 页。

techno-logique 等），则指技术思维和逻辑，译为'technology'。"①
如果其中对 technics 和 technique 的辨析仍不够明确，珍妮弗·巴乔
雷克（Jennifer Bajorek）为斯蒂格勒与德里达的《电视超声：访谈
录》(*Echographies of Television: Filmed Interviews*) 所写的一个译者
注基本可以说明问题，"这里的法语单词是 la technique，我有时给
出 technique，有时给出 technics。这种区别在法语中不存在，而在
英语中我们则需要二选其一，一个通常过于明确（specific）或具体
（concrete）的单词［'technique'，在技能（skill）或程序（procedure）
的意义上］和一个通常过于笼统的单词（'technics'，它同时表示
这些技能、程序或做事方式的集合，以及一些更难以捉摸和本质的
东西——我们可能认为是'technology'，但准确地说，是它减去了
科学或理性的含义）"②。换言之，在大体上，英语中的 technics 和
technique 具有属性上的一致性，其差异主要体现在程度或尺度上，在
我们的主要目的是区分 technics（technique）和 Technology 的前提下，
这一差异可以不做考虑，而 Technology 在拥有与 technics 相当尺度的
意义上则融合了（现代）科学与理性。

　　实际上，我们希望获得的是一个相对一般性的认识，这一认识
可以在斯蒂格勒的学生许煜（Yuk Hui）的说明里更凝练地体现出

---

① Bernard Stiegler, *Technics and Time 1: The Fault of Epimetheus*, Stanford: Stanford University Press, 1998, pp. 280-281.

② Jacques Derrida and Bernard Stiegler, *Echographies of Television: Ian James Filmed Interviews*, trans. Jennifer Bajorek, Cambridge & Malden: Polity Press, 2002, p.168.

来，他在《论中国的技术问题——宇宙技术初论》中有"对'技术（technics）''技艺（technē）''科技（technology）'，我做了区分：技术是各种形式的制作和实践的一般范畴。技艺是希腊的概念，海德格尔把它理解为一种诗意的产出。科技指的是欧洲现代性期间发生的认识论的转变，它的自动化程度日益增长，最终导致了海德格尔所说的集置"①。抛开法语和德语中更为复杂的原始概念的内涵，为了论说的便利，简言之，从历时性的角度我们也就是在现代技术、科学技术和技术体系这几个维度的综合中使用"技术"这个概念，也就是许煜所使用的"科技"一词，其内涵表现为上文对这一概念的所有讨论的最大公约数。尽管我们的论题中的"当代"可以作为上述限定的便捷入口，我们仍然要从概念本身加以分析，其原因与我们接下来的说明有关。如果论题中的"文论"这一概念可以沿用某种约定俗成的内涵，那么我们将面对"技术主义文论"作为整体概念的内涵，而之所以选择（现代、科学、体系）技术（Technology）作为核心范畴，正是为了此处与某种普遍意义上的 technics（下文将在无特别说明的情况下使用"技艺"作为中译）加以区分，比如前文的引用中有这样的说法"修辞学也是一种'technics'"，正是因为技术概念的个体化过程造成了历史和现实的复杂性与分化，我们明确要讨论具有现代意义上科学技术体系的技术，正是为了面对文学（包括修辞学）自身的技术（作

---

① 许煜：《论中国的技术问题——宇宙技术初论》，卢睿洋、苏子滢译，中国美术学院出版社 2021 年版，第 2 页。

为技艺）。

首先，文学艺术本身体现为一种技艺，而在文论场域内理解它与技术的关系同样是复杂的问题。比如将这种技艺看作离主观方面更近者便有可能对科学技术保持距离，最具代表性的便是浪漫主义对现代技术举起的"卢德工人"的大锤，雪莱和拜伦对卢德工人们所发出的声援，这一情况同样包含着某种历史必然性。对于浪漫主义，如果不包括德国观念论中的浪漫主义哲学，往往因其个人主义倾向而体现出与自身伸张的激进立场所不相称的保守主义，这正是历史中实存的浪漫主义与保守主义联络的原理。[①] 这种保守主义体现在政治上就表现为政治保守主义，体现在技术认知上就表现为技术保守主义。而将文艺的技艺方面看作离主观更远而离客观更近者则往往对技术话语表现出亲近乃至模仿，比如英美"新批评"（New Criticism）、俄国形式主义美学和法国结构主义文论。然而，过于强调文学艺术自身的技艺本身便体现出某种保守主义倾向，这也就是为什么伊格尔顿认为新批评是批评上的技治主义（technocracy）与美学上的保守主义的"一种稀奇的混合"（a curious hybrid）[②]。由此，从文艺的技艺的角度理解文艺与技术的关系并不能得出简单的结论，但我们仍希望在这一视角中挖掘出一些有用的东西。

---

① Robert Kurz, "The Ontological Break: Before the Beginning of a Different World History", *Mediations*,Vol.27，No.1-2, 2013.

② Terry Eagleton, "The Idealism of American Criticism", *New Left Review*,Vol.127, 1981.

如果我们试图通过文艺自身的技艺理解"技术主义文论"这一概念中修饰性的限度，我们或许需要文论史自身的"辩证意象"（dialect image）提供支点。在《技术可复制时代的艺术作品》（*Das Kunstwerk im Zeitalter seiner technischen Reproduzierbarkeit*）中技术无疑是其背后最重要的推动力，甚至技术史也在"人体解剖是猴体解剖的钥匙"的意义上获得了一荣俱荣的地位。本雅明首先娴熟地排演起了艺术的技术史："希腊人只知道两种对艺术作品进行技术复制的方法：浇铸和压印。铜器、陶罐和钱币是他们能够大规模生产的全部艺术作品。其他所有事物都是一件性的，不能技术地复制。借助木刻，图画头一回成为技术可复制的……中世纪除木刻以外还有铜刻、蚀刻，19世纪初又有了石印。石印标志着复制技术进入一个全新阶段……有了石印，图画就能生动地追踪日常生活。它就要追上印刷了。可就在这时候，石印——尽管发明出来才几十年——又被照相超越了。照相使得在图像复制的过程中，最重要的艺术性的工作头一回不再由手承担，而是完全交给朝客体看过去的眼睛。眼睛捕捉得快，比手画图快得多，图像复制的过程取得飞速进展，可以与说话同步。电影摄像者在摄制棚里摇动着手柄采集图像，与表演者讲话的速度持平。就像有石印就会出现画报那样，有照相就会出现有声电影。声音的技术复制，出现在上个世纪末。……19世纪的技术复制已达到这样一个水准，除了可以把以前传下来的艺术作品全都变成技术复制对象，导致出现最深刻变化之外，还在艺术性的处理方式上夺得其所自有的一席之地。"①

　　从某种隐喻性的意义上说，本雅明与法兰克福社会研究所之间的错综关系正是以技术（社会）为纠缠纷扰的中心，力的另一端主要来自西奥多·阿多诺（Theodor Adorno），其中最具理论张力的表现发生在所谓"阿多诺—本雅明论争"中，其中便有关于我们论题的关键话语。首先，在1935年8月2日写给本雅明的信中，阿多诺指出本雅明在《夏尔·波德莱尔——发达资本主义时代的一位抒情诗人》中体现了某种"技术决定论"倾向，并认为这与本雅明的历史哲学缺乏更为全面和彻底的辩证法有关，这一缺乏导致对技术的迷思与一条怀旧之路相连接。② 其次，阿多诺在1936年3月18日所写的关于《技术可复制时代的艺术作品》的信中，这一批评更加具体而尖锐。但当阿多诺申明"我强调寄予技术（technology）以优先地位，特别是强调技术（technology）在音乐里的作用"③，同时又指出仅就音乐而言"恰恰是极度一致地对自律艺术的技术法则（technical laws）的追求改

① ［德］瓦尔特·本雅明：《技术可复制时代的艺术作品：专家伴读版》，杨俊杰译，江苏凤凰文艺出版社 2023 年版，第 19—21 页。

② 参见［德］西奥多·阿多诺、［德］瓦尔特·本雅明、［德］恩斯特·布洛赫、［德］贝托尔特·布莱希特、［匈］格奥尔格·卢卡奇《美学与政治》，谢俊、李轶男译，西北大学出版社 2024 年版，第 177 页。

③ ［德］西奥多·阿多诺、［德］瓦尔特·本雅明、［德］恩斯特·布洛赫、［德］贝托尔特·布莱希特、［匈］格奥尔格·卢卡奇：《美学与政治》，谢俊、李轶男译，西北大学出版社 2024 年版，第 185 页。

变了这种艺术"①，并由此总结道："您过低评价了自律艺术的技术性
（technicality），同时过高评价了依附艺术的技术性（technicality）。"②
一种令人费解的局面便产生了，这一局面如果再与本雅明的《技术可
复制时代的艺术作品》"批判版第三稿"和"批判版第五稿"之间出
入的关于"第一种技术"与"第二种技术"的说法相联系，③会使得阿
多诺的批判更加难以捉摸。这一情况在弗雷德里克·詹姆逊（Fredric
Jameson）为《美学与政治》所撰写的"总结陈词"中有着"寓言
性"的表征，詹姆逊在点评时为本雅明的技术加上了括号，写为
"technically（and technologically）"④。

有趣的是，通过雷蒙·威廉斯（Raymond Williams），保罗·琼斯
（Paul Jones）将问题的实质更为明晰地揭露出来，简单来说："这场争论
的一个关键问题是当时的'新技术'（new technologies）中美学'技艺'
（technique）与复制'技术'（technology）之间的区别，尤其是就电影而

---

① ［德］西奥多·阿多诺、［德］瓦尔特·本雅明、［德］恩斯特·布洛赫、［德］贝托尔
特·布莱希特、［匈］格奥尔格·卢卡奇：《美学与政治》，谢俊、李轶男译，西北大学
出版社 2024 年版，第 187 页。

② ［德］西奥多·阿多诺、［德］瓦尔特·本雅明、［德］恩斯特·布洛赫、［德］贝托尔
特·布莱希特、［匈］格奥尔格·卢卡奇：《美学与政治》，谢俊、李轶男译，西北大学
出版社 2024 年版，第 191 页。

③ 参见［德］西奥多·阿多诺、［德］瓦尔特·本雅明、［德］恩斯特·布洛赫、［德］贝
托尔特·布莱希特、［匈］格奥尔格·卢卡奇《美学与政治》，谢俊、李轶男译，西北
大学出版社 2024 年版，第 185 页。

④ 中文版将之译为"技巧上（和技术上）"，参见［德］西奥多·阿多诺、［德］瓦尔
特·本雅明、［德］恩斯特·布洛赫、［德］贝托尔特·布莱希特、［匈］格奥尔格·卢
卡奇《美学与政治》，谢俊、李轶男译，西北大学出版社 2024 年版，第 324 页。

言，这两者是否可以分离，如果可以分离，它们是否有质的区别。在阿多诺看来，本雅明的乐观主义在于混淆了这两者，而且没有意识到文化工业的作用"①。这种混淆在阿多诺（包括威廉斯）看来其核心原因是将技术与社会脱钩，是对技术的一种孤立的抽象的认识，体现为"技术决定论"，甚至"对机械技术和机器的过分强调往往是资产阶级的反思理论所特有的：当他们以这样抽象的形式谈及生产方式时，生产关系的问题就已经被隐藏了"②。这种批评是尖锐和沉重的，相对而言，阿多诺仍然更多地强调艺术体验，并且认为"蒙太奇技术或所有那些先进技术在电影生产的事实中被使用得何其之少"③。

所以当阿多诺对本雅明做盖棺论定时说道："您过低评价了自律艺术的技术性，同时过高评价了依附艺术的技术性。"④我们便应该理解这里前半句仍在谈论艺术的技艺，而后半句实际触及了艺术的技艺与技术的关系，依附艺术的本质便是依附于技术（社会）。事实上，阿

① Paul Jones, *Raymond Williams' Sociology of Culture: A Critical Reconstruction*, Houndsmills: Palgrave Macmillan, 2004, p. 78.

② ［德］西奥多·阿多诺、［德］瓦尔特·本雅明、［德］恩斯特·布洛赫、［德］贝托尔特·布莱希特、［匈］格奥尔格·卢卡奇：《美学与政治》，谢俊、李轶男译，西北大学出版社 2024 年版，第 176 页。

③ ［德］西奥多·阿多诺、［德］瓦尔特·本雅明、［德］恩斯特·布洛赫、［德］贝托尔特·布莱希特、［匈］格奥尔格·卢卡奇：《美学与政治》，谢俊、李轶男译，西北大学出版社 2024 年版，第 191 页。

④ ［德］西奥多·阿多诺、［德］瓦尔特·本雅明、［德］恩斯特·布洛赫、［德］贝托尔特·布莱希特、［匈］格奥尔格·卢卡奇：《美学与政治》，谢俊、李轶男译，西北大学出版社 2024 年版，第 191 页。

多诺（与一定程度上的威廉斯）所采用的分析艺术与技术关系的方式
正是我们所试图说明的一种方式，它将技术和技艺在一定程度上进行
区分是为了在艺术层面理解它们的融合，阿多诺所试图批评的便是本
雅明因为混淆二者而造成的分析上的困难与结论上的盲目。事实上，
阿多诺秉持的是这样的观点，不同艺术说明了不同的技术与技艺之间
的关系，代表性话语体现于《影片的透明性》(*Transparencies on Film*)
中，"电影的出现较晚，使得技艺（technique）和技术（technology）
之间的区分很难像音乐中那样清晰"①。这一表述之所以经典，在于阿
多诺将艺术中技术与技艺之关系的问题在其共时性与历时性的错综中
表述了出来。电影相较于音乐难以将技艺与技术区分清楚，除了有其
艺术特征自身的原因外，还有历史的原因。简言之，电影时代的科
学技术获得了空前的发展，从而使得阿多诺的"内在技艺"(intrinsic
technique)所面对的外部情况空前地复杂了。但这种"难以区分"便
是电影中美学技艺与科学技术融合的特定形式，这就是我们理解艺术
与技术的方式，通过技艺与技术的"合—分—合"理解技术与艺术关
系的"正—反—正（合）"。从马克思主义的视角，形式因其与生产方
式的对应性仍然是最核心的中介，而一定意义上，其对技艺与技术的
区分与威廉斯的某种区分相似，后者倾向于区分作为"文化生产资料"
(means of cultural production)的艺术的技艺与作为"一般生产资料"

---

① Theodor W. Adorno and Jay M. Bernstein, *The Culture Industry: Selected Essays on Mass Culture*, London & New York: Routledge, 2020, pp. 178-180.

（means of general production）的科学技术。[1]

　　通过对"阿多诺—本雅明论争"的简单回望，我们明确了对于外在于艺术的科学技术与内在于艺术自身的技艺的区别的重要性，姑且不论这一区分本身就有着深远的理论生成性。正是在这一意义上，我们希望加深本文所讨论的作为科学技术的 Technology 的核心性。从这个意义上说，"理论的世纪"中所产生的大量文论或文论相关范畴都需要与此技术加以分别。比如与上文相近的叙事技术、语法技术、修辞技术，而从这个意思延伸出去，福柯的"权力技术"（technologies of power）、"规训技术"（Disciplinary technology）、"自我技术"（technologies of the self）、"身体技术"（technology of bodies）、"政府技术"（technologies or techniques of government）、"主体化技术"（technologies of subjectification），吉奥乔·阿甘本（Giorgio Agamben）或唐娜·哈拉维（Donna Haraway）的"生命技术"，乃至海德格尔的"星球技术"（planetary technicity）或者许煜的"宇宙技术"（Cosmotechnics）等，均需要作上述甄别。事实上，人文社科尤其是在"理论转向"后所生产的"种种技术"均体现为某一文化场域或问题域内部的技艺，甚至，在某种意义上我们会发现这些人文社科中的偏正短语与其他的应用更为广泛的概念在构词法上有着相近的地方，比如医疗技术、游戏技术、交往技术、科研技术、战争技术、生

① Paul Jones, *Raymond Williams' Sociology of Culture: A Critical Reconstruction*, Houndsmills: Palgrave Macmillan, 2004, p. 78.

物技术、通信技术、信息技术、数字技术等，这样一来，作为技艺的技术也就渐渐地与科学技术连接了起来，这实际上是因为后一批范畴常常只表现为对科学技术的文化认知，不过这就是另一个复杂的问题了。简言之，从某种意义上，每一个行业或领域都可以识别作为其实践能力的某种特质，内在于其行业或场域自身的技术，同样属于我们上文所理解的"技艺"，它几乎就是中国传统文化中的"术"。从这个意义上说，如特瑞莎·德·劳拉提斯（Teresa de Lauretis）的《性别技术》（*Technologies of Gender*）也就不在我们对技术的考虑范围之内了。但提到这个例子是为了说明：显而易见的是，尽管这种讨论在整体上被筛选出去，但它们毫无疑问在不同层面均与我们要讨论的与科学技术相关的文论发展有着深厚且复杂的联系。还有一个有趣的概念是史蒂文·夏平（Steven Shapin）和西蒙·谢弗（Simon Schaffer）在《利维坦与空气泵：霍布斯、玻意耳与实验生活》（*Leviathan and the Air Pump: Hobbes, Boyle, and the Experimental Life*）中创造的文学技术（literary technology）①，这实际上指向一种关于科学写作的技术问题。换言之，这里文学领域的写作技艺的内涵反过来影响了作为技术前提的科学话语，罗伯特·波意耳（Robert Boyle）正是以此来回应托马斯·霍布斯（Thomas Hobbes）的反驳。

　　总而言之，我们论题中所试图讨论的西方技术主义文论，主要是

---

① 也译为"文本技术"。

指半个多世纪以来，受更为狂飙突进的技术发展和与之相适应或发展更为凶猛的技术认知（如新、老三论）的影响和推动下而产生的文艺与文化理论形态，而之所以采用技术主义这个修饰词是为了与我们最终的批评方向"技术决定论"稍加区分。简言之，主题中的技术主义是相对中性的概念，[①] 我们只能继续以说明代限定，将批判（分析）的对象明确为中性的"技术主义"（technologism），而将批评（反对）的对象名为技术决定论（technological determinism）。

明确了技艺与技术的区分，为我们理解某种意义上的技术与文论的对立性提供了前提，所以，我们实际采用的仍是一种以二元对立为动能的辩证的阐释思路。由此，技术主义文论的核心问题首先涉及的是一个技术与文艺理论相遇并相互化合的化合价的问题。在晚近出版的一部名为《技术与文学：剑桥关键概念》（*Technology and Literature: Cambridge Critical Concepts*）的文集的开头，编者罗列了两页篇幅的人类史中"技术与文学"关系的标志性事件，这一"时间线"以"公元前 5000 年：西方传统的书写开始作为美索不达米亚书记员和会计的工具"为始，以"1976 年：文本冒险电脑游戏《冒险》发布"为终，其中，纸张的发明、机械钟的传播、版权法的颁布、《古腾堡星系》都是重要的历史节点。[②] 显然这一名单以"文学事件"中的技术部分作

[①] 这一点在一定程度上也涉及众所周知的翻译问题，technologism、technicism 均有可能被译为"技术主义"或"技术决定论"。

[②] Adam Hammond, *Technology and Literature: Cambridge Critical Concepts*, Cambridge: Cambridge University Press, 2024, pp. xiv-xv.

为了"技术与文学"事件的代表，这一标准本身便体现出一种技术决定论。因为历史地看，当我们将技艺与技术做了严格的区分后，技术应然也实然始终以不同的形式和方式间接或直接地影响着文学艺术及其理论。

比如要理解现代性与后现代性分野中的文论形态与技术之关系，从唯物史观的角度，现代性本身应被视作生产方式更迭、启蒙理性勃兴与科学技术创新的综合体。将现代性与技术联结起来加以讨论的文献浩如烟海，我们姑且采用阿尔君·阿帕杜莱（Arjun Appadurai）在《消散的现代性：全球化的文化维度》（*Modernity at Large: Cultural Dimensions of Globalization*）中的说法来说明现代性所内蕴的诸元素，现代性计划主要是指"技术、现代科学、大众政治参与、高等教育的巨额投资以及新公民理念的密集宣传"[①]。有趣的是，在他的分类中不仅技术置于首位，而且放在了科学的前面。而作为在"启蒙辩证法"意义上对现代性加以批判的科学理论，马克思主义毫无疑问与技术具有紧密而错综的联系（甚至会被误认为体现了技术决定论）。而由此出发，衍生自马克思主义的文论类型，不论是宽泛的西方马克思主义，还是更为细化的流派，如文化唯物主义、批判理论、加速理论等几乎都将技术在某种程度上当作了研究和批判对象，其中最具代表性的恐怕仍然是法兰克福学派。在这个意义上，马克思的"工艺学"批判、

[①] ［美］阿尔君·阿帕杜莱：《消散的现代性：全球化的文化维度》，刘冉译，上海三联书店 2012 年版，第 187 页。

　　恩格斯的《自然辩证法》、卢卡奇的物化理论、法兰克福学派的文化工业批判等，包括上文的"阿多诺—本雅明论争"都应该被视为马克思主义文论视域中"技术与文论"关系的标志性事件。

　　现象学批评也不例外，尤其是在海德格尔对胡塞尔的发扬中，现代技术已被视为根本性的先验力量，以其"集置"（Gestell）的形态操弄着自然与人，技术本身已经成为"在世之在"的根本。在斯蒂格勒的诠释中人正是被技术"抛入"的，从胡塞尔到海德格尔的某种技术认知的悲观气质有如扬·帕托契卡（Jan Patočka）名篇的题目所呈现的那样，"胡塞尔眼中的科学技术化危险和海德格尔眼中作为危险的技术本质"（The Dangers of Technicization in Science according to E. Husserl and the Essence of Technology as Danger according to M. Heidegger）[1]。而对于将技术哲学视为某种新的使命的"后现象学家"们来说，比如唐·伊德（Don Ihde）等，技术与现象学的关系就更不在话下。对于德里达，即使在我们已经过滤了语言的技术问题的情况下，解构主义的某种必然的动力使其不会放任作为时代精神的技术发展而不顾，事实也正如其高足斯蒂格勒所说："自 1976 年以来，雅克·德里达在技术空前发展——即在工业领域技术与科学的融合发展——的背景下阐

[1] Jan Patočka, "The Dangers of Technicization in Science according to E. Husserl and the Essence of Technology as Danger according to M. Heidegger (Varna Lecture, 1973) 1", in Ludger Hagedorn and James Dodd, eds., *The New Yearbook for Phenomenology and Phenomenological Philosophy: Volume 14, Special Issue: The Philosophy of Jan Patočka*. London & New York: Routledge, 2015.

述了解构主义。"① 而更重要的是，当德里达将语音与书写技术同西方
形而上学整体性地联结起来，也就在与前述"阿多诺—本雅明论争"
异质的路径中同样辨析了文学技艺与科学技术之关系。

　　有趣的例子还可以举出如生态批评。技术之于生态问题同样是先
天的，"先污染后治理"实际是在两个时间点上都把责任和义务交给
了技术。而另外，自然作为生态批评的一个核心概念始见于与技术的
对立之中，自然就是尚未技术化的环境。在这个意义上，生态批评最
应该将技术作为"在场的形而上学"看待，才能保证自身的某种"自
然状态"。汉斯·贝尔滕斯（Hans Bertens）生动地说明了这种围绕着
技术的难以自拔的状态，尽管他的评价仍不够全面并略显简化，他说：
"在如何解决生态问题方面，他们（生态批评家）的观点也各不相同，
从彻底反现代的解决方案（远离现代、技术和功利的国家，回到自给
自足的公社，或所谓的'生态区域'）到寻求先进技术本身的帮助，
'深度'生态批评家与所谓环保主义者之间并不存在爱的缺失，他们并
不反对利用技术来消除早期技术和其他技术所造成的破坏。"②

　　又比如后殖民理论。如果讨论的是"后结构主义的后殖民理论"，
它实际上就是福柯、拉康及德里达的理论生产在全球性问题域中的

---

① Bernard Stiegler, "Derrida and Technology: Fidelity at the Limits of Deconstruction and the Prosthesis of Faith", in Tom Cohen ed., *Jacques Derrida and the Humanities*, Cambridge and New York: Cambridge University Press, 2001, p. 238.

② Hans Bertens, *Literary Theory: The Basics* (*2nd Edition*), London & New York: Routledge, 2008, pp. 206-207.

再生产，对应的正是《东方学》、霍米·巴巴（Homi K. Bhabha）和佳亚特里·斯皮瓦克（Gayatri C. Spivak）。而如果从一种"马克思主义的后殖民理论"的视角来看，后殖民理论所关注的"殖民遗产"（colonial legacy）问题的本质仍然指向资本主义的阶段性的发展形态，即"帝国主义作为资本主义的最高阶段"。那么如果从生产方式理论的视角加以把握，受马克思主义思想所主导的这种后殖民理论与其先驱——"帝国主义"理论——一样仍然从属于马克思主义文论史，自然无法与技术脱钩。其原理正在于作为分析基础的政治经济学批判，用本雅明的话说："帝国主义战争是技术的抗争，技术要让'人力资源'去做社会不许自然去做的那些事情。"[①] 而除此之外，如果从后殖民理论最根本的事业初衷——反西方中心论来看，技术的"地方化欧洲"（provincializing Europe）同样高举起了地方差异的大纛，弗朗索瓦·于连（François Jullien）、许煜均是个中代表。从这个意义上说，受其他认识论形式影响的文论，如精神分析批评、艺术社会学等，因其临床性、社会学与实践性，受科学技术的影响均在所难免。

　　而从文学艺术的内容或质料来看，情况也差不多。科幻文学及理论处于场域的核心，比如赛博朋克文论与美学以及由此衍生的种种美学形式都受到了技术的影响或推动，甚至常常就是技术发展及其问题的一种反应。凯瑟琳·海勒（Katherine Hayles）指出现代信息技术的

---

① [德] 瓦尔特·本雅明：《技术可复制时代的艺术作品：专家伴读版》，杨俊杰译，江苏凤凰文艺出版社 2023 年版，第 177 页。

发展深刻地影响了赛博朋克文学①，而如维利里奥所说赛博朋克是将技术赋予神秘气息的代表。在这位"战争之子"的恐惧中，赛博朋克等美学形式在缺乏平衡的情况下对技术的崇拜有可能导致技术原教旨主义（technological fundamentalism）的可怕后果，②甚至赛博朋克的哲学与其表征形式都具有相当的一致性。琼·戈登（Joan Gordon）曾诗性地表述对一般赛博朋克文本（相对于女性主义的）的"贱斥性"理解，"赛博朋克拥抱科技，沉醉于一个不完美世界的复杂性，并挣扎于通往地狱之路的旅程"③。更关键的是，赛博朋克作为一种技术文化形态是自身历史化的，如同布鲁斯·斯特林（Bruce Sterling）那句经典表述："赛博朋克或许是第一批不仅在科幻文学传统中成长，而且在真正的科幻世界中成长的科幻一代。"④

以上我们极为粗略地检视了一些与技术相关或受其影响的文论范畴，它同样构成了我们对论题进一步说明的一个新的阐释背景。简言之，在科学技术与西方文论的相关性上，现代性以降的文论话语均不

---

① 参见［美］凯瑟琳·海勒《我们何以成为后人类：文学、信息科学和控制论中的虚拟身体》，刘宇清译，北京大学出版社 2017 年版，第 39 页。

② John Armitage ed., *Paul Virilio: From Modernism to Hypermodernism and Beyond*, London: SAGE. 2000, p. 44.

③ Joan Gordon, "Yin and Yang Duke It Out", in Larry McCaffery ed., *Storming the Reality Studio: A Casebook of Cyberpunk and Postmodern Science Fiction*, Durham, NC: Duke UP, 1991, pp. 196-202.

④ Bruce Sterling, "Preface to the Mirrorshades: The Cyberpunk Anthology", in Rob Latham ed., *Science Fiction Criticism: An Anthology of Essential Writings*, 2017.

可能彻底脱离技术的影响。接着，我们也就最终面对了作为整体性的研究主题——"当代西方技术主义文论片论"，其中的"技术主义文论"指的是在上述前提下更为明确和全面地受时代性科学技术（话语）影响乃至孕育的文论形态。而我们的研究也就是在一种以点带面和以偏概全中所做出的一点片段性审视，相对独特的是研究的时代特征。它与前面讨论的关系既是逻辑上的进一步的具体化（concretization），又是历时性的发展，而这一发展同时意味着历史的延续与断裂。不用做任何特别的论证，晚近科学技术正越发对文论产生影响，甚至可以说西方文论已进入技术（主义）时代，这首先表现在技术通过影响整体文化影响了文艺理论。借用丹尼斯·特南（Dennis Tenen）的考察，技术在文化史中的重要性的萌发始自 20 世纪 50 年代至 70 年代 ①，代表性的理论文本有马丁·海德格尔（Martin Heidegger）的《技术的追问》(*Die Frage nach der Technik*)、雅克·埃吕尔（Jacques Ellul）的《技术》(*La Technique ou l'Enjeu du siècle*) ②、林恩·怀特（Lynn White）的《中世纪的技术与社会变革》(*Medieval Technology and Social Change*) 以及维克托·费基斯（Viktor Fekiss）的《技术人：神话与现实》(*Technological Man: The Myth and the Reality*) ③。正是这些代

---

① Dennis Tenen, *Plain Text: The Poetics of Computation*, Stanford: Stanford University Press, 2017, p.60.
② 译名采用胡大平的译法，书名的源流同样可参见胡大平《技术社会视角及其现代性批判》，《社会科学辑刊》2023 年第 4 期。
③ 此处特南所引用的题名存在问题。

表性文本促成了 20 世纪后半叶整体性的理论话语中的技术转向。[①] 有趣的是，特南同样认为，技术（technology）全面取代内涵相近的技艺（technique）就在 1979 年前后发生，而他的考证所凭据的正是一种所谓"数字人文"的方法。[②] 简单来说，我们的论题面对着一个新鲜的历史语境，即除了技术发展自身的速率乃至加速度在增加外，它对社会产生影响的速度也在增加，"技术自 19、20 世纪以来一直在改变社会。没有人会怀疑这一点。但近年来，变化的速度大大加快"[③]。时代性赋予了论题某种紧迫性，另一面则意味着我们的方法论立足于对研究的片面性与局部性的承认，即"片论"的内涵，而这种"片论"除了指向篇幅与能力限制外，也在某种意义上指向本书所试图理解的、以小见大的"认知图绘"的意义，正是借用了詹姆逊的这一概念，我们可以说研究所致力于运用的是一种"寓言批评"或"辩证批评"的方法。

在上述对前提、语境、立场和方法论的明确中我们最后选择了这个时代最具代表性的两个西方技术主义文论范畴——"数字人文"与"后人类主义"作为我们的研究对象。前者毋庸赘述，其名称便说明了

---

① Dennis Tenen, *Plain Text: The Poetics of Computation*, Stanford: Stanford University Press, 2017, p.60.

② Dennis Tenen, *Plain Text: The Poetics of Computation*, Stanford: Stanford University Press, 2017, p.212.

③ Julian Wolfreys, ed., *Literary Theories: A reader and Guide*, New York: NYU Press, 1999, pp.604-605.

它与技术的关系，没有数字技术就没有这一学科理念或研究范式；后者则包含了我们对后人类主义的某种内涵性判断。我们认为在相当程度上，后人类主义及其美学理念是深受技术影响的一种思想流派，当然这也并非一家之言，比如"在海勒看来，后人类与我们对技术的使用息息相关"①。此外还有一个视角，后人类主义和数字人文可分别视为对传统人文学术的修订，后人文（类）主义和数字人文（主义）仅仅是选取了不同的言说方式，以某种超人类（文）或去人类（文）的方式实现对传统人文的更新或反拨，以后人类主义自己的说法，即反对人文（类）中心主义，由此就像后人类主义体现为方法论更新②，数字人文也意味着新的认识论③乃至本体论④。

在"技术主义文论"这一二元偏正关系中，我们会常常提到僭越这一概念，以说明我们的某种直率而鲜明的认识论维度。简单来说，当"技术主义文论"中"技术"一词已经脱离它的适当位置之时，它构成了对文论的僭越，我们认为这种或者这时的技术主义文论表现

---

① Hans Bertens, *Literary Theory: The Basics*（*2nd Edition*）, London & New York: Routledge, 2008, p. 187.
② Francesca Ferrando, "Towards a Posthumanist Methodology. A Statement", *Frame Journal For Literary Studies*,Vol. 25，No.1, 2012.
③ Patrik Svensson, "Sorting out the Digital Humanities", in Susan Schreibman, R. Siemens, and J. Unsworth, *A New Companion to Digital Humanities*, Hoboken: John Wiley & Sons, 2015.
④ David M.Berry, "The Computational Turn: Thinking about the Digital Humanities", *Culture Machine*,Vol.12, 2011.

出"技术决定论"。不过技术决定论实际上同样至少表现出两方面的影响，一方面，技术决定论的本质是非历史化的，而技术主导的文论必然表现为一种历史性，作为这一倾向的极端或偏颇的例证，技术决定论所"非历史化"的正是其自身的历史性。换言之，技术决定论的文论是反对自身的存在论的文论形式，如果再进行化约并带入一种价值判断，那么技术决定论的文论往往本质或先天意味着对技术的否定，这第一个方面是对技术认知的伤害。另一方面，二元关系意味着差异并不表现为两方面根本的不同，差异表现的是权力的不平衡。由此，当技术主义文论中技术僭越文论的位置成为化合物中的主导成分，西方技术主义文论作为西方文论的某种更新就走向了它的对立面，这第二个方面是对文论的实质性的伤害，它才是我们真正关心的东西。我们将这一僭越、逃逸、解辖域化的组合形式的根本意识形态性称为技术主义文论所体现出的"技术决定论"，这也是我们研究整体批判性的核心范畴。事实上，每当一个新的技术革新时代来临，唯技术论的迷思总是亟须面对的问题，不论这种迷思对新技术反映出乐观还是悲观的情绪，它往往被技术的发展遮住了洞察普遍性的双眼，而将现实批判退化为伦理选择，或多或少在"技术决定论"的陷阱里打转。众所周知，"技术决定论"的一种标准内涵源自托斯丹·凡勃伦（Thorstein Veblen），它主要意味着强调技术的自主性和技术对社会的决定性而非相反。而当这一观念延伸至艺术领域，它便首先意味着技术通过决定社会而决定了艺术，①技术的性质被直接理解为艺术的性质，技术的发展被直接视为艺术的发展。同样，如后文中维利里奥所说的技术的事故也就被简化为关于艺术的担忧。尤其是在资本主义萌发后这种迷思因与资本拜物教纠缠生成为更加难以拆解的"技术拜物教"，及至当下的"数字资本主义"时代，演化出"数字拜物教"。

最后，对西方文论的批判最终是为了理解它的"中国旅行"，因此本研究的基本立场是马克思主义技术认知的中国化或者说符合中国式现代化的技术认知。而鉴于学界尤其是文学艺术学界对马克思主义与技术决定论的关系并不总是十分明确，我们仍需对两者之间的关系稍作分析。如果说要理解马克思主义是否体现出技术决定论的思想，或者干脆是不是技术决定论的，事实上有一个实存的学术史事件可以提供参考，主要指向发生于 2000 年年初我国学界在马克思主义理论和科学技术哲学领域的相关论争，而如果将其中的代表性文本加以检视，情况实际并不复杂。在互有往来乃至针锋相对的论争中，不同的话语有着不同的表述形式，其中有相当比重的讨论直接定义马克思主义不是一种技术决定论，如"为什么有人把马克思主义的技术观、技术哲学思想误解为'技术决定论'呢？其中一个重要原因，就是他们把工具、机器等劳动资料或技术手段等同于技术并加在马克思头

---

① Val Dusek, *Philosophy of Technology: An Introduction*, Malden: Blackwell Publishing, 2006, p. 48.

上"①；或者"技术决定论是非辩证思维，与马克思的辩证分析是根本
对立的。如果把马克思划归为技术决定论者，这就等于说马克思在对
人类社会发展历史的分析中、在对技术发展的分析中没有采取辩证的
分析。然而，事实明摆着，辩证分析在马克思的整个研究中是贯穿到
底的"②。而另有一些观点或为"技术决定论"增加限定词，如"硬技
术决定论"；或为马克思主义的技术认知设计限定性概念，如"技术
的社会形成论"。但这些仍对认为马克思主义属于技术决定论的认识持
批判观点，如"只有从马克思主义的社会技术整体论出发，才能批判
硬技术决定论在未来发展问题上抱持的盲目乐观主义和盲目悲观主义
观点"③；也如"'技术的社会形成论'的总体特征是拒斥传统的技术决
定论，由于它们过分抹杀了技术与其他社会文化因素之间的区分，忽
略技术的社会后果，因此引起了大量的批评"④。

　　事实上，反观反对意见，或者说要求承认马克思主义的技术决定
论的观点同样甚至更为倾向为概念提供限定性，如"马克思的技术决
定论绝不是单向的一元决定论，也不是考茨基等人所理解的历史'宿

---

① 陈文化、李立生：《马克思主义技术观不是"技术决定论"》，《科学技术与辩证法》
　　2001 年第 6 期。
② 刘立：《论马克思不是"技术决定论者"》，《自然辩证法研究》2003 年第 12 期。
③ 李三虎：《技术决定还是社会决定：冲突和一致——走向一种马克思主义的技术社会
　　理论》，《探求》2003 年第 1 期。
④ 王汉林：《"技术的社会形成论"与"技术决定论"之比较》，《自然辩证法研究》
　　2010 年第 6 期。

命论'，而是技术与社会之间的'互动论'或弱技术决定论"①；或者
"这也就是说，马克思具有社会制约的技术决定论思想，不仅不会导
致历史唯心主义，而且这正构成了历史唯物主义的重要佐证。如果
承认马克思创立的历史唯物主义的原理，也就必须承认马克思的技
术观中存在着技术决定论思想"②。换言之，试图理解马克思主义的技
术决定论的观点始终需要为这一技术决定论加以限制，它也就内含
了马克思主义不是纯粹的、偏狭的、简单的技术决定论的观点。由
此一来，国内学界的这场论争最终表现为某种程度的"名词之争"。
这种情况并不难理解，同样基于马克思主义立场实际并不可能得出
完全相左的结论，只是涉及对理解技术重要性的程度和方式的差别。
因此，正反两方面的不同话语实际上都可以统一在这样一种论述中，
其实质同样如上文所说始终是在恩格斯"归根到底"的意义上，即
"根据唯物史观，历史过程中的决定性因素归根到底是现实生活的生
产和再生产"③，是在历史唯物主义的视角下批判某种脱离社会历史语
境的"去语境化"和"非历史化"的技术认知。换言之，在辩证法
和唯物史观的整体性视野里，总是存在一种忽视"生产方式"的整
体决定性的"简单的技术决定论"（反之马克思是多元技术决定论）、

---

① 王伯鲁：《马克思技术决定论思想辨析》，《自然辩证法通讯》2017 年第 5 期。
② 陈向义：《马克思技术观中的技术决定论思想辨析》，《自然辩证法通讯》2007 年第
　3 期。
③ 俞吾金：《走出"科学技术决定论"的误区：对中国现代化道路的一个反思》，《马克
　思主义研究》2010 年第 6 期。

"硬技术决定论"（反之马克思是软技术决定论）、"强技术决定论"（反之马克思是弱技术决定论）。仍如上文所述，讨论容易陷入名词之辩。本研究也就是在"归根到底"的意义上批判西方技术主义文论中的一种以抽象的技术认知僭越社会历史现实及其表征形式的问题，并将之称为"技术决定论"。

最后的最后，如果我们已经基本解释说明了本研究主题的内涵，并通过对内涵的解释一定程度上说明了我们的立场、方法与目标，那么在正式开展研究之前我们希望再说明一个关于以"文字技术"开展"科学技术批评"的不得不面对的话题，即文论中科学技术话语合法性的问题。关于这一问题的讨论同样有一个实存的理论史事件可以作为基础，而这一事件的关联和影响都更为广泛和深远。它也往往被视为人文与科学对立的某种现代原型，引起了某种带有鲜明斗争色彩的二元对立，就像中国早期现代化的氛围里曾经有人依靠科学而将对方称为（玄学）鬼，西方文论史中也有着这样对抗的对位者。在强烈表达对人文学科中科学话语滥用不满的《高级迷信：学术左派及其关于科学的争论》（*Higher Superstition: The Academic Left and Its Quarrels with Science*）一书中，立场之鲜明、攻击之猛烈在书籍伊始便展露无遗，就像它的标题般触目惊心。《高级迷信：学术左派及其关于科学的争论》以一个过激的概念"愚昧"（Muddle headedness）作为开头，不由分说地指出"愚昧一直是人类事务中的主宰力量，其潜力远远大于邪恶或高尚"①。作者们进一步道出了思想史上某种草蛇灰线的前因后果，"斯诺在《两种文化与科学革命》（*The Two Cultures and the Scientific Revolution*）一书中，就曾严厉批评过古典主义者和历史学家们，指责他们连最基本的科学原理都一无所知，却偏要摆出一副自鸣得意的神态。今天，身为科学家的我们却发现自己正面对着更深刻的无知——而且事实上，这并非一个仅仅通过纠正错误信息就能解决的问题。这种无知如今正与一种可怕的激情糅合在一起，在科学王国里妄下结论、无端指责。出于对更大范围的智识共同体（本书两位作者亦列身其中）的敬意，我们迫切地感到应该挺身而出，对这种荒谬现象予以迎头痛斥。我们认为，这是科学思想者们所应尽的责任之一"②。《高级迷信：学术左派及其关于科学的争论》激发了许多怀揣自然理性精神的读者对人文学科乱象的深刻怀疑，其中有一个叫阿兰·索卡尔（Alan Sokal）的读者其后主导了由他自己名字命名的理论史事件。

索卡尔事件（Sokal affair）是 20 世纪发生在文论领域的一个重大理论事件，可以用《理论入门：文学与文化理论导论》（*Beginning Theory: An Introduction to Literary and Cultural Theory*）里的一段话简单描述这一事件："1996 年，纽约大学物理学教授阿兰·索卡尔写了一篇'诈文'，名为《超越边界：走向量子重力转换阐释学》

---

① [美] 保罗·R. 格罗斯、诺曼·莱维特：《高级迷信：学术左派及其关于科学的争论》（第二版），孙雍君、张锦志译，北京大学出版社 2008 年版，第 2 页。
② [美] 保罗·R. 格罗斯、诺曼·莱维特：《高级迷信：学术左派及其关于科学的争论》（第二版），孙雍君、张锦志译，北京大学出版社 2008 年版，第 8 页。

（*Transgressing the Boundaries: Towards a Transformative Hermeneutics of Quantum Gravity*），满篇都是在他看来的后现代主义套话。他把这篇文章寄给了杜克大学的后现代主义文化研究刊物《社会文本》（*Social Text*），文章被接纳、刊登。就在这篇文章刊登于《社会文本》的当月，索卡尔在另一份刊物又发表了一篇文章，自曝刊登于《社会文本》上的那篇文章其实是篇诈文，并由此争辩，那篇文章的接纳、刊登暴露出了后现代理论的空洞无物，言下之意是，所有文化理论同样空洞无物。那篇诈文引起了激烈辩论，成为一次著名事件，又引发了一连串相关事件"[1]。在索卡尔及其相关事件中至少存在两个论争向度：一是关于科学和人文的两种文化之争，从这个角度，索卡尔事件延续了"两种文化"至《高级迷信：学术左派及其关于科学的争论》中的对立与冲突，体现出传统研究对后现代主义的一种科学性和学科性的反拨，也包括科学实证主义对社会建构主义的批判，或者某种程度上也被说成是科学对反科学的批判；二是索卡尔事件的实践性话语（陈述）及批评话语，后者尤其集中于《时髦的空话：后现代知识分子对科学的滥用》（*Fashionable Nonsense: Postmodern Intellectuals' Abuse of Science*）等衍生文本中。索卡尔等人以这样的整体性批判直接而全面地指责后现代主义文论对科学话语的无知与滥用，显然这一点与本书关心的话题产生了联系。在著作开始作者们提炼出了这类"无知与滥

---

[1] [英] 彼得·巴里：《理论入门：文学与文化理论导论》，杨建国译，南京大学出版社 2014 年版，第 281 页。

用"的几个特征："1. 对于顶多只有模糊观念的科学理论发表长篇大论"；"2. 将自然科学的概念带入人文学科或社会科学，却不提供一些概念上或经验上的正当理由"；"3. 毫无忌惮地在完全不相干的语境里滥用专业术语，借以展现表面上的博学"；"4. 操弄实际上毫无意义的语汇和句子"。①

那么，我们应该如何看待索卡尔对文论中科技话语的批判，这对本书又有何启示呢？首先，在中文版《时髦的空话：后现代知识分子对科学的滥用》的审订序中，学者陈瑞麟通过对索卡尔分析的阅读产生了共鸣，他说："拉康和克里斯蒂娃大量应用的'数理逻辑'，笔者虽非专业，但也有过一定的研究。在读过索卡尔引证的文本后，笔者实在很想知道：如果他们对数理逻辑如此有兴趣，为什么不好好地了解研读一下？伊利格瑞讨论的'流体力学'，鲍德里亚和维利里奥的几何学、物理学术语，德勒兹和加塔利的哲学、微积分、物理学术语大杂烩，都很让人怀疑：这些文字，有什么知识和思想上的意义或益处？"② 但同样令人疑惑的是，如果说索卡尔基于自己的理学教授身份而相信自己的专业判断存在合理性，那么作为哲学学者的陈瑞麟在明确自己非专业身份的前提下，如何能以不加批判的姿态直接认同索卡

---

① [美] 艾伦·索卡尔、[比] 让·布里克蒙：《时髦的空话：后现代知识分子对科学的滥用》，蔡佩君译，浙江大学出版社 2021 年版，第 4 页。

② [美] 艾伦·索卡尔、[比] 让·布里克蒙：《时髦的空话：后现代知识分子对科学的滥用》"审订序——科学家与后现代主义的纸上战争"，蔡佩君译，浙江大学出版社 2021 年版，第 6 页。

尔的判断呢？更何况，以自然科学的理性精神，任何一个站在索卡尔相近立场的视角也都不能简单地通过索卡尔个人的批判而直接获得其批判的全部知识，简言之，科学逻辑是需要检验的。在这个意义上，陈瑞麟的认同具有某种代表性，作为人文社会科学学者做出的"自我批评"不过是索卡尔批评话语的一种反向。换言之，两者具有相同的"话语形式"，使得它们相互联通的"非科学性"首先便是文化主义倾向。

具体而言，一方面，索卡尔本人的科学评价也不总是牢靠；另一方面，更重要的是索卡尔的批判逻辑是断路的。作为发表于人文领域的文本，它的科学话语僭越了文论话语，这正是被称为"科学主义"的别名"科学决定论"的表现，归根到底其判断中缺失了对文论话语特异性的观照。通俗来看，首先正如对于索卡尔来说，后现代主义文论家是科学的外行，那么索卡尔实际也是文论的外行；其次，索卡尔在著作开头有过这样的申明："我们的目的正是要指出，国王没有穿衣服（皇后也没穿）。但需明确的是，我们并不是要抨击哲学、人文科学或社会科学之整体，相反，我们觉得这些领域非常重要，我们也想要提醒在这个领域从事研究的人，特别是学生，提防某些显而易见的吹嘘骗术。"[1] 对此，不知情者或许会认为索卡尔确乎在为人文学术自身的纯洁与正义而努力，像温纳所说的根本上是为了某种积极目的。但

---

[1]［美］艾伦·索卡尔、［比］让·布里克蒙：《时髦的空话：后现代知识分子对科学的滥用》，蔡佩君译，浙江大学出版社 2021 年版，第 5 页。

实际上，索卡尔以"诈文"为主要手段所发动的攻击本身毫无疑问是对所谓科学的"社会建构主义"（social constructivism）的一次有预谋的反击。

索卡尔们非常清楚他们做出跨学科批判时所面临的风险，他们首先将可能遭遇的反击进行了分类，从而试图将新的反驳写在前面。换言之，他们将潜在威胁进行事先封堵（如果了解自然科学尤其是实验性科学的论文形式我们就能明白这样做有多么的"理工"而不"文科"），然而如果索卡尔对人文学科的"症候式阅读"有更为深入的理解就会明白"言多必失"的道理。我们先把这9条自诉的罪状罗列如下："1.引文的边缘性"；"2.你不了解作品的语境"；"3.诗的破格"（这主要是文论话语诗性文风的问题）；"4.隐喻的角色"（隐喻性修辞，指科学话语扮演隐喻的角色）；"5.类比的角色"（类比性修辞，指科学话语扮演类比的角色）；"6.谁够格"（资格的问题，诉诸主体身份）；"7.你们是否过于诉诸权威论证？"；"8.可是这些作者并不是'后现代主义者'"；"9.为什么你们批评这些作者，而不是其他的作者？"；"10.为什么写书讨论这个题目而不是其他更严肃的议题？"。[1]

索卡尔或许没有想到，他们试图堵上的漏洞正是在堵上漏洞的动作上暴露了出来，换言之，呈现其根本问题的不是内容而是话语形式。当作者们在回应假设的第1个问题时曾经谦恭地说道："当然，我们无

---

[1] [美]艾伦·索卡尔、[比]让·布里克蒙：《时髦的空话：后现代知识分子对科学的滥用》，蔡佩君译，浙江大学出版社2021年版，第6—15页。

权评断这些作品中非科学的部分。"① 然而，从作者们对第 3—5 个问题并列关系的安排就能看出，正如作者们批判的后现代理论对科学话语的"浅薄的认识"一样，索卡尔们对属于文学艺术的关键术语，如类比、隐喻和诗歌三者关系的复杂性同样缺乏基本常识。作者们在文中提到朱丽娅·克里斯蒂娃（Julia Kristeva）主张"诗性语言是一形式系统，可以以集合理论为基础将它理论化"②。在隐喻修辞的意义上，索卡尔指出问题的关键在于如何解释"诗性语言和数学集合论"之间的关系，③ 但正是这种归因方式或许才是真正的问题，因为它的主要动机是不认可将数学范畴作为隐喻性表述的一种文论意义。那么这个问题实际上属于人文学科而不是数学，但真正理解结构主义语言学转向的文论研究者都能明白克里斯蒂娃的问题（如果有的话）并不存在于数学范畴与诗性语言之间，而出在如何理解语言从而获得在能指层面嬉戏的权力。与之相反，针对克里斯蒂娃的情况，索卡尔能提供的却只是对后者在数学上所犯的错误进行指摘，对数学之于诗性语言的问题却无能为力，而这本身恰恰是克里斯蒂娃们所致力于批判的实证论观念。

---

① [美] 艾伦·索卡尔、[比] 让·布里克蒙：《时髦的空话：后现代知识分子对科学的滥用》，蔡佩君译，浙江大学出版社 2021 年版，第 7 页。
② [美] 艾伦·索卡尔、[比] 让·布里克蒙：《时髦的空话：后现代知识分子对科学的滥用》，蔡佩君译，浙江大学出版社 2021 年版，第 47 页。
③ 参见 [美] 艾伦·索卡尔、[比] 让·布里克蒙《时髦的空话：后现代知识分子对科学的滥用》，蔡佩君译，浙江大学出版社 2021 年版，第 41—42 页。

第 6—9 个问题的设置又将作者们对身份政治的膜拜暴露了出来。在托尼·本内特（Tony Bennett）等人所编辑的《新关键词：文化与社会的修订词汇表》(*New Keywords: A Revised Vocabulary of Culture and Society*) 中，约翰·斯道雷（John Storey）切中肯綮地指出"索卡尔事件"这一指向后现代的理论事件本身就非常后现代[1]，用斯拉沃热·齐泽克（Slavoj Žižek）的话说："这本书[2]的作者尽管干得很严肃，却已经是一种戏仿了（它对敌人的描绘，不就是所谓后现代大理论的一个滑稽漫画版吗）。"[3] 关于这一问题又可以举一个实例。作者们在对布鲁诺·拉图尔（Bruno Latour）批判的结论里说："让我们假设，为了论证之故，拉图尔所使用的社会学概念可以像相对论概念一样加以精确定义，而某个对两种理论都熟悉的人可以在两者之间建立一种形式的类比。这种类比或许有助于向一位熟悉拉图尔理论的社会学家说明相对论，或者向一位物理学家说明他的社会学。但是使用这种与相对论的类比来向其他社会学家解释拉图尔的社会学，用意何在？毕竟，即使承认拉图尔能完全掌握相对论也不能假定他的同行社会学家拥有这种知识。他们对相对论的理解（除非他们碰巧学过物理学），是

[1] Tony Bennett, Lawrence Grossberg and Meaghan Morris eds., *New Keywords: A Revised Vocabulary of Culture and Society*, Malden: Blackwell Publishing, 2005, p. 272.
[2] 《知识分子的欺诈》(*Impostures Intellectuelles*)，对应《时髦的空话》法文版标题。
[3] [斯洛文尼亚] 斯拉沃热·齐泽克：《真实眼泪之可怖：基耶斯洛夫斯基的电影》，穆青译，武汉大学出版社 2018 年版，第 7 页。

一种典型的基于与社会学概念的类比。拉图尔为什么不直接参考其读者的社会学背景，去说明他想引介的新的社会学观念？"[①] 首先，索卡尔们强调的"谁在说话以及对谁说话"本身就带有鲜明的语言学转向的烙印，然而对身份问题的讨论暴露了索卡尔们自身的学理偏颇，其看似符合科学精神的批判往往采用了并不科学的申论形式。比如诉诸动机，上面这段话显示出一个自身已经掉进了身份叙事陷阱里的理论主体，却忘记了"去主体化"或者准确地说对启蒙主体的解构正是后现代主义的基础和目标，如此一来批判者等于将自己的批判目的当作了批判手段。另外，我们完全可以要求社会学家具备基本的物理学常识，尤其是在技术帮助的未来发展中这一要求并不苛刻，那么至少在科学意义上，只要这种"对比"符合某种标准即可。安德鲁·米尔纳（Andrew Milner）和杰夫·布劳伊特（Jeff Browitt）曾指出，索卡尔们在质疑理论话语中的科学观点时，有时论证的是其中的科学悖谬，但反对的却是理论家的观点本身，[②] 这显然要么是偷换概念，要么是逻辑跳跃。尤其当这些观点本身常常是政治性的表述时，索卡尔的批判就像他们所质疑的社会科学的"非科学性"一样，他们将手伸得太远同样违背了社会科学的"科学性"，讲究科学精神的索卡尔们应该从个体性的身份叙事中退出来，回到他们擅长的实证主义知识领域。

① [美] 艾伦·索卡尔、[比] 让·布里克蒙：《时髦的空话：后现代知识分子对科学的滥用》，蔡佩君译，浙江大学出版社 2021 年版，第 133—134 页。

② Andrew Milner and Jeff Browitt, *Contemporary Cultural Theory*, New South Wales: Allen & Unwin, 2002, pp. 191-192.

而如果抛开上述话语形式方面的根本漏洞，索卡尔信心的根本来源，即他们对数学、物理领域的知识就真的那么牢靠吗？举个例子，在批判鲍德里亚对混沌科学的理解时，索卡尔指出鲍德里亚臆想出了混沌理论对因果关系的颠倒，他不无讥讽地说："混沌理论决不能逆转因果之间的关系（即便是在人类事务中，我们都严肃怀疑现在的一个行动竟能够影响过去的一桩事件！）"然而当他信誓旦旦地强调因果关系的稳定时，如何面对 2022 年诺贝尔物理学奖对量子纠缠的肯定呢，至少在微观领域因果关系有了一个崭新的自然认知。实际上，量子力学近年来的发展反而在某些方面愈加符合索卡尔在诈文中所描绘的那些后现代景观。所以从某种意义上，索卡尔实际再次扮演了勇者变恶龙的角色，他挥向学术精英主义的刀锋同样闪烁着精英主义的光芒，或者是混淆了自然本真与科学知识之间的区别，或者是回避了科学自身的历史性。科学技术及其认知本身是在不断变化发展的，而这也正是他原初的那篇有关量子力学的诈文有可能被接纳的一个重要原因。

最后，索卡尔事件在表面上常常被理解为是西方学术政治的左右之争的问题，它也正是在这个意义上与"两种文化"的脉络连接了起来。但索卡尔"善意"的提醒不仅表面上看起来更像是针对人文社科学术的"离间计"，更重要的是，这一学术政治事件实际上是更大的现实政治的戏仿或效果。即使索卡尔们并未致力于在英美学界削弱左翼学术的力量，这一"左对左的冲突"（Left-versus-Left conflict）[1] 实际上不仅造成了左翼势力的削弱，而且破坏了左翼的公众形象。时至今日再来谈论"索卡尔事件"，一方面仍然可以将其看作漫长的后现代论辩的延续，而另一方面"'丑闻'的欺骗之处不在于它们表面上是公共事件，而是它们置换（displace）了冲突的真正维度"[2]。这一冲突仍以福柯的话语性质反映着"资本主义的文化逻辑"，索卡尔事件的更为深层次的副作用是作为后现代主义意识形态对马克思主义文论的攻击，它的许多结果均有意或无意地造成了对西方左翼学术长久且深远的影响，甚至如约翰·吉洛里（John Guillory）所说，索卡尔事件在症候意义上的效应甚至不亚于"李森科事件"（Lysenko affair）[3]。更重要的是，被称为"索卡尔骗局"的事件今天还在欧美学术场域中上演，[4] 后者或许意味着本研究作为一种文论场域内部的讨论也能够为审视当代西方学术政治及更大的社会场域的问题提供某种侧面的参考。

综上，对"索卡尔事件"这个当代西方技术主义文论话语的简要分析作为本书的"先声"，提供了以下几点启示：第一，文论话语有权

---

[1] Jennifer Daryl Slack and M. Mehdi Semati, "Intellectual and Political Hygiene: the 'Sokal Affair'", *Critical Studies in Media Communication*, Vol.14,No.3, 1997.

[2] [斯洛文尼亚] 斯拉沃热·齐泽克：《真实眼泪之可怖：基耶斯洛夫斯基的电影》，穆青译，武汉大学出版社 2018 年版，第 5 页。

[3] John Guillory, "The Sokal Affair and the History of Criticism", *Critical Inquiry*, Vol.28, No.2, 2002.

[4] Eric Kelderman, "Another 'Sokal' Hoax? The Late Stimitation Calls an Academic Journal's Integrity into Question", *The Chronicle of Higher*, Vol.11, 2021.

力使用不同的科学技术（话语）并且实际上难以避免这一点；第二，
应该在符合基本科学常识的前提下使用这些话语，但"立法者"与
"执法者"最终都应该将分析聚焦于文论话语内部的科学性上；第三，
如果认为技术主义文论所陷入的"技术决定论"窠臼源于科学技术僭
越了其在"化合物"中的合理位置，那么同样应该始终对文论话语自
身的位置有所警觉；第四，反过来看，反思技术主义文论中"技术决
定论"的问题最终是要理解和强调文论与社会历史现实的根本关系。
换言之，对于西方技术主义文论的技术决定论的批判也就是要在技术
与文论的化合中重申马克思主义的文化领导权。

第一章

数字人文的本体论反思

第一节　西方数字人文 ① 批判的意识形态原理

　　近年来，伴随着西方数字人文理论蓬勃发展的还有围绕着这一主题的批判与论争，与后一范畴关系更为密切的晚近事件是 2019 年《批评探索》(*Critical Inquiry*) 杂志上发表的笪章难 (Nan Z. Da) 的《以计算的方法反对计算文学研究》(The Computational Case against Computational Literary Studies)，这一文章在很大范围内引起了反响，但其论述中的一个细节却在几乎所有的回应中都被忽略了。这一如果对数字人文的论争史不熟悉就难以发现的细节不仅意味着西方数字人文理论内外部的论争从未终止，并暗示了一个学术史意义上的集体无意识，作为论争无法休止的根本原理。

　　这一涉及逻辑悖谬的细节就发生在作者随口说出的对"提摩太·布伦南的《数字人文的破产》、丹尼尔·阿灵顿、莎拉·布洛莱特和大卫·格伦比亚的《新自由主义工具（和档案）：数字文人的政治

---

① 本书所述仅针对西方学界的数字人文思潮和学术，对革命性和范式性的强调使其具有某种特异性，而我国数字人文的萌发和发展有着完全不同的制度和道路差异，不可等量齐观。文中会根据语境灵活使用概念表述，不再另述。

史》"①的说明中，一方面，笪章难认为这两篇文章所代表的对数字人文的批判："要么相信 CLS 说到做到、确实做了它号称要做的事，要么就忽视了 CLS 论点的武断。"②换言之，他们对数字人文的认识本身是错误的，那么他们"对 DH 的政治和哲学批判已经对我们理解该分支领域的制度和意识形态基础做出重要贡献"③又从何说起呢？这是笪章难文章的一个"症候"，我们只能忖度作者一方面急于说明自己的批判不同于以往那些"意识形态批判"；另一方面又期望给这种批判划出地盘，以"他者化他者"的方式增加其自身批判的力度。虽然这种做法从学理角度并不可取，却是我们要讨论的集体无意识的真实反映。如笪章难所做的那样，我们似乎可以直接为对西方数字人文理论的批判划出两种类型，即"意识形态批判"和"非意识形态推理"。但当我们对其中的代表性文本进行分析则会发现并没有一个非此即彼的二元对立项可以提炼，甚至，我们会看到，笪章难所代表的这种简化论将数字人文及其批判中最根本性的问题掩盖了。

---

① [美] 笪章难撰：《以计算的方法反对计算文学研究》，汪蘅译，姜文涛校，《山东社会科学》2019 年第 8 期。

② CLS（Computational Literary Studies），[美] 笪章难撰：《以计算的方法反对计算文学研究》，汪蘅译，姜文涛校，《山东社会科学》2019 年第 8 期。

③ DH（Digital Humanities），[美] 笪章难撰：《以计算的方法反对计算文学研究》，汪蘅译，姜文涛校，《山东社会科学》2019 年第 8 期。

一

　　首先需要分析的是笪章难在文中提到的最具影响力的两个文本（甚至迄今仍是最重要的两篇西方数字人文批判文章）。《数字人文的破产》（The Digital-Humanities Bust）的作者提摩西·布伦南（Timothy Brennan）是美国的文化研究学者，其更为知名的学术成就是在后殖民理论和研究领域贡献了自己的马克思主义立场。文章开头，一组排比指向数字人文的失败，首先是希拉里·克林顿控制中心对 Ada（一种编程语言）的高估，其次是 ESPN 根据数据做出了错误预测，最后是剑桥分析（Cambridge Analytica，一家从事政治分析的智能算法公司）实际上既服务了"胜利者"唐纳德·特朗普（Donald Trump），也服务了特德·克鲁兹（Ted Cruz）和本·卡森（Ben Carson）。布伦南的结论是"语言计算能够揭示复杂社会和文化过程的秘密的梦想，已经遭受了一场非常公开的和令人尴尬的结果危机"[1]。首先必须说这些案例的选取本身值得商榷，一方面，美国党派政治预测并非典型意义上的学科性质的数字人文研究；另一方面，这种预测学显然与广义上的人文学科的阐释学是极为不同的。不过，这些例证更多的是作为布伦南借此喻彼的修辞策略，简单来说即要以排比的气势向读者宣告新的计算技术的辅助工作并不靠谱，以促使人们开始反思大学里的数字人文

---

① Timothy Brennan, "The Digital-Humanities Bust", *The Chronicle of Higher Education*, Vol.15, 2017.

问题。其次，布伦南对其所讨论的数字人文概念有所限定："'数字人文'这个词并不是指在以前没有的地方引入数字技术，而是指一种制度性再造。人们所说的'数字人文'是一项计划，而最终是一种认识论。"① 对于这一限定，他强调西方数字人文内部的专业人士是表示赞同的，一些代表性学者明确宣称数字人文绝非仅仅在传统人文学科中使用数字技术和设备，数字人文体现的是"方法论与工具性层面"的意义。换言之，布伦南要从认识论与本体论的意义上来理解西方数字人文，而正是基于对这一点的强调，他更有底气宣布西方数字人文的宏伟计划与现实成果之间悬殊的差异。与笪章难一样，布伦南同样需要真正典型的例证作为论据，而它们后来大多成为西方数字人文批判领域的代表。

第一个例子是著名的《使用数百万数字化书籍对文化进行定量分析》(Quantitative Analysis of Culture Using Million of Digitalized Books)，该文作者声称在未出版的词典中发现了数万个（新）单词，但是经过辨析，这些大量的生词不过是原有单词的形态变化（ morphological variants ）。第二个例子来自文学批评，霍伊特·朗（Hoyt Long）运用机器学习及"文学体裁识别"等数字技术研究现代主义俳句（ modernist haiku poetry ），但经过大量计算后所得出的结论不过是指出俳句拥有与其他短诗所不同的形式特征，而这点似乎是不需要高科技

---

① Timothy Brennan, "The Digital-Humanities Bust", *The Chronicle of Higher Education*, Vol. 15, 2017.

确认的文学常识。基于这样的例子，布伦南认为西方数字人文往往混淆了更多信息与更多知识之间的区别。简言之，研究者声称新的方法论是产生新知识的范式，而在布伦南看来这种自信是一厢情愿的，数字人文仅仅能帮助获得信息，而无法将之加工为知识，前者是数字技术的本色，后者是人文学科的当行。

那么如果数字人文并不能产生实质意义上的真知灼见，是什么在推动人文学科对数字人文方兴未艾的热情呢？在布伦南看来，这一切是由"科学拜物教和自由主义撤资"造成的，如果前一概念在某种程度上意味着科学主义批判，作者的重点在后半句。在他看来，正是美国年轻学者面对大学学科体制在自由主义资本逻辑面前的无力感，才使他们试图加入西方数字人文的倡议之中，用技术武装自己。而这些大学里的弱势群体，即规模小、资金少的文科院系和二流的研究型大学及其学者把数字人文当成了一种"均贫富"的"平权学术"。简言之，西方数字人文脱离了传统的美国大学终身制的层级壁垒，尽可能地体现出一种"合作共赢"的姿态。[①]

现在，我们有必要先将布伦南的结论搁在一边，再来看笪章难提到的另一篇更为出名的批判文章——丹尼尔·阿灵顿（Daniel Allington）、莎拉·布洛莱特（Sarah Brouillette）和大卫·格伦比亚

[①] "合作"常被视为数字人文的核心品质之一，参见 Susan Schreibman, R. Siemens and J. Unsworth, *A New Companion to Digital Humanities*, Hoboken: John Wiley & Sons, 2015, p.55。

（David Golumbia）三人合著的《新自由主义工具（和档案）：数字人文的政治史》[Neoliberal Tools (and Archives) : A Political History of Digital Humanities] [1]。较布伦南更为激进的是，三位作者给予了西方数字人文"更高"的定位，认为这一学术思潮根本是以扮演"过时的"人文学科的救世主的形象出现的，具有革命性的力量。当作者将这一认识赋予对方后，便顺利地得出了全文的基本结论，即"它对学术政治的最大贡献可能在于促进了新自由主义对大学的接管" [2]。尽管作者们承认这一政治行为或许是无意识的，因为他们做出这一判断的根据主要来自西方数字人文学术所得到的可观的物质支持，而这一物质支持绝非没有来由。文章描绘了北美大学与商业之间的关系，在他们看来，市场对大学的支持，主要是为了技术对资本的"回报"，而传统的人文学术却不能像科学技术学科那样产生直接的经济效用，由此应运而生的西方数字人文，便致力于通过对人文学科进行彻底的结构性调整来改变这一局面。与布伦南文章具有相似之处，作者们同样要求对数字人文的内涵进行规定，指出为传统人文研究提供数字工具辅助或定量分析思路的绝非数字人文，数字人文必然是变革性乃至革命性的，其目的之一就是要从根本上把人文学科带进实验室。

　　这一整体性判断同样是批判性分析的基础。由这一认识出发，作

---

① 以下简称"三人文章"。

② Daniel Allington, Sarah Brouillette and David Golumbia, "Neoliberal Tools (and Archives) : A Political History of Digital Humanities", *LA Review of Books*,Vol.1, 2016.

者们分别指出了西方数字人文四个方面的问题。第一，数字人文在人文学科中的起兴与文学研究的一个子领域高度相关，即"文本研究"（textual studies）。这一子领域通常具有两种形式，"书史"（book history）或文本的物质史与"文本批评"（textual criticism），而后者主要关注制造旧文本的新版本。对此，作者们指出在实际操作中这一领域顺理成章地形成了书目编选和阐释的垄断行为，以文化保守派（cultural conservatives）势力为最重要的代表。因此，在三位作者看来，这种偏重文献学的学术类型的典型品质在表面上是反阐释的，其在实质意义上是反对其他阐释的存在，而数字人文的目标主要是材料存档、数据生成和软件开发，同样倾向于反对阐释，类似的"气质"将两者联系在一起。第二，三位作者同样提到了北美大学的学科体制问题，因为数字人文强调的是计算，而这一技术主要由校图书馆和其他地方的工作人员而非专职教授负责。在北美大学中，原本就存在着职工（faculty）和教员（staff）之分，最初的西方数字人文学者在这种认知模式下自然地认同了"二等公民"的身份。文章指出正是在这样的氛围中，西方数字人文诞生于歧视与不公，所以极力做出的转变中带有反叛色彩。在体制性的反叛中，计算本身也同时完成了（对人文学科的）僭越，比如计算机学科试图颁发哲学博士学位，IT 公司的员工进入人文学术工作，而最终，计算本身成了目的。正是在这样的学术政治的运动中，作者认为数字人文如火如荼的局面更说明了北美大学内部所存在的资本导向问题，简言之，是计算将人文学科与外部创收联结起来而造成了这一领域蔚然成风的根本。第三，作者追寻了因数字人文的兴起，北美大学中新的大型科研经费如何在校园和市场之间建立起了充满生机和革命性的回路。因为拥有了高度适应和调动市场的能力，使得西方数字人文在西方高等教育中成为一种新的技能型教育模式，也就进一步显露出其他模式的人文研究因其无法获得经济性的量化评估是多么地不适合当今的大学。第四，作者们将这种对资本主义经济规律及其自由主义意识形态的服从视为对人文学科批判传统的自动放弃。

综上，基本可以看出，笪章难文章的症候即将上述两篇文章及其所代表的批判类型混为一谈。稍加"细读"我们便发现，同样是将数字人文的兴起与新自由主义意识形态连接起来，两篇文章之间的逻辑却并不相同。相对来说，"三人文章"的逻辑更为直接，他们认为数字人文不仅在资本循环中与市场联通起来，同时也就向人文学术偷运进了市场背后的意识形态，这种批判逻辑延续了经典的批判理论的模式；而布伦南则认为数字人文在政治现实上表现出某种激进形态，本身是对新自由主义影响下的学术政治的一种反应，换言之，新自由主义意识形态是数字人文应然的对立面，其言下之意便根植于经典马克思主义的革命和解放理论。如果说两篇文章同为意识形态批判，当布伦南指认数字人文是失败主义者对革命的逃避，"三人文章"则认为数字人文自身便是或已然成为革命对象时，参照文化理论的学理脉络来看，前者关注抵抗，后者讲述收编。

二

　　事实上，所谓的数字人文的意识形态批判早已有之。斯坦利·费什（Stanley Fish）以其学术影响力扮演起了 21 世纪 10 年代这一波西方数字人文崛起中最初的"卫道士"，这一形象集中体现于他的"三篇博文"（博客文章）。在 2011 年 MLA（美国现代语言协会）年会之前，费什发表了《旧秩序变了》（The Old Order Changeth）一文，用讽刺的语调表达了对美国文学研究界逐年追求"新潮"理论的不满，他感叹前几年还如日中天的多元文化主义、后现代主义、解构主义、后殖民主义等主题今年就要让位于数字人文了，其感觉就仿佛当他读到了一个小组主题是"后现代主义之后的小说"时惊呼道："什么，这么快?!（刚刚还是后现代，一转眼已经开始谈后现代之后了）"[1] 对此，费什认为 MLA 及其领军的美国人文学科已经将变化与时尚视为新的正确，传统和经典则被视为权力的邪恶产物，而在他看来不断地创新不过是不断地对理性和严谨的抛弃，旧的革命在新的颠覆面前又成了顽固势力，在一轮轮的"你方唱罢我登场"之后，最新的主角便是"数字人文"。

　　在第二篇《数字人文与不朽》（The Digital Humanities and the Transcending of Mortality）一文中，费什将数字人文学者凯瑟琳·菲茨

---

① Stanley Fish, "The Old Order Changeth", *The New York Times*, Vol.26, 2011.

帕特里克（Kathleen Fitzpatrick）的新书《计划中的过时：出版、技术和学术的未来》(*Planned Obsolescence: Publishing, Technology, and the Future of the Academy*) 作为具体批判对象。在菲茨帕特里克看来，传统学术不仅倚赖长期（long-form）研究，文章和著作需要在期刊发表或在出版社出版，还与作者、文本和原创性这些相辅相成的核心概念有关。但她认为这样的研究模式是存在根本弊病的，一来造成作者的孤立，前人与当代人虽然是作者的思考背景但又是其对立面（为保证原创性）；二来学者与其阅读文本之间的接触方式是单一和线性的，现在，数字技术的新型传媒方式改变了这点。因此，我们应少去关注完成品而更多关注过程之中的文本，少去关注个体作者而更多关注学者间的合作，少去关注原创性研究而更多关注研究的混合性，少去关注"版权"而更多关注知识共享。对此，费什指出"首先，这是神学上的描述，其信奉者最有可能抗拒；其次，这是政治上的观点，其信奉者将最有可能接受"①。他说菲茨帕特里克描绘的这幅数字人文愿景是神性的，在于她实际要将我们从线性的和时间性的局限中解放出来。但在费什看来，这种局限在诸多版本的神学描绘中是由个体死亡而得以实现的，脱离人性时间而进入神性空间的唯一障碍就是"生命的有限性"(mortality)，作为凡人就会死亡，而宗教和数字愿景展现给我们的则是与这一"有始有终"相悖的纯粹中间状态，以及没有限度的

---

① Stanley Fish, "The Digital Humanities and the Transcending of Mortality" ,*The New York Times*,Vol.9, 2012.

普遍化。从另一个角度来说，数字人文的上述愿景建立在对抗愈加严重的学科和专业壁垒的僵化体制上，就像《数字人文宣言 2.0》（*The Digital Humanities Manifesto 2.0*）中所说，数字人文是关于"整合"（integration）和"数字无政府主义"（digital anarchy）的，[①] 而这便是所谓的政治的方面。当数字人文学者声称要将"跨学科性"升至学科的核心位置，这绝非人文学科的"改革"，而只能是"革命"。

在第二篇文章中，费什充分指出西方数字人文的颠覆性特征，为的是在第三篇文章《注意你的 P 和 B：数字人文与解释》（Mind Your P's and B's: The Digital Humanities and Interpretation）中加以批判。作者在化用俗语"注意你的言行"（mind your P's and Q's）的标题下，以其钟爱的弥尔顿简述了一个传统的人文学术的研究过程。费什指出在《论出版自由》（*Areopagitica*）中，弥尔顿说道："曾经抱怨被主教制派主教（Episcopalian bishops）审查的长老会牧师（Presbyterian ministers）现在成了审查者。"[②] 费什认为在这里主教（Bishops）和长老（Presbyters）对弥尔顿来说同时具有了能指和所指上的相似性，并进一步指出这样的相似性同时表现在语音学层面，两个单词均含有 p 和 b 这样的双唇爆破音（bilabial plosives），这也就是文章标题的由

---

① Jeffrey Schnapp, Todd Presner and Peter Lunenfeld,*The Digital Humanities Manifesto 2.0* [EB/OL] . http://www.humanitiesblast.com/manifesto/Manifesto_V2.pdf.2020-05-10.

② Stanley Fish, "Mind Your P's and B's: The Digital Humanities and Interpretation", *New York Times*,Vol. 23.No.1, 2012.

来。费什指出同类型的词在弥尔顿接下来的叙述中继续大量出现，如教区（parish）、书籍（books）、多元论者（pluralists）、私人的（private）、宫殿（palace）、特权（privilege）、人民（people）等，直至在"反对"（opposite）这样两个 p 连接的词语中达到高潮。费什宣称了这一分析的原创性，却指出这样的原创性无法保证假设的学术价值，他认为需要证明的是弥尔顿这样的措辞法对其论证的意义，由此，就要以形式主义的方法鉴别弥尔顿修辞学的特点，进一步将词语本身自动的重复与作者有意的设计加以辨析。从整体上来说，费什指出这就是他的一种学术研究的典型模式，"我从一个实质性的解释性假设开始——弥尔顿认为，尽管在礼拜和教会结构上存在明显差异，但那些在主教的专制统治下遭受苦难的人却变成了他们的压迫者。而且，在指路灯，甚至是探照灯下，我注意到一种模式，我认为与之相关。然后，我详细阐述了相关性"①。费什的意思是，人文研究至少在他这里，方向性（顺序）至关重要，"先是解释性假说，然后是形式模型，它获得了显著性的地位仅仅是因为一个先在的解释把它挑出来了"②。与之相反，数字人文的研究方法则是"首先计算数字，然后看看它们是否提供了解释性假设"③。这种模式

---

① Stanley Fish, "Mind Your P's and B's: The Digital Humanities and Interpretation", *New York Times*, Vol. 23.No.1, 2012.

② Stanley Fish, "Mind Your P's and B's: The Digital Humanities and Interpretation", *New York Times*, Vol.23.No.1, 2012.

③ Stanley Fish, "Mind Your P's and B's: The Digital Humanities and Interpretation", *New York Times*, Vol.23.No.1, 2012.

的一个直接后果是数字人文的研究方式是工具导向的。其次，它的假设没有清晰的线索，常常是随机或一时兴起的，既然计算工具是方便的，不如就计算一下看看结果如何。这"三篇博文"基本代表了费什质疑数字人文学术价值的主要观点，他强调传统文学研究方式是基于不同的假设对文本进行不同的重写，而数字人文的工具论和随机论则致使其研究是无序的、盲目的、功利的，甚至在现实层面与个人利益绑定。"数字人文计划的这两种愿景——传统批评的完善和全新事物的揭幕——与数字人文者惯常伸张的两种态度相对应：（1）我们正在做你们一直在做的事情，（但）只有我们拥有可使你做得更好的工具，带我们一起玩；（2）我们是新真理的先知和使者，而新真理的破坏性挑战使你们对我们有所反感。"① 对此，费什认为基本上每一次任何类型的反抗运动都有着类似的态度。事实上，在这两种态度中费什明显地表现出对第二个的强调，因为，仅就"三篇博文"而言，费什的主要观点仍然集中于对数字人文做出革命属性的判断，并表达了自己的"反感"。

三

现在回到布伦南的文章，该文掀起轩然大波之初，许多急切的回应以数字人文研究个案的成果加以驳斥。比如《数字考古学破产了

---

① Stanley Fish, "Mind Your P's and B's: The Digital Humanities and Interpretation", *New York Times*, Vol. 23, No.1, 2012.

么？》(Is Digital Archaeology Busted？)试图向众人解释数字考古学已经拥有的实绩，[1] 而《描绘种族主义并评估数字人文的成功》(Mapping Racism and Assessing the Success of the Digital Humanities)则试图说明地理信息系统在社会学方面的积极贡献。[2] 然而显而易见的问题是，第一，这些例举的层次和取向并不一致；第二，这些反驳表明数字人文是否包括"数字社会科学"甚至是其"内部人"都不确定之事，但这却并非一个可以忽略的问题，毕竟近年来，人文学科和社会科学的边界问题本身就是另一个论争热点。但更重要的是，这样的辩驳恰恰掩盖了前述布伦南论题的核心矛盾。

另一些数字人文学者的抗辩方法是从数字人文的激进状态后撤，将所谓由外界塑造的颠覆性乃至革命性的面具摘下，把布伦南或费什们给戴上的帽子扔掉。比如有学者认为，数字人文对数字技术的引进与当初文学艺术引进印刷技术的历史没有本质上的区别，如果后者不会对人文学科的一些本质属性，如定性阐释、细读和慢读、重读等造成破坏，那么数字人文同样不会。[3] 这种反驳方式看似合理，但仍有两个方面的漏洞：第一，认为西方数字人文思潮带有颠覆性和革命性

[1] Jeremy Huggett, "Is Digital Archaeology Busted?", http://introspectivedigitalarchaeology. com/2017/10/24/is-digital-archaeology-busted/.2020-04-04.

[2] Sarah Emily Bond, "Mapping Racism and Assessing the Success of the Digital Humanities", https://sarahemilybond.com/2017/10/20/mapping-racism-and-assessing-the-success-of-the-digital-humanities/.2020-04-10.

[3] Eric Weiskott, "There is No Such Thing as 'the Digital Humanities'", *The Chronicle of Higher Education*,Vol.11,No.1, 2017.

具有一定程度的客观性，并不是否认和回绝就能否定；第二，一旦放弃了数字人文的颠覆性，而将之视为印刷术这样的辅助性技术，这时的数字人文面貌与那些仅仅将数字人文视为以数字工具辅助人文研究的"误解"之间还有多大差距呢？这样撤退的风险有可能直接消解数字人文自身的学术空间。事实上，在对数字人文的实例做出进一步批判之前，"三人文章"便强调过，任何以"但是这不是我们的数字人文"之类的反驳是无效的，因为他们讨论的对象就是那种正在有意或无意地彻底改变人文学科发展方向的东西，只在这种情况下，他们称之为数字人文。[1]

布伦南的文章根本上秉持一种马克思主义批判立场，而其文本的逻辑问题也由此而来，在其论述中，数字人文的破产与其作为新自由主义的反应之间并没有一个现成的通路。作者将此二者连接起来时的说法是，"考虑到所有这些（数字人文的破产），为什么数字人文学科会令人兴奋？更多的罪魁祸首——科学拜物教，新自由主义的资金回笼——在起作用"[2]。这样的转化实际上是直白地将其文章割裂为两部分，以至于使其整个文章的逻辑缺乏说服力。从整体上看，布伦南的意识形态批判主要试图说明的并非数字人文问题的效果而是原因，但

---

[1] Daniel Allington, Sarah Brouillette and David Golumbia, "Neoliberal Tools (and archives): A Political History of Digital Humanities", *LA Review of Books*, Vol.1, 2016.

[2] Timothy Brennan, "The Digital-Humanities Bust", *The Chronicle of Higher Education*, Vol.15, 2017.

被割裂的前半部分则是对其效果的评价，那么如果数字人文的无效结果可视为其某种意义上的失败，文章的后一部分展示的却是来自新自由主义的革命失败主义，所以，文章的内部矛盾甚至不是一种关系错位，而是一种关系对立。简言之，如果数字人文最终只有破产的结局，那它在什么层面上能算作一个对新自由主义意识形态的真实反映呢？同样将矛头指向资本主义意识形态，"三人文章"比布伦南的逻辑更为直接和清晰，所以两篇文章看似属于同一阵营，却实际分属两种类型，甚至实质上代表着两种不同的立场。

另外，费什对数字人文的批判由来已久，起初他经常将数字人文这样一个颇为宏大的话题和博客这个曾经的新鲜事物绑在一起表达自己的不满，甚至认为博客（blog）这个能指本身就是丑陋的，其主观性的表达往往是这样的，"我的目标及内容——卓越、权威和规训权力——是博客与数字人文所反对的"①。根据费什三篇博文的思路，一个对新理论保持警惕甚至敌意的保守主义者的形象是较为清晰的，毕竟"后现代主义之后"与"数字人文"之间的直观联系或许只是同时代性。某种意义上，正是一种文化或文学意义上的保守主义意识形态造成了"怪杰"费什既反对博客又反对数字人文，甚至在更高的层次

---

① Stanley Fish, "The Digital Humanities and the Transcending of Mortality", *The New York Times*, Vol.9, 2012.

上"反理论"[1]本身，在费什的几乎所有的数字人文批判文章中均可看出他对人文学科所体现出的一种卢梭式的怀旧主义。

综上，将布伦南的论文、"三人文章"和费什的博文的逻辑问题与笪章难文章中表现出的漏洞联系起来，其中的错综关系便共同描绘出数字人文相关论争中的一个盲点。以笪章难文章为代表的对上述数字人文批判笼统为意识形态批判的认识造成了误导性的一元论，与之相反，根据上述分析，在这些批判及其交锋中至少存在社会主义、保守主义和自由主义三方，这不仅暗合伊曼纽尔·沃勒斯坦（Immanuel Wallerstein）的"三种意识形态"之说，[2]也符合近年来北美学界所谓学术政治的内在分野。沃勒斯坦对三种意识形态的历史性综合也可在上述代表性文本中找到比拟形态，当布伦南一面批判数字人文的去政治化一面抨击其缺乏效用时，同样体现出某种保守主义情感。基于此，前述数字人文的意识形态批判存在着根本性的问题，一方面在于其话语形式。如果要将数字人文视为一种新的人文学术形式，并批驳其与某种现实政治的联系，那么英美学者尤其应该清楚的是，传统人文学科在这一点上绝非毫无瑕疵。埃里克·维斯科特（Eric Weiskott）就曾反唇相讥："在 19 世纪和 20 世纪初期，'传统形式'的人文学科主要

---

① 此处的递进是修辞意义上的，费什的"反理论"更多的是基于其反本质主义立场，反而具有一种内在的激进特征。参见王伟《"反理论"的真相及意义——以罗蒂、费什为例》，《燕山大学学报（哲学社会科学版）》2014 年第 1 期。
② 参见［美］伊曼纽尔·沃勒斯坦《三种还是一种意识形态？——关于现代性的虚假争论》，杜丹英、王列译，《马克思主义与现实》1999 年第 1 期。

由中产阶级和富裕的白人所实行，为殖民，奴隶制和种族灭绝提供了理智依据。"[1] 而这正是布伦南最熟悉的萨义德东方主义批判的核心观点。另一方面，便是以前述三方面文献在数字人文具体实践效果上的失败为根据做出其意识形态批判，或者至少分别在这两个方面做出批判时，往往轻视或忽略了此两者之间本身存在着矛盾性的联系。数字人文的失败可能正是其"去意识形态性"的表征，换言之，也许正是数字人文某种与意识形态及其领导权相关的内在紧张造成其要么无法像费什所说的由假设出发进行科研，要么像布伦南所言难以实现批判性真知。一个与之相关的有趣现象是，不论布伦南们的批判是如何针对数字人文的所谓新的认识论和方法论，他们所举的例证大多只能被视为一种具体方法上的实践。

　　一言以蔽之，我们的一个初步结论是，面对作为新兴文论形态的数字人文理论，西方文论场域中既有的意识形态批判是成问题的。但同时需要注意的是，在上述三方面的批判中却有某一相通之处，那就是批评者都将批判对象做了整体性的定位，即将数字人文范畴视为一个整体，却又分别可以从马克思主义和保守主义，乃至某种意义上的马克思主义的人文主义和科学主义等近乎对立的立场出发做出批判。至少，当费什以传统文学研究者身份批判数字人文的革命性时，"三人文章"恰恰强调数字人文的保守主义，而在布伦南那里它又成了反抗

---

[1] Eric Weiskott, "There is No Such Thing as 'the Digital Humanities'", *The Chronicle of Higher Education*, Vol.11., No.1, 2017.

新自由主义现实的一种"后革命"行动。因为上述文献的代表性特征，这种吊诡的现象的一个较为合理的解释是，批判者出于操作需要而对数字人文进行的整体性的定位是不合法的，也正是这一点导致现有的对西方数字人文的意识形态批判在整体性意义上难以奏效。但更重要的是，这反过来又暴露了西方数字人文自身的某种根本问题，理解数字人文概念整体性的难以捉摸甚或付之阙如或许才是数字人文批判的有效起点。

四

一定程度上，一个学理概念的含混程度与关于它的论争的复杂程度之间存在着正相关。比如，上文中西方数字人文学者在面对布伦南的回应时所表现出的或将数字人文从革命性的壮举中撤退，或义无反顾地在对抗中谋求新世界都已不再是一个选择问题，它体现的是西方数字人文学者对自己所投身的事业的现实边界的不确定性。数字人文概念的含混充斥在西方数字人文的学术话语之中，在不同的数字人文学者或某一学者不同时期的描述之间发生着不断的变化。

当西方数字人文学者开展计划时，他们常常不自觉地描绘这样一幅画面——数字人文涉及的是大文科的概念，"包括历史、音乐、表演研究、媒体研究和其他领域的学者，都可以受益于将计算技术应用于传统人文材料上"①。数字人文是在更广的范围内拓展新局面，这种设想往往没有估计到研究范式的问题，不论是研究对象的差异还是与学科既有范式的区别，数字技术在不同学科中的应用都必然是不同的，尽可能地扩展范围，只能从根本上消灭数字人文建立自身范式的可能性。而有些学者干脆将问题全部向后推，要求仅仅将数字人文视为交易区（trading zone）和聚会场所（meeting place），② 尽管这些概念主要是为了解释数字人文场域的变动不居，或者阐发它与传统研究之间的合作关系，但为了理解数字人文的学科内涵它实际已经将这一内涵当作前提来使用了。除了空间性的说明，自然还有时间性的理解，有学者认为数字人文有三波，前两波并没有影响到人文学科传统的"常规"研究的惯例假设和本体基础，或者所谓其硬核（hard-core）的部分，但第三波就不是了。③

定义内涵的困难，造成西方数字人文学者往往将努力方向转向外延，虽然这在某种程度上造成了"站队"的事实，而这种外延解释的实质是为数字人文学科划定范围，最常见的说法便有史蒂芬·拉姆塞（Stephen Ramsay）著名的"谁是数字人文的"而"谁不是数字人文

---

① Matthew K. Gold ed., *Debates in the Digital Humanities,* Minneapolis: U of Minnesota Press, 2012, p.13.
② Matthew K. Gold ed., *Debates in the Digital Humanities,* Minneapolis: U of Minnesota Press, 2012, p.47.
③ David Berry, "The Computational Turn: Thinking about the Digital Humanities", *Culture Machine*, Vol.12, 2011.

的"①。举例而言，2019 年的《澳门理工学报》②从这一角度组织学者进行讨论，其中一些表述同样直接地表达了对边界的认知或对身份的认定。如王涛认为，首先，数字人文具有漫长的演变史，这意味着数字人文并非无根之木，而是有着一条清晰的发展脉络，但在这个漫长的成长史中形态上的相似性并不存在；其次，廓清数字人文边界，或者说对真正的数字人文项目提供标准化建议的动机是被动的，是因为大量打着数字人文旗号的研究成果"良莠不齐"，同时在倡导跨学科的前提下，为数字人文划定疆域有悖初心；最后，在当前语境下谈论"谁不是数字人文的"还为时尚早。

　　然而讨论的第二篇文章题名恰恰为"判别数字人文的两个准则"，邱伟云的判断是，第一，"不具人文性的研究不是数字人文"；第二，"太轻易完成的研究不是数字人文"。但这一表述不能做表面化的理解，毕竟，相信不会有任何学者认为自己的研究是"太容易完成的"。作者实际想表达的是，某些仅仅采用计算机等技术做最基本和粗糙的辅助性研究的工作不是数字人文，如果说第一准则强调数字人文的某些研究缺乏人文维度，第二准则则批判了对数字技术的工具性应用。换言之，对数字技术本身缺乏尊重和理解的研究不是数字人文，用作者的话说："对算法重要性的无知，或认为算法至上的傲慢，这两种态度都不该出现

---

① Melissa Terras, Julianne Nyhan and Edward Vanhouttx eds., *Defining Digital Humanities*, London: Routledge, 2013, p.241.

② 此处文章均来自《澳门理工学报》2019 年第 4 期桑海主持的"数字人文笔谈"，以下不再另注。

在数字人文研究中。"所以第二点看似对作者的"激进立场"进行缓和，反而是为了为最终结论封闭后门，即尽管"就知识社会学来看，有两种看起来很相似的研究，一是人文关怀为主的数字人文研究，一是算法为主的数字人文研究"。但假如大环境以后者为重，实是对前者的压迫，一种表面上的"矫枉"之"过正"实际上仍然偏向对"人文性"的伸张。

更为有趣的意见来自姜文涛。如果讨论的主题是为数字人文本身划定身份性标准，即为数字人文研究俱乐部提供入场券，则姜文涛的文章将之转化为价值判断，即从"是不是"到"好不好"，看似是对标准的缩紧，反而呈现出对范围的放宽。换言之，与王涛带有调和色彩的质疑相似，姜文涛并不是在数字人文僵局已定后的"分封"，而是认为数字人文的限定范围"操之过急"，而姜文涛所讨论的放缓是以为数字人文研究本身提供了七个现实要求为基础的，这显然为数字人文的良性发展提供了重要的参考意见。不过这七个要求的表述就同时体现了作者本人对非数字人文的认识，并且这些认识更多地内含了数字人文学科的人文属性这样的结论，毕竟除了第六点"数据意识"之外其余的要求也可以视为对一般的人文学科的要求。相对来说，戴安德的文章更直接地为读者透了个底——"工具：用算盘做历史研究"。

拉姆塞在《论建造》（On Building）中认为，数字人文学者之间的共性"涉及从阅读和批判转向建造（building）与创作（making）"[①]。

---

① Melissa Terras, Julianne Nyhan and Edward Vanhoutte eds., *Defining Digital Humanities*. London: Routledge, 2013, p.241.

然而需要注意的是，此文是其另一篇引发论争的《谁进谁出》（Who's In and Who's Out）的补充说明，在那篇文章里，这位数字人文者表现出党同伐异的气魄："就个人而言，我认为数字人文科学是在建造（building）事物……如果您什么都没做（making），那就不是……数字人文者。"① 相对于王涛的"良莠不齐"，拉姆塞的"建造与否"则是在数字人文和传统人文之间做出的价值判断。马克·桑普尔（Mark Sample）的《数字人文并非关于建造，而是关于分享》（The Digital Humanities is not about Building, It's about Sharing）又显然不同意这种高调紧缩疆域的行为。②

事实上，在言人人殊的定义中隐藏着西方数字人文表面上蓬勃发展背后对自身定义和定位的现实焦虑，而之所以称这种焦虑与一种政治无意识有关，是因为这种"正名"意愿的学术政治意蕴。即使当桑普尔认为创造工具与使用工具者——同为数字人文学者——之间存在着明显张力，③ 我们也可以看到真正意义上的张力仍然主要充斥于数字人文与传统人文之间，而不论笪章难们选择回避或直面，它仍然是西方数字人文理论建设中不断游荡、时刻在场的那个幽灵，这个幽灵直

① Melissa Terras, Julianne Nyhan and Edward Vanhoutte eds., *Defining Digital Humanities*. London: Routledge, 2013, p.241.

② Melissa Terras, Julianne Nyhan and Edward Vanhoutte eds., *Defining Digital Humanities*. London: Routledge, 2013, pp.255-259.

③ Melissa Terras, Julianne Nyhan and Edward Vanhoutte eds., *Defining Digital Humanities*. London: Routledge, 2013, p.255.

接干扰着西方数字人文的某种俄狄浦斯情结，对传统人文的僭越和对建立自身学科性的冲动。

王涛曾在上文所引讨论中表示："有一些学术领域，比如环境史、社会医疗史，从来都具有不言自明的研究范畴，研究者也不会热衷于讨论'什么不是环境史'这个不成问题的问题。为何数字人文领域的研究者非要讨论'什么不是数字人文'不可呢？"但同样令人纳闷的是，为何王涛在此选择的是环境史和社会医疗史而非史学理论或比较史学等领域，我们有理由相信这正是因为专门史学科研究对象的相对稳定性。而这却是西方数字人文的一大心病，在其常常热衷于讨论方法论的一致性的问题时，所回避的是那个更为根本的为学科合法性提供逻辑基础的研究对象问题。又比如，邱伟云在上文中指出有些需要排除在数字人文集合之外的是那些"看似有数字人文的外貌，但却没有数字人文的精神"的研究，这里的数字人文精神在作者的进一步说明下就是"人文价值、意义与关怀"。数字人文学者对领域的焦虑和对之做出的或激进或温和的判断往往决定于与传统人文学科之间的学理性距离。根本问题仍像戴安德所说的，"要突破一个名称的认识论边界，我们就会遇到本体论问题"。

五

1998年，罗伯特·扬（Robert J. C. Young）在《干预》（*Interventions*）

杂志中主持了关于"后殖民主义"究竟是一种批评还是一种意识形态的讨论，[1] 而在新的世纪中我们已经清晰地看到，这个曾经常常被拿来进行意识形态批判的对象在进一步的自我理解中，渐渐充实和铺陈为一种学术研究领域或视角，并赢得了体制性的学术空间。又比如，在文化研究的发展脉络中，曾经经历过著名的"两种范式"的转换，这背后的推动力是问题导向，用斯图尔特·霍尔（Stuart Hall）的说法文化研究是一种"问题域"，用理查德·约翰生（Richard Johnson）的说法，"在与学科的关系上，在理论范式上，或从其特定的研究对象出发，可以把文化研究定义为一种知识和政治传统"[2]。但是，不论英美后殖民研究是持或左或右的立场，或者伯明翰文化研究是否采用民族志的研究方法，后殖民研究的学理根基中起码有对殖民主义历史意义的强调和对西方中心主义的抵抗。而如果脱离了威廉斯等人定下的"文化是平常的"的文化唯物主义认识，文化研究的跨学科甚至非学科性的学术形态也就同时失去了必要性和合法性。

　　不论是本就起于现实立场或受制于整体知识型，抑或是从具体事件（event）、位置（position）、认识论和方法论出发，仅对于文学研究这个传统人文学科来讲，新的研究范式和场域的形成无法回避作为观念集合的意识形态或广义上的政治性，这是伊格尔顿在其《文学理

① Robert J. C. Young, "Ideologies of the Postcolonial", *Interventions*, Vol.1, 1998, p.1.
② 罗钢、刘象愚主编：《文化研究读本》，中国社会科学出版社 2000 年版，第 8 页。

论导论》中不厌其烦地论述的一个基本问题。自我回避只会形成自身的"召唤结构"，留给不间断的外部批判。而上文显示的便是数字人文学者在面对这些外部批判和学术政治现实时始终的"延宕"心态，这种"延宕"的时间性焦虑又是对在"数字人文"这个概念中数字和人文的两极之间"摆荡"的空间性焦虑的表征。

而正是这种焦虑型的集体无意识表明西方数字人文学术绝非某些学者所说的不意整体上的学术位置。通过上文的论争和反思，西方数字人文显然是期待获得范畴整体性、学术合法性和体制性地位的，但同时从本体出发生成一定的学理根基又的确是一个棘手的难题。如果西方数字人文整体的限定性既非研究对象，也非认识论立场，甚至不是方法论前提，则必然导致其过于依赖工具和使用工具的人。从某种角度来说，这种形态中的数字人文实践实则呈现出一种高科技的蛮荒状态，没有人能够保证数字技术的具体类型甚至类型的种类，就像没有人能够保证其进化发展的未来。正是在这个意义上，追求认识论的数字人文的自我辨析和所谓的意识形态批判都存在缘木求鱼的问题。这一问题从另一角度实际上更好做出外部证明，如果数字人文依赖的是数字技术的不断发展，那么仅要求一个方法论必然是不切实际的，而一个与之适应的认识论更无必要。一些批判者和数字人文学者自己表示，数字人文就是人文学科对数字工具的应用，而这一看似消解了问题的方式仍然无法逃避"三人文章"那样的"技术决定论"批判，数字人文的本体论问题在此就必然被转换为生产工具占有者的主体性甚或阶级问题。更何况，我们已经反复看到数字人文学者并不愿意接受这个表面上"两全其美"的方案。

最后，在"究竟什么是文化研究"中，约翰生称其为文化研究做出定义是一个极为迫切的必需，"在这些语境中，我们需要给文化研究下定义，以便进行有效的斗争，索取资源，在纷乱的日常工作中理清思路，并决定优先教学和研究的项目"[①]。那么如果西方数字人文同样不想被其他学科"牵着我们的鼻子走"，首先要做的或许就是直面上述的学理困境，而这可能才是正确做出数字人文批判的起点。

---

① 罗钢、刘象愚主编：《文化研究读本》，中国社会科学出版社 2000 年版，第 7 页。

第二节　围绕"数字"的离散主义陷阱

　　我们已经看到,"数字人文"概念本身的问题是西方数字人文本体论问题的重要环节,也是"数字人文批判"的核心主题之一。事实上,西方数字人文的核心范畴在内涵和外延方面均被不同的论争所牵绊、言人人殊、莫衷一是。关于这一点,甚至有"好事者"建立了一个独特的网站,"http://whatisdigitalhumanities.com/",该页面承诺每刷新一次就会提供一位学者对"数字人文"的一个不同的定义。如果说其概念本身有诸多阐释向度值得深究,有一个基本问题却往往被忽视了,即数字人文中的"数字"究竟所指何物? 事实上,综观西方数字人文所谓内外部的诸多论述,如尼尔斯·布鲁格(Niels Brügger)所认识到的那样,对这一"偏正短语"的修饰部分却几乎从未加以过问,[1] 就像前文所说,如果其中心语"人文"可以以"约定俗成"的方式加以理解,那么以当下数字人文概念意涵的含混状态而言,反思的第一步理应指向"数字"。许多学者对这个未加过问的部分的认识同

---

[1] Niels Brügger, "Digital Humanities in the 21st Century: Digital Material as a Driving Force", *Digital Humanities Quarterly*,Vol.10, No. 3, 2016.

样五花八门，"数字"的具体所指既可以是"网络和计算技术"[①]，也可以是"媒介的数字化进程"[②]，甚至就是"数据"（data）本身。但细究起来，不论是从历史维度还是从科技发展的逻辑上看，《数字人文：数字时代的知识与批判》（*Digital Humanities: Knowledge and Critique in a Digital Age*）一书的作者大卫·M.贝里（David M. Berry）对这一点的说法更为直白和确凿："数字人文是将计算机技术应用于人文研究的前沿学科。"[③] 不过，上述诸解释也并非误认，其中既有时代发展的因素，也有方法论认同的关系，但归根结底，"数字人文"所依赖的"数字化"根源于计算机的出现。那么，值得反思的问题就落在了与计算机有关的"数字"究竟是指什么呢？

此外，在处理世界文学和"远读"等问题时，学界较为一致地指出了美国文学理论家弗兰克·莫莱蒂［Franco Moretti，尤其是其"世界文学猜想"（Conjectures on World Literature）和"远读"（Distant Reading）理论］与数字人文的关系。不过，在这样的描绘中，从莫莱蒂的文学理论向数字人文的科学逻辑的跳跃通常是描述性甚至想象性的，被忽视的则是莫莱蒂的数学想象与数字人文的深层关系。简言之，所谓的"莫莱蒂—远读—数字人文"的脉络究竟为什么会发生？而对

---

① [美]安妮·伯迪克等：《数字人文：改变知识创新与分享的游戏规则》，马林青、韩若画译，中国人民大学出版社 2018 年版，第 6 页。

② 孟建主编：《数字人文研究》"前言"，复旦大学出版社 2020 年版，第 2 页。

③ [英]大卫·M.贝里、[挪]安德斯·费格约德：《数字人文：数字时代的知识与批判》"前言"，王晓光等译，东北财经大学出版社 2019 年版，第 1 页。

这一点的分析将为我们理解上述问题提供必要的前提。

一、莫莱蒂、数字人文与离散数学

仅就中国学界，已有许多学者解释了莫莱蒂文学理论对西方数字人文整体发展甚至诞生的深远意义，也同样有学者描绘出了数字人文的基本理念对莫莱蒂文学理论的巨大价值。具有代表性的分析来自都岚岚，她将莫莱蒂所建立的"远读"方法和西方数字人文中的"远读"进行了区分，指出前后者之间的差距便是数字技术。[①] 但这一区分可能忽视了莫莱蒂在数字人文发展史中的作用及其个人思想的转变。赵薇的文章对这一转变的实质描绘得更为清晰，她在《数字时代的"世界文学"研究：从概念模型到计算批评》一文中指出，莫莱蒂在《对世界文学猜想》和《再猜想》中提出的"世界文学猜想"议题引起了学界的广泛论争，但在"左、右两派的激烈批评"中更多的问题是指向莫莱蒂"世界文学猜想"的方法论——"远读"的，此后"被'逼上梁山'的莫莱蒂，开始利用大量现实数据，以一项项量化形式主义研究，向学界普及他所谓'远读'的要义"。[②] 这之后，莫莱蒂在 2005 年的《图表，地图，树图：文学史的抽象模型》（*Graphs, Maps, Trees:*

---

① 参见都岚岚《论莫莱蒂的远读及其影响》，《中国比较文学》2020 年第 3 期。
② 赵薇：《数字时代的"世界文学"研究：从概念模型到计算批评》，《外国文学动态研究》2020 年第 3 期。

Abstract Models for Literary History）中开始了真正意义上的远读实践。赵薇认为，在这里，其对象成为"实存而非观念意义上的文学史"①。并且在文集《远读》中回顾自己的猜想时，莫莱蒂坦陈其早期"世界文学猜想"中的理想化倾向，即对世界文学的巨量信息进行建模存在现实困难。这一认识，赵薇称之为"莫莱蒂道路"的"关键性转折"，并且认为这一拐点的现实价值就是对量化手段的呼唤，效果上表现为，"导致一个独立的文学实验室（Literary Lab）于 2010 年在斯坦福大学创立"②。这时，西方数字人文已经基本上不再需要莫莱蒂这个"推进器"，而得以全速前进，"由此，在'闭门造车'地自行摸索了十多年后，'远读'研究彻底汇入'数字人文'"③。不过，赵薇在此处的解读有以历史经验替换历史逻辑的可能性，简言之，从远读"成为'数字人文'最响亮的代名词"到莫莱蒂"征用计算文体学和自然语言处理等手段，从文学研究内部开辟出量化研究途径"④，这一阵地的转进或许与研究主体密切相关。但一种研究范式的更迭已然寓于其中，而这一点同样是许多西方数字人文学者未加反思而自动接受的。用陈晓辉

---

① 赵薇：《数字时代的"世界文学"研究：从概念模型到计算批评》,《外国文学动态研究》2020 年第 3 期。

② 赵薇：《数字时代的"世界文学"研究：从概念模型到计算批评》,《外国文学动态研究》2020 年第 3 期。

③ 赵薇：《数字时代的"世界文学"研究：从概念模型到计算批评》,《外国文学动态研究》2020 年第 3 期。

④ 赵薇：《从概念模型到计算批评：数字时代的"世界文学"研究》,《中国比较文学》2019 年第 4 期。

的话进行总结，"莫莱蒂—远读—数字人文"的连通性可以简要地表述
为，"距离阅读（笔者注：远读）是文本蓄意缩减和抽象的过程，其表
现形式是图表、地图和树图，通过这种图像形式的量化计算，反映人
物关系是如何随时间而变，或者文类在代际之间是如何流变传承的。
距离阅读利用电脑来处理大数据，或存储大量信息，其目的是从各种
文本、非文本中提取要素，通过大量数据处理来说明文学的形态和结
构，以体现文学内部各要素、文学与社会历史的复杂关系。距离阅读
的创新之处不仅在于它把'数据''算法'引入文学研究，而且更有意
义的是，量化模型成为一种推理和分析形式"①。

　　如果说对莫莱蒂文学理论的研究或数字人文批判中缺少对上述理
论路径的反思，这一问题并不能归咎于研究者缺乏跨学科批判意识，
问题更多地出在莫莱蒂本人身上。首先，其"世界文学猜想"的根本
创新性和价值实际上是对世界文学尺度中的资本主义的政治经济学批
判，而他本人在具体实践层面（以远读为代表）尚未处理好这一创新
性和价值的实现。不过，这是另一方面的问题，我们主要来看莫莱蒂
的所谓"绘图"趣味。

　　在《图表，地图，树图：文学史的抽象模型》的"图表"部
分，当莫莱蒂试图揭示文学体裁的时段性变化时，曾经考虑以代
际（generations）作为切入的解释性装置，并在卡尔·曼海姆（Karl

① 陈晓辉：《世界文学、距离阅读与文学批评的数字人文转型——弗兰克·莫莱蒂的文学
理论演进逻辑》，《文艺理论研究》2018 年第 6 期。

Mannheim）的观念中，迅速识破了其中的问题。莫莱蒂的疑问是，"精神氛围的整体变化：英国小说领域在 I740 年到 1900 年之间发生了五到六次转变。但是，既然人是每天都出生，而不是每隔 25 年出生的，那么生物学上的连续如何被理解为离散（discrete）的单元呢？"①仍是赵薇的文章对这一问题有所把握，她指出莫莱蒂在这一阶段关注的所谓"量化史学"是关于"统计和可视化"的。②不过，赵薇还指出莫莱蒂"认为什克洛夫斯基（Viktor Shklovsky）只是定性地描述了这个现象，却无法发现这个隐秘的周期规律，其实最好的解释当然是卡尔·曼海姆所说的代际更替（generation）"③，这一认识与莫莱蒂的分析存在一定偏差。在原文中，面对卡尔·曼海姆对代际问题的理解，莫莱蒂使用了一个法语习语"faute de mieux"（退而求其次），并称"似乎某种代际机制（generational mechanism）是解释小说周期规律性的最佳方式，但'代际'本身则是一个非常可疑的概念"，所以"显然，我们必须做得更好"。④很难说是不是因为对自己当时的解释有所顾虑，作者的行文就在这一"口号"中戛然而止了，这个"必须做得

---

① Franco Moretti, *Graphs, Maps, Trees: Abstract Models for a Literary History*, London: Verso, 2005, p.21.

② 赵薇：《数字时代的"世界文学"研究：从概念模型到计算批评》，《外国文学动态研究》2020 年第 3 期。

③ 赵薇：《数字时代的"世界文学"研究：从概念模型到计算批评》，《外国文学动态研究》2020 年第 3 期。

④ Franco Moretti, *Graphs, Maps, Trees: Abstract Models for a Literary History*. London: Verso, 2005, pp.21-22.

更好"的初步方法是以一个半页纸篇幅的脚注所呈现的。但无论如何，莫莱蒂在此处的解释与反思说明，尽管他确实向曼海姆借取了代际概念，但因为已充分地认识到其处理对象的离散性，曼海姆从生物学角度出发的代际解释只能是权宜之计。简言之，莫莱蒂在这一细节上已展现出他对自身寻求离散工具描绘离散现象的感受，而这一点是几乎所有对莫莱蒂文学理论的解读中被忽略的事实。

但是，纵然没有对这一"事实"的观照，如果对现代数学学科概念和范式有所了解，我们就能感受到从图表到地图再到"树"，一个清晰的离散数学范畴是延续其中的。事实上，莫莱蒂的与"绘图"有关的文学理论基础是马克思主义，他试图将文学置于资本主义世界体系之中加以理解，致力于发掘整体性的文学动态背后的资本逻辑。正是在这个意义上，莫莱蒂称其世界文学理论的研究对象为"世界文学体系"（world literary system）[1]。但在具体论述层面，莫莱蒂确实被这一马克思主义"总体性"表征本身吸引住了，这就导致了大部分学者在研判莫莱蒂的文学理论时首先将之理解为文学的绘图学或地图学，或者文学的空间理解甚至想象。

仅以"树"这一图形为例，莫莱蒂在《对世界文学的猜想》中说，他所采纳的讲解谱系意义的"树图"由达尔文发明，但他并未对此究其原理。在生物学或博物学意义上，树图的使用范围从属于分类

---

[1] Franco Moretti, "More Conjectures on World Literature", *New Left Review*, Vol.20, 2003.

学或系统学（体系学），也就是说树图的逻辑基础是分类学或系统学认识论，达尔文所使用的树图一般被称为"进化树"。而在数学领域中，"树"则从属于离散数学的图论部分，在逻辑上意味着集合论中的等价关系。相对于集合论关系法则中的另外两个，偏序关系与函数，"进化树"在数学的图论领域或可对应一类特殊的树，即"家族树"，但两者之间仍然有着不小的区别，前者拥有次第分化的概念并将发展观念暗藏其中，而数学中的"树图"则并不以此为着眼点。简言之，在分类学意义上的树与树的"生长"性相关，而树在数学领域只是看起来像是树，这是由它的定义所决定的，树是一种连通而无环的无向图，除表现着集合论中的等价关系，还意味着它具有图的属性，而图在图论中的基本特征只是点之间的连接。[①] 那么，如果抛开了上述区别，进化树与树图之间最大的共性可能正是离散性。由此，一个初步的小问题是，因为对上述问题的忽视，莫莱蒂只能注意到进化树所代表的"进化论"，即"如果语言因分歧而发展，那为什么文学不呢"[②]，他没有意识到树的"分支点"本身可能表述的数值关系及其所特有的离散属性。提摩西·伯克（Timothy Burke）在其批评文章中指出，将文学或文化史以分叉树的形式表达的一个问题是，很难解释全新的形式或

---

① 参见耿素云、屈婉玲编著《离散数学》，高等教育出版社 1998 年版，第 323 页。

② Franco Moretti, *Graphs, Maps, Trees: Abstract Models for a Literary History*, London: Verso, 2005, p.70.

体裁的形成，① 换言之，如果没有从属于树图的根据，其活生生的、私人化的、历史性的生成过程是无法落实于"一个萝卜一个坑"的分叉图形之上的。而这段历史可能更像是发生在两个整数之间的无限小数，属于"连续性"（continuity）的范畴，甚至当莫莱蒂在《对世界文学的猜想》中考虑到了玛格丽特·科恩（Margaret Cohen）的"伟大的未读作品"（great unread）时，其思维定式造成莫莱蒂忽视了更多的离散量是造成不了连续性的。在《对世界文学的猜想》中，莫莱蒂就曾经指出过，其将文学文本以更为抽象的图示如"树"来表示，可以使人们理解"从总体到多样的过程"，而这个多样是与语言和物种同构的，它们都首先要求"地理上的间断性"和"空间上的分散"。② 更进一步，莫莱蒂将这一树的结构与波浪进行了对比，并且自陈"树和波浪都是比喻"③，而取消本体后，实际上是以隐喻的方式直接述说其世界文学理论。那么，当他在某一历史语境中使用"树"的图绘方法时，事实上已经完成了对离散型的数学工具的挪用。

　　另一方面的问题在于，如果莫莱蒂对离散数学的引入和对西方数字人文的贡献仅仅囿于其文学社会学的宏观层面，从社会学研究的角

---

① Timothy Burke, "Book Notes: Franco Moretti's Graphs, Maps, Trees" ,in Jonathan Goodwin, ed., *Reading Graphs, Maps & Trees: Responses to Franco Moretti*, Anderson, SC: Parlor Press, 2011, pp. 41-48.

② 参见 [美] 弗兰科·莫莱蒂《对世界文学的猜想》，诗怡译，《中国比较文学》2010 年第 2 期。

③ [美] 弗兰科·莫莱蒂：《对世界文学的猜想》，诗怡译，《中国比较文学》2010 年第 2 期。

度来看似乎是较为合理的，因为数学离散化本身是对现实事物的抽象或描述的一种选择。但是，当数字人文学者延续这一思路"在文本内部进进出出"，而往往将文本阐释学层面和社会学层面的批评实践仅仅视为"新批评"意义上的文学内部与外部研究之别，或者是尺度上的整体与局部之别，甚至就是量上的大数量与单个文本之别时，问题就产生了。因为实际上，莫莱蒂从未放弃过在文本内部开展"远读"，将文本本身数据化，比如他对体裁的演化进行长时段的分析，为此专门从不为英美学界所熟悉的意大利本土学者的理论中借用"喻形率"来表示某一文学风格。[①] 这也就是为什么西方数字人文并不满足于对长时段文学史做出回应，而同样愿意深入单一文本和某一作家的"故事腹地"之中，这时，在与"细读"的对比中定义自身的"远读"大有超越或取代后者的趋势，换言之，实现僭越。而如果我们意识到西方数字人文对对象的数据化抽象可能是一种离散型抽象，情况还会一切如故吗？

　　但更重要的问题不仅于此，莫莱蒂对图形学的偏好和对离散数学不自觉的引介，在某一阶段看或许无伤大雅，但在上述"莫莱蒂—远读—数字人文"的延伸之中则可能造成许多问题。关键在于莫莱蒂一开始就向数学思维中的"离散型"一端倾斜，并最终以一种受到"询唤"的方式发现了计算技术的价值，却忽视了计算学科背后本身的离散基础，换言之，这种询唤很可能不过是两种相同基因的相互吸引。

---

① Franco Moretti, *Signs Taken for Wonders: on the Sociology of Literary Forms*, London: Verso, 2005, p.271.

二、离散数学、数字人文与离散主义

非常具有代表性的，在笪章难的《以计算的方法反对计算文学研究》中提及了图论（也是集合论）的经典问题——"哥尼斯堡七桥问题"，讲述的是著名的数学家莱昂哈德·欧拉（Leonhard Euler）以图式法解释城市规划的故事，他正是以对现实路径的拓扑学转换解决了具体问题。笪章难曾对这一故事做出了自己的重述，目的是要说明将具体图绘做拓扑学转换有其必要性前提，即"在此情况下，简化复杂性是必要的，因为你不想穷尽所有路线组合就为了了解市政规划的答案"[1]。而在笪章难看来，数字人文的拓扑学运用严重忽略了这种实际需要的前提，造成一种没有章法的滥用，计算文学研究"理解拓扑学术语宏观和局部的方式不再充满图论的理论含义——在其实践中网络绘图和拓扑学可以互换——并倾向于重新配置信息，以便视觉化低维同源性（相似性并非基于全部文本而是基于非常有限的文本层面）"[2]。而其更为根本的结论，即"计算文学研究没有能力捕捉文学的复杂性"[3]。但实际上，笪章难引入图论对西方数字人文的研究方法

---

[1]［美］笪章难撰：《以计算的方法反对计算文学研究》，汪蘅译，姜文涛校，《山东社会科学》2019年第8期。

[2]［美］笪章难撰：《以计算的方法反对计算文学研究》，汪蘅译，姜文涛校，《山东社会科学》2019年第8期。

[3]［美］笪章难撰：《以计算的方法反对计算文学研究》，汪蘅译，姜文涛校，《山东社会科学》2019年第8期。

进行批判可能是低效的，须知哥尼斯堡七桥问题的解决本身就是图论研究的开端，后者以离散型的模拟法开创了数学研究的新的范式。如果忽视了这一点，也就无法认识到如果计算文学研究（作为数字人文最重要的实践之一）的拓扑学转换忽视了文学的复杂性，或许并非因为研究者忽视了拓扑学转换的某种前提，而是因为缺乏对上述范式的明确认知，在此，笪章难将批判逻辑复杂化了。

　　事实上，有部分西方数字人文学者注意到了数字技术及其认知的离散数学属性。比如，布鲁格观察到，尽管在数字人文的研究文献中很少能看到关于"数字"的探讨，但亚丁·伊文斯（Aden Evens）是一个例外。后者明确地将由"0"和"1"构成的二进制视为数字技术与文化的原点，"所有数字技术的共同要素，我们称之为数字的文化、艺术和媒体的一致方面是离散的、二进制代码（discrete, binary code）"[①]。又比如，在对数字人文发展进行历史回顾时，乔安娜·杜拉克（Johanna Drucker）指出"计数、排序、搜索和查找以数字形式编码的离散且可识别的信息字符串的明确实例是数字技术执行语料库

---

① Niels Brügger, "Digital Humanities in the 21st Century: Digital Material as a Driving Force", *Digital Humanities Quarterly*, Vol. 10, No. 3, 2016.

语言学任务，以创建布萨神父 ① 著述索引的能力"②。如果将 0 和 1 作为计算机对逻辑理解的基础，强调的是计算语言离散性的输入端，那么在输出端，计算同样提供着离散的结果，如"计算具有压缩的效用，能够生成扁平化的喻体（metaphors），而且计算视觉语言的空间性趋向常常会使这种可能性最大化，即将时间从一种历时性体验转换为共时性体验，而且输出结果往往是离散的"③。

　　贝里在《理解数字人文》的导言中对此有基本的全面描述："数字人文还尝试考虑数字形式的可塑性（plasticity）以及它们指向一种处理表征与中介的新方式，这可以称为记忆与档案的数字'折叠'（folding），从而使人们能够以一种全新的方式对待文化。为了调解文化对象，数字或计算设备要求将此对象转换为它可以理解的数字代码。这种最小的转换是通过社会技术设备的输入机制实现的，模型或图像在其中稳定并受到关注。然后根据许多干预措施，过程或过滤器

---

① "数字人文学者一般将意大利耶稣会修士罗伯特·布萨1949年起和IBM合作开展的把中世纪神学家托马斯·阿奎那的全部著作，以及相关作者的文献制作语词索引的项目作为人文计算的起点"，参见孟建主编《数字人文研究》"前言"，复旦大学出版社2020年版，第1页。而其中"人文计算"可视为"数字人文"概念的别称，类似的还有"文化分析"等，都逐渐被数字人文取代，参见［美］戴安德、姜文涛撰《数字人文作为一种方法：西方研究现状及展望》，赵薇译，《山东社会科学》2016年第11期。

② Johanna Drucker, "Humanistic Theory and Digital Scholarship" ,in *Debates in the Digital Humanities*, Minneapolis, MN: U of Minnesota Press, 2012, pp.85-95.

③ ［英］大卫·M.贝里、［挪］安德斯·费格约德：《数字人文：数字时代的知识与批判》，王晓光等译，东北财经大学出版社2019年版，第18页。

对其进行内部转换，并以最终计算形式（通常以视觉形式）显示。这导致现实世界中的情况，其中计算是事件驱动的，并被分为多个离散过程以承担特定的用户任务文化对象。关键在于，在没有离散编码的情况下，没有文化对象可供计算设备处理。但是，在以这种方式分割档案时，必须将有关档案的信息丢弃，以便将表示形式存储在计算机中。换句话说，计算机要求一切都从日常生活的连续流转变为数字网格，可以将其存储为表示形式，然后可以使用算法对其进行操作。这些理解文化的消减方法（词义）为控制记忆和档案（技术）提供了新的知识和方法。他们通过数字调解来做到这一点，数字人文科学开始将其视为问题。"[1] 简言之，在他看来数字人文概念实际上是一种"使动"表述，首先为保证"人文"被"数字"所接收和理解，要将人文"数字化"，而这一过程的第一步是以对"文化对象"的"离散编码"为基础的。诚然，有学者试图以其他一些方式将人文学科的研究对象更为直接地理解为数据的或由数据构成的，但正如克里斯多夫·舒赫（Christof Schöch）所指出的那样，在人文学科的传统研究对象中谈论"数据"是强为之辞的。我们或许可以谈论一幅绘画的视觉元素本身是数据，但"这是模拟的、非离散的数据，也就不能被分析或进行计算转换；其次，语言、文本、绘画和音乐作为符号系统所具有的向度（dimensions）是超过了物理意义上的可测量范围的，这些向度取决于

---

① David Berry, *Understanding Digital Humanities*, London: Palgrave Macmillan, 2012, p.2.

语义和语用，取决于上下文的意思"①。

如果这一问题已经解释清楚，那么数字人文的本体论反思中应该有意识地纳入对离散问题的反思。而基于此，我们所需警惕的问题也就随之出现，因为对离散性的偏好或者过于强调离散性的价值可能导致一种离散主义的思维方式。我们有必要意识到，离散数学并非一个简单的数学领域或方法，而是具有科研范式的意义。首先，它是对微积分范式的超越。作为其范式特征的第一点，实际上也就是最关键的一点，这一超越蕴含了三个方面的内涵。第一，"从数学的应用性看，离散数学具有与当代社会生产力形态更好的匹配力和适应性"②。这一点与后文中徐晋提出离散主义的经济学研究的意义几乎一致，它意味着离散数学的范式转变符合实践与理论的辩证法。第二，"离散数学范式具有与微积分范式迥然有别的思想方法、知识领域和知识结构。微积分用连续变化的观念去对客体做出一种刻画，在许多情况下只是一种简单化和理想化"③。因为微积分的连续性从某种角度来说是一种理想化的数理认知，离散数学正是在这个层面完成了对前者的超越，而必须注意的是，这种超越并非一种扬弃，而是一种科学研究在应用层面的选择。简言之，在为解决更多、更新的问题而使用离散数学的分析方式时并不代表我们要舍弃微积分的价值，唯一可以确定的是，"与

---

① Christof Schöch, "Big? Smart? Clean? Messy? Data in the Humanities", *Journal of the Digital Humanities*, Vol. 2, 2014.

② 黄秦安：《"离散数学"的范式革命及其意义》，《科学学研究》2019 年第 2 期。

③ 黄秦安：《"离散数学"的范式革命及其意义》，《科学学研究》2019 年第 2 期。

微积分相比，离散数学的突出特征之一就是离散化的思想与方法"[1]。而第三正是此处所引述的黄秦安的文章所重点强调的东西，离散数学使得计算机实验理所应当地成为一个基本方法。甚至，一个有趣的数学史事实是，正是计算机的发明造成了离散数学的兴起。"离散数学的异军突起与计算机的诞生密不可分。计算机的发明是人类科技史上一次重大的创造。受到计算机迅猛发展的影响，20世纪后半叶以来，数学发展开始从较为单一的微积分主线中分离出来，离散数学的思想方法由于其与计算机的紧密联系而日益受到数学共同体的青睐。"[2] 而这一离散型的范式革命具有两个数学理论上的必要条件：第一是"集合论的语言与方法"，第二是"理论计算机的科学基础，特别是其数学基础的形成、发展与成熟"[3]。如果将上述两方面结合起来，黄秦安认为离散数学的核心就是"计算"。"'计算'作为离散数学核心概念的革命性演进"，而反过来，"计算机本质上是离散型的机器"[4]。

"在计算机的发展历史中，离散数学起着至关重要的作用，在计算机产生前，图灵机理论对冯·诺依曼计算机的出现起到了理论先导作用；布尔代数作为工具对数字逻辑电路起到指导作用；自动机理论对编译系统开发的理论意义、谓词逻辑理论对程序正确性的证明以及软件自动化理论的产生都起到了奠基性的作用。此外，应用代数系统

---

[1] 黄秦安：《"离散数学"的范式革命及其意义》，《科学学研究》2019年第2期。
[2] 黄秦安：《"离散数学"的范式革命及其意义》，《科学学研究》2019年第2期。
[3] 黄秦安：《"离散数学"的范式革命及其意义》，《科学学研究》2019年第2期。
[4] 黄秦安：《"离散数学"的范式革命及其意义》，《科学学研究》2019年第2期。

所开发的编码理论已广泛应用于数据通信及计算机中，而应用关系代数对关系数据库的出现与发展起到了至关重要的作用。近年来，离散数学在人工智能、专家系统及信息安全中均起到了直接的、指导性的作用。"[1] 简言之，"离散数学与计算机学科间关系已不是间接的、松散的关系，而是直接的、紧密的关系"[2]。

事实上，离散数学与计算机科学的发展存在着错综复杂的关系，恰恰是因为传统数学的连续性思维无法与计算机的机器逻辑和谐共生。"离散数学的思想方法由于其与计算机的紧密联系而日益受到数学共同体的青睐。因为无论是具有多么强大功能的计算机，也只能进行有限的计算和处理有限的数据，而不能完成实在无限的过程。这样，微积分的思想和理论就不能直接用于计算机，而必须做离散化的处理，才能发挥其效力。"[3] 众所周知，作为电子计算机先驱的图灵机的基本思路本身是对"希尔伯特数学问题"的第十个问题的回答，而后者则体现出二元论的思维方式，其核心目的是论证数理逻辑意义上的真伪，同时，图灵机作为对这一问题的回答也是离散型的，"图灵机的控制单元以离散步骤操作"[4]。离散型思维和方法在其社会形式上有可能被

---

① 徐洁磐：《应用型计算机本科中离散数学课程目标定位与课程改革的探讨》，《计算机教育》2010 年第 5 期。

② 徐洁磐：《应用型计算机本科中离散数学课程目标定位与课程改革的探讨》，《计算机教育》2010 年第 5 期。

③ 黄秦安：《"离散数学"的范式革命及其意义》，《科学学研究》2019 年第 2 期。

④ 齐磊磊：《从强计算主义到弱计算主义——走出"万物皆数"之梦》，《学术研究》2016 年第 11 期。

理解为一种"离散主义"，当徐晋倡议建立离散主义的经济分析方法，其根基便是宏观经济学意义上的数字化生存（being digital），而同时，"数字生产与数字化生存是建立在信息科技基础之上的新经济现象"①。所以，提出这一新的认知方法的根本原因是整体性的范式转变，作者称之为"它由离散主义本体论、认识论和方法论具体构成"②，其与数字人文的发展有着较远距离（distant）的内在联系。而为了理解离散主义，也是为了使其为经济分析提供更为基础性的哲学根据，作者自觉地对离散主义的数理基础做出考察。首先，他指出"哲学上的离散与连续是相互对立的关系，离散是绝对的，连续是相对的。这也是我们提出离散主义的哲学认知前提。任何连续的实体或者事件，必然归结于离散的个体去表达或者实现，而且所谓的连续必然是在最小离散区间基础上的定义。数学意义上的无限连续处处可微仅仅存在于想象而不可能存在具体事实或者事件，也就是无法具象表达。而且，任何相对连续的事物，必然是某一离散集合中的个体"③。所以，关于离散主义的第一个命题是"任何连续事物，必归属于离散集合"④。

其次，"由于计算机本质上就是一个离散结构，计算机网络则是在单个计算机基础上构建的计算、存储、通信等功能离散式分布的网状关联结构，因此所有现代科技研究或者商业应用都必须把问题与模

---

① 徐晋：《离散主义：理论、方法与应用》，《学术月刊》2018 年第 3 期。
② 徐晋：《离散主义：理论、方法与应用》，《学术月刊》2018 年第 3 期。
③ 徐晋：《离散主义：理论、方法与应用》，《学术月刊》2018 年第 3 期。
④ 徐晋：《离散主义：理论、方法与应用》，《学术月刊》2018 年第 3 期。

型离散化以利于计算机处理运算"①。之所以对基于离散数学的数理基础的离散主义如此热衷，其根本在于，作者认为离散主义已经在对象层面影响了我们整个的经济生活，那么与其形式无法实现一致性的连续型数学工具就是无效的。姑且不论这种经济学学科中的同构或一致性思想是否适用于人文学科的阐释学传统，我们至少能意识到作者这一范式的提出背后的根据体现为福柯意义上的"知识型"的断裂性。简言之，作者认为社会形态至少已经在经济层面上发生了根本性的变化，而离散数学因此不仅必要也充分表现出适用性。"离散数学作为离散主义源发性思想内核，在我们的经济生活中已经广泛应用并产生质的影响。比如逻辑的概念可以用于网络行为分析，集合论可以用于大数据分析，组合数学可以用于产品配比，拓扑学可以用于网络结构分析，运筹学与博弈论可以用于效用分析，关系理论则用于社交网络等。"② 如果对西方数字人文研究近年来的发展有所了解，则作者所排列的诸应用方式，数字人文研究悉有涉猎。

　　因为这篇文章指出其"离散主义"的分析模式是一种倡议，而对于"离散主义"作为一种科学范式也不必予以直接的价值判断，问题在于将这种科学范式横向移植对人文学科是不是毋庸置疑的，也就是在这个意义上，徐晋的论证本身便有值得借鉴之处。当作者有目的地提出一种面对当下社会经济领域的新局面的数学分析工具时，第一，

---

① 徐晋：《离散主义：理论、方法与应用》，《学术月刊》2018 年第 3 期。
② 徐晋：《离散主义：理论、方法与应用》，《学术月刊》2018 年第 3 期。

他首先承认范式转变的目标和必然性；第二，他清楚地意识到这种新的计算分析的数理基础的本源。当徐晋提出离散主义时，他并没有像许多西方数字人文学者一样存在认同与范畴性焦虑，他直言不讳地指出"本文提出的离散主义作为一种世界观，是适应现代信息科技对人类社会的全面改造而产生的哲学思想"①，而通过前文分析可知，这是数字人文长久以来的一块"心病"。如果我们将徐晋所代表的计算型的数字经济分析中经济的主题和概念替换成人文，则数字人文领域迄今的表达中都缺乏一种斩钉截铁的范式定论，并且如上文所述，其对数字一维的学科性和科学性基础都缺乏反思。这至少说明西方数字人文在如火如荼的进展中有些步履匆匆，其对自身本体论的反思仍显不足。

在陈述离散数学与微积分范式的差异时，黄秦安指出离散数学的离散化使其"具有可以直接处理客观对象的特征，因为任何客观事物都是有限性的存在"②。必须要说这句表达同样有其适用范围，当主题转移到人文学科领域时可能并没有这样一个现成的理论存在，即使不论客观事物究竟意味着什么，更为直接的，人文学科研究对象如何或可否理解为客观事物显然都是需要讨论的话题。

---

① 徐晋：《离散主义：理论、方法与应用》，《学术月刊》2018 年第 3 期。
② 黄秦安：《"离散数学"的范式革命及其意义》，《科学学研究》2019 年第 2 期。

三、离散主义与强计算主义

　　一旦我们理解了离散数学与计算机学科的关联，另一个与此高度相关的问题便浮出水面，即近年来与认知科学、心灵哲学和人工智能均有所关涉而同样引起广泛讨论的（强）计算主义问题。因为"计算主义"这一范畴已经越发被视为一种理念甚至学科，渐渐丧失了其中的批判性或意识形态因素，故学者们开始使用"强计算主义"[①]以强调某种批判性的维度，而这些提法除与不同学者的认识和叙述相关，还有程度和范围的区别。[②]诚然，强计算主义的问题在认知心理学或心灵哲学方面尤为显著，但它首先就表现为其字面意思即对计算的高度认可，甚或趋向计算拜物教（fetish）的程度，所以学界常常认为这一思想可上溯至以数为世界本质的毕达哥拉斯学派。

　　因此，强计算主义的野心远不止于人体或心灵层面，因为它首先意味着一种更新的世界观，"计算主义的世界观的形成经历了三个阶段或过程：智能和心灵的计算理论的形成、生命的计算理论的形成、世

[①] 从另一个角度，也有学者提出"泛计算主义"，参见李建会、夏永红《宇宙是一个计算机吗？——论基于自然计算的泛计算主义》，《世界哲学》2018 年第 2 期。

[②] 当学者从批判角度使用"计算主义"一词时，本身就具有"强计算主义"的内涵，如大卫·哥伦比亚说道："我担心的是，对计算能力的信念——我称之为计算主义的一组信念——支持并强化了令人惊讶的关于人类、社会和政治的传统观念。在其他记录中，我们可能会认为这些观点早已被抛弃，很大程度上是因为它们作为人类整体的一部分的错误在很久以前就已经被确凿地证明了。"参见 David Golumbia, *The Cultural Logic of Computation*, Massachusetts: Harvard University Press, 2009, p.2。

界或宇宙的计算理论的形成"①。到了第三个阶段也就在整体上完成了
计算主义作为一种猜想的目标，至此，甚至已不是整个世界可以由计
算所把握，而是"把整个世界的本质看作是计算"②。在这个阶段，当
约翰·阿奇博尔德·惠勒（John Archibald Wheeler）放言"万物源于
比特"时也就实现了与毕达哥拉斯学派的"数是万物本原"的遥相呼
应，并形成一个纵贯古今的闭环，但这个线性的闭环本身是理想化的。
这个看似"有始有终"的梦想已历经复杂的历史变化，两者之间至少
存在着一些差异，其中最大的差异就在于对计算、数、数字、数据和
比特（bit）的理解与 2500 年前单纯的对数的想象并不一致，尤其是
当惠勒把数换成比特，意味着支撑其宏大叙事的基础就是计算机，（当
代）计算主义的第一阶段就像西方数字人文的勃兴一样起始于计算机
的出现。所以，对数的关注并不足以说明当下的计算主义的根基和目
标，而所谓"强计算主义"就是将整个宇宙都设想为一台电脑③或者
"科学主义的一个极端就是强计算主义，强计算主义主张包括人类意识
在内的一切内容都是可计算的"，以及"强计算主义的弱点就在于认为

---

① 李建会等：《计算主义：一种新的世界观》，中国社会科学出版社 2012 年版，第 2
页。也有学者采用了"古典计算主义"（前计算机时代）、"当代计算主义"（计算机时
代）直至晚近的"元胞自动机计算主义"（基于元胞自动机的系统假设的计算主义）
三个阶段的划分办法，参见齐磊磊《从强计算主义到弱计算主义——走出"万物皆
数"之梦》，《学术研究》2016 年第 11 期。

② 李建会等：《计算主义：一种新的世界观》，中国社会科学出版社 2012 年版，第 7 页。

③ 参见齐磊磊《从强计算主义到弱计算主义——走出"万物皆数"之梦》，《学术研究》
2016 年第 11 期。

除了'计算'之外，在物质、生命和心灵中，一切都是'计算'的东西"。[1] 那么此处的问题就在于，数字人文是否可能掉入了强计算主义的陷阱？

这种可能性仍与离散主义的可能性相关。正如上文所说，作为现代计算机的先驱，图灵机的计算方式就是离散型的，它首先是一种离散型动力系统，这一认知方式在更为成熟的"元胞自动机"（cellular automata）的计算方式中仍未改变。正是将整个宇宙视为一个电脑的康拉德·苏斯（Konrad Zuse）将"时间、空间和定律"都设想为离散的，[2] 而这种认知方式与当代物理学中关于宇宙究竟是有限还是无限、连续还是离散的争论有关。[3] 针对苏斯等人的强计算主义观点，卢西亚诺·弗洛里迪（Luciano Floridi）做出批判，他将强计算主义称为"数字本体论"（digital ontology），它所指的是"现实的终极本质是数字的，而宇宙是一个相当于图灵机的计算系统"[4]。弗洛里迪的批判与离散问题有关，在他看来，是以数字还是以模拟为世界观是对经典问题，即自然现实是"连续的"还是"离散的"论争史的唤醒。对此，他将"数字本体论"提炼为四个方面的特征，分别是：

---

① 蔡恒进、汪恺：《AI 时代的人文价值——对强计算主义的反驳》，《人文杂志》2020 年第 1 期。

② 参见齐磊磊《从强计算主义到弱计算主义——走出"万物皆数"之梦》，《学术研究》2016 年第 11 期。

③ 参见李熙《莱布尼茨、计算主义与两个哲学难题》，《科学技术哲学研究》2019 年第 6 期。

④ Luciano Floridi, "Against Digital Ontology", *Synthese*, Vol.168,No.1, 2009.

（1）物理宇宙的本质（时间，空间以及时空中的每个实体和过程）最终是离散的（在本书的其余部分中，我们将着重讨论这一论点，同时可能附有与之相关的其他三个论点）；

（2）可以通过离散值，例如整数，对物理宇宙进行适当建模；

（3）物理世界的演化（状态转换）可以计算为一个（预计很短的）算法的输出；

（4）支配物质宇宙的法则是完全的决定论的。[①]

弗洛里迪对这些假定的批驳十分巧妙，他首先指出物理宇宙究竟是连续或离散是物理学范畴中的问题。真正的问题在于，不论真相如何，数字本体论一方面试图以数字对其进行把握（建模），另一方面又将之确定为宇宙的本体论，换言之，造成了循环论证的悖谬。在此，我们同样无意讨论弗洛里迪论证的正确性，他所做出的批判对我们理解西方数字人文学术的一大帮助在于其充分地将数字与其"服务"的对象做了区分，对本书来说，也就是将物理问题中的离散与连续和数学问题中的离散（数字）和连续（模拟）区分开了。弗洛里迪的论证对我们有两点启发，首先，数字人文概念所直接表现出的数字与人文的联结是历史性的和人为的，其间的张力才是作为思想性基础的东西。

---

① Luciano Floridi, "Against Digital Ontology", *Synthese*, Vol.168,No.1, 2009.

其次，某种意义上起始于图灵机理论的强计算主义本质上是一种对世界的离散型建模，这为反思数字人文的数理基础提供了参考。西方数字人文研究在其理论层面确实往往重点关注数字和人文两个维度的相互连接、转换或翻译的问题，比如，于连·隆吉（Julien Longhi）借用让－盖伊·默尼耶（Jean-Guy Meunier）提出的包括"概念的、形式数学的、形式计算的和物理计算机"四者相互关系的所谓"环形动力学"（cyclical dynamics），将其数字人文分析分为"概念模型""形式模型""计算模型"和"计算机模型"的四步逻辑，以这样的拆解实现人文研究对象到计算机模拟的通路，并将其分析模型也分为四种类型，一步一步地解决上述连接。① 但这样的步骤一方面并没有跳出图灵机的离散模式；另一方面，与其在这种连接中寻求不同的解题思路，是否有时候应"跳出盒子"并"远读"这一操作，在更为宏观的尺度上考察数字人文的跨学科理性？

同样有一些西方数字人文学者对强计算主义有所警惕，这与数字人文在反躬自省中所试图保持的人文属性有关，比如有学者提出要放慢阅读速度，以使得"人文干预"在数字人文研究的进程中不断实现，从而可以对认识论中的计算主义因素做出反思。② 但类似的反思常常在

---

① Julien Longhi, "Proposals for a Discourse Analysis Practice Integrated into Digital Humanities: Theoretical Issues, Practical Applications, and Methodological Consequences", *Languages*, Vol.5, No.1, 2020.

② 参见［英］大卫·M. 贝里、［挪］安德斯·费格约德《数字人文：数字时代的知识与批判》，王晓光等译，东北财经大学出版社 2019 年版，第 213 页。

对于计算技术的信赖和"乱花渐欲迷人眼"的计算工具的可选择性面前被忽视了。正是在这个意义上，大卫·哥伦比亚（David Golumbia）强调计算主义与工具理性计划如此接近。[1] 如果确如贝里所说，"数字人文的相关研究需要一种新的计算思想批判性方法，通常称之为计算思维（computational thinking）"[2]。但最终这种计算思维落实为"对不同级别的计算进行批判性理解是数字人文的先决条件，而这只能通过积极参与实际的计算机系统实现"[3]。当西方数字人文对计算机的要求和信赖是本质性的，要避免强计算主义的思维陷阱既是不应回避的又是需要花费精力的，否则，西方数字人文的发展至少从外部便容易被设想为是上述"整个宇宙不过一台计算机"的宏愿，而在狂飙突进中将人文领域划归帐下而已。

四、强计算主义与强制阐释

为了进一步理解西方数字人文的学理概念，我们已经对数字人文的数字一维做了进一步的讨论，但反观"人文"的角度，上述问题还

---

[1] David Golumbia, *The Cultural Logic of Computation*, Massachusetts: Harvard University Press, 2009, p.5.

[2] [英] 大卫·M. 贝里、[挪] 安德斯·费格约德：《数字人文：数字时代的知识与批判》，王晓光等译，东北财经大学出版社 2019 年版，第 53 页。

[3] [英] 大卫·M. 贝里、[挪] 安德斯·费格约德：《数字人文：数字时代的知识与批判》，王晓光等译，东北财经大学出版社 2019 年版，第 74 页。

有进一步挖掘的必要。如果离散主义以及与之相关的强计算主义值得西方数字人文警觉，那么是否充分考虑了连续性问题和连续型数学工具就能做出有效规避？这可能仍是一厢情愿的。因为我们面对的问题并非属于数学学科，而是属于"交叉学科"。正如弗洛里迪所说，对现实世界做出的离散与否的判断属于物理学，而对是否可以以离散型计算方式对之进行把握则发生在"数学—物理"之间，这里的离散与连续都首先是数学层面的，而"数学—物理"和"数字—人文"中"化合键"的稳定性则关乎"可计算性"（computability）。从数学角度来说，可计算性在图灵的意义上意味着图灵机实现的基础和范围，可计算指的是图灵机可以处理那些"可以简要地描述为其小数表达式可以通过有限方法加以计算的实数"[①]，也显然与人文学科中的"可计算性"（如果有的话）并不一致。可计算性在上文对伊文斯的讨论中就出现过，作者指出，伊文斯将复数的"0"和"1"们的二进制理解为数字的可计算性，即计算机对数字的处理，而有另一些人将之理解为字母，以其如此，得以将数字从数学问题转换为文本问题。[②]正是在这一基础上，计算技术在处理文本上逐渐复杂和成熟，才有了数字人文所有形式的可能性条件。基于对计算机计算模式的理解，数字人文研究中，数字与人文的结合并非将前者简单地作为后者的研究工具，而是

---

① 黄秦安：《"离散数学"的范式革命及其意义》，《科学学研究》2019 年第 2 期。

② Niels Brügger, "Digital Humanities in the 21st Century: Digital Material as a Driving Force", *Digital Humanities Quarterly*, Vol.10, No. 3, 2016.

要将人文学科研究对象的可计算性加以抽象后翻译为计算机可以理解的语言，而这实际上才触及数字人文的核心。以何种计算工具模拟以及计算何种数据其实质仍然属于科学技术领域，如何或可否将人文学科研究对象提炼为计算领域的有效语言才是"数字—人文"两极碰撞与融合的根本所在，而这不仅是一个"质"的跳跃性的问题，同时也触及了人文学科的核心领地。贝里认为现在最应该被予以否认的观点是"数字技术正在侵犯人文学科"①，那么数字人文必须面对上述这一根本性的转换。因为要谈论"不侵犯人文学科"，实际上也就是我们所讨论的僭越问题，就必须有对技术理性的自觉和自省，而通过前文的梳理，这一点并没有得到有效保障。至少，在西方数字人文的论述中，与其他一些数学或计算机概念一样，不少作者往往缺乏对计算性质和人文性质的可计算性的区分。比如，"我们需要表征来驾驭这个新的世界，这些表征需要是可计算的，因为计算机是我们进入这个世界的中介"②，作者在回顾其设想时干脆使用了"可计算人文"（computable humanities）这样的表述。③

---

① [英]大卫·M.贝里、[挪]安德斯·费格约德：《数字人文：数字时代的知识与批判》，王晓光等译，东北财经大学出版社 2019 年版，第 10 页。

② John Unsworth, "What is Humanities Computing and What is Not", in Melissa Terras, Julianne Nyhan and Edward Vanhoutte. eds., *Defining Digital Humanities*, London: Routledge, 2013, pp.35-48.

③ John Unsworth, "What is Humanities Computing and What is Not.", in Melissa Terras, Julianne Nyhan and Edward Vanhoutte. eds., *Defining Digital Humanities*, London: Routledge, 2013, pp.35-48.

　　面对数字史学研究中存在的问题，王涛区分了两种研究倾向，即由"数据驱动"的和由"论证驱动"的。他将问题总结为，"数字人文研究所强调的'数据驱动'（data-driven）可能偏离了史学研究的路径。传统史学研究是论证驱动（argument-driven）的，擅长分析问题，而数字史学研究者在数据驱动的思维指导下，花费大量精力去转换、提取、清洗数据，以为数据的获取就是研究本身，显然背离了史学研究的精髓"①。对于解决这样的问题，作者实际上是持乐观态度的，其主旨在于将问题提出，希冀对落此窠臼的研究方式作出合理的纠偏，其基本方法即在具体历史研究课题中注意"数据驱动"和"论证驱动"的结合。然而一个根本的质疑也就由此而生，如果设想在一个没有"数据驱动"的现实环境中，我们还会看到数字人文的"应运而生"吗，一个在"数字人文"这一方法论层面采用数字工具的人文研究真的能摆脱数字意识形态或者计算主义的询唤吗？当布伦南做出数字人文批判时，认为数字人文只是在研究他们能研究的东西，简言之，即计算那些具有可计算性的东西。②那么，如果可计算性是由"数据驱动"的，如何保证"论证驱动"不被同样的"计算"或消减呢？须知可计算性还有另一种向度。有学者指出，当如诺依曼预想的那样计算成了科学最重要的二次革命，可计算性就意味着你需要对自己的研究实现其可计

① 王涛：《"数字史学"：现状、问题与展望》，《江海学刊》2017 年第 2 期。
② Timothy Brennan, "The Digital-Humanities Bust", *The Chronicle of Higher Education*,Vol. 15, 2017.

算性，否则你只能"愈加失败"，被科技的发展淘汰。[①]

正是这种恐惧使得人文学科在面对计算方法或定量分析时始终存在着保守主义的思路，并且甚至与意识形态立场无关，比如相对保守的哈罗德·布鲁姆（Harold Bloom）和相对激进的佳亚特里·斯皮瓦克（Gayatri C. Spivak）都对这一方向表示质疑甚至不满，[②] 但显然这样的质疑或不满往往更多地流于直觉和诉诸感性。不过非常有趣的是，正是上述两位学者提示了定量分析与人文学科产生抵牾的最常见的两个方面或者说法，布鲁姆指出人文研究不是冷冰冰的数据，而是"充满智慧的哲理性的思考"，我们或者可以称之为人文性；而斯皮瓦克则强调人文学科自身的复杂性。然而一方面我们可以说，两位学者或许还不具备足够的跨学科想象力，从大而化之的角度来看，将冷冰冰的数字转化为"活生生"的智识，几乎对仗似的呼应着近年来另一个充满热情和论争的科技场——人工智能，而复杂性就更不在话下。从 20 世纪 90 年代开始，科学尤其是数学领域对复杂性的追求就表现出义无反顾的态度，"复杂性学科"便由此诞生。但真正的问题恐怕并不在于数字人文的人文性的多寡，而仍然在于人文性的智性与计算型的智能的差异，以及数学基础的复杂和人文思想的复杂之间的分别。简言之，质疑与反思的目标并不是对数字人文发展的否定，而是对合理和全面

---

① Susan Schreibman, R. Siemens and J. Unsworth, *A New Companion to Digital Humanities*, Hoboken: John Wiley & Sons, 2015, p.72.
② 参见都岚岚《论莫莱蒂的远读及其影响》，《中国比较文学》2020 年第 3 期。

的数字人文批判的倡议，这仍然是为了以对西方数字人文问题的扬弃而建设中国特色社会主义的数字人文学科而努力。

《朝向"数字人文"的文学批评实践：进路与反思》几乎是迄今国内学界"数字人文批判"最优秀的文本，但汉松在其中为数字人文的界限提出了历史与学理逻辑兼具的设想。不过，当但汉松质疑数字人文是否能够准确掌握"机器学习的技术内核和细节层面"时，他将为此所需的科学知识分为了"深水区"和"浅水区"，分别是我们耳熟能详的，或者用他的说法，"文科生"有可能了解的"自然语言处理、知识库、数据挖掘、深度学习、分词、贝叶斯定律"以及令人眼花缭乱的"正则表达式、感知器、马尔科夫链、BP网络、K最近邻算法等"。[1] 作者的意思当然容易理解，他试图提醒不谙上述概念及其数学原理的文科生们"要在文学研究中植入人文计算的方法"恐怕是"一次堂吉诃德式的冲锋"。[2] 但汉松的预警显然是中肯的，但他的上述表述暴露出这样一个问题，如果数字人文中的科学技术部分对研究主体来说涉及难易的区分，它便因此掩盖了"深水区"和"浅水区"的连通。简言之，科学技术不以也不应以难易作为标准，一方面用难易程度来区分计算理论本身混淆了上述诸概念的联系和差异，比如其中许多范畴实际上并不属于计算科学而首先属于统计科学，其相对于

---

① 但汉松：《朝向"数字人文"的文学批评实践：进路与反思》，《文化研究》2018年第2期。

② 但汉松：《朝向"数字人文"的文学批评实践：进路与反思》，《文化研究》2018年第2期。

经典数学也有离散型的认识型，比如马尔科夫链。但更重要的问题在于，对难易程度的区分不仅难以起到警示的作用，其言下之意反而暗示了"越数学就越好"的意味。更何况，当我们在以难度来作为考察标准时便已经与利用数学工具背后的科学理性初衷背道而驰了。

事实上，近年来以计算方式，尤其是基于大数据平台的研究在社会学学科领域已经得到反思，一些社会学学者视之为一种自然主义（naturalism）的研究方式，简单来说就是在认识论上存在将社会自然化，将社会学问题自然科学化的趋势，而削弱了人的类属性。[①] 这种不完全是意识形态批判的批判在一定程度上延续了批判理论的思路，并具有相当程度的逻辑自洽性。反观西方数字人文，当大数据研究者强调"愈多的数据意味愈多的发现"[②]，许多数字人文的批判似乎都将精力放错了地方，反驳这句话自身的逻辑，指出数据与发现在量的关系上的不对等，却没有意识到这仍然是量化的理解，是在数字内部的解释。而从人文的角度来说，追求科学意义上"更多"的发现实非人文学科的目标，甚至"发现"本身都是值得反思的概念，我们也常常能看到对计算机可视化工具"一图胜千言"的赞美。然而，也许有两个问题同时出

---

① Petter Törnberg and Anton Törnberg, "The Limits of Computation: A Philosophical Critique of Contemporary Big Data Research", *Big Data & Society*,Vol. 5，No.2, 2018.

② Petter Törnberg and Anton Törnberg, "The Limits of Computation: A Philosophical Critique of Contemporary Big Data Research", *Big Data & Society*,Vol. 5.,No.2, 2018.

现在了我们所面对的图绘上，值得反思：第一，呈现与遮蔽的关系是
什么？第二，便利对人文学科是有益的、中性的还是有害的？

五、余论

可计算性与物化问题存在关联，"合理机械化的和可计算性的原
则必须遍及生活的全部表现形式"①，如果自身的反思缺乏全面性和自
洽性，则"数字人文的本体论问题在此就必然被转换为生产工具占有
者的主体性甚或阶级问题"，而将批判空间留给意识形态批判。

西方数字人文对于其所谓的外部批判常常缺乏足够的耐心，一种
常见的反弹表现为将所有数字人文批判都视为对科技的抵制或者所谓
的对技术保守主义意识形态的表征，最为典型的便是将对数字人文的
批判视为卢德主义（Ludditism）的复兴。这种反驳的问题表现在两个
方面，第一，它实际上已经将某种程度的技术决定论纳入了自我认知
之中。第二，它假定了反对数字技术就是反对科学，前一点很好理解，
后一点又涉及两个问题：1.反思科学绝非反对科学，或者说在哲学高
度、美学维度理解差异性恰恰是数字人文时常强调的人文性中弥足珍
贵的东西；2.科学同样是一个整体性和历史性范畴。通过上文我们可
以看出，反思数字人文的离散主义基础显然不是反对数学工具本身。

---

① [匈] 卢卡奇：《历史与阶级意识——关于马克思主义辩证法的研究》，杜章智、任立、
燕宏远译，商务印书馆 1992 年版，第 153 页。

学界对离散主义之于计算领域和其他学科的问题从未放弃过反思，甚至早在 20 世纪中期就有学者指出过，人工智能的"不可能性"的根据正是来自计算所依赖的离散主义基础。[①] 而晚近计算机领域的发展中就明确表现出强烈的超越离散模式的野心，所以，数字人文的批判应该从但汉松所说的对数字维度的"祛魅"开始，而这种"祛魅""不仅不是反科学的卢德主义，反而是真正科学的理性态度"[②]。最后，西方数字人文学者在反驳布伦南所做出的激进意识形态批判时，明确强调"数字不是人文的对立面"[③]，但仍然对"数字"究竟意味着什么缺乏基础性的讨论，在数字技术的狂飙突进中尝试着一个一个缘起于离散数学基础的工具，这很难不说是一种"技术决定论"的迷思在作祟。

① 参见 А. В. Брушлинский《人工"智能"为什么不可能？》，世京译，《世界科学译刊》1979 年第 2 期。

② 但汉松：《朝向"数字人文"的文学批评实践：进路与反思》，《文化研究》2018 年第 2 期。

③ Sarah E. Bond, Hoyt Long and Ted Underwood, "'Digital' Is Not the Opposite of 'Humanities.'", *Chronicle of Higher Education*, Vol. 1, 2017.

第三节　"可计算性"与"可运算性"

　　学者们提出的"数字人文的本体论反思"概念旨在理解与探索数字人文的前提和边界，并以逻辑上的"自反性"呼应数字人文批评实践中的"自反性"要求。后者如有学者所指出的那样，"在'数据驱动'与'知识和问题驱动'之间，人文学者还需自己把握平衡点，发展出作为一种阐释和批评手段的数字人文，使其具有反思性的向度"①。与此同时，在较早将数字人文体制化的西方学界，左翼的数字人文的批判理论已经艰难地（由于众所周知的原因）获得了其制度性地位，其中，最具代表性和前沿性的"批判性数字人文"正是从马克思主义的批判现代性传统中阐发"数字人文的本体论反思"的某种西方马克思主义方案。从康德的角度，"本体论反思"也正是"批判"的别名，对此，本节将探索上一节没有展开的"可计算性"问题，以进一步理解"数字"与"人文"相互反应、融合的"化合价"。此外，也通过进一步的批判性分析将关于西方数字人文的"批判理论"及与其

---

① 赵薇：《数字时代人文学研究的变革与超越——数字人文在中国》，《探索与争鸣》
2021 年第 6 期。

相关的两个思想形态——"技术美学反思"和"数字资本主义批判"相连接，以彰显"数字人文的本体论反思"（数字人文批判）的紧迫性和现实意义。

此外，通过上文的描述，随着新的技术时代的全面来临，数字人文作为人文学科与数字技术的"界面"，其能够成为西方学界的一时显学靠的绝不仅是工具论式的应用价值，而是以"人文学科的救世主的形象出现的，具有革命性的力量"①。一方面，西方数字人文所期望的并非一般意义上的"数字"为人文研究提供某种工具性辅助或一般层面的方法论更新，而是寄希望于两种根本不同的思想形式之间的差异性力量能够为两者（尤其是后者）提供研究范式上的根本革新；另一方面，数字人文理应成为"数字资本主义"时代延续和拓展人文学科批判理论传统的重要领域，这一认知不仅是中国特色社会主义的数字人文学科发展的可能方向。也已在一定程度上成为西方数字人文更为前沿的理论建设方向。在自我意识辩证发展的意义上，西方数字人文学界崭露头角的"批判性数字人文"有值得我们借鉴的地方。

前文曾提到的数字与计算中的"可计算性"显然与人文学科中的"可计算性"（如果有的话）并不一致，那么关于"化合价"问题的一个重要的批判性起点便是理解属于人文学科自身的"可计算性"问题。

① Daniel Allington, Sarah Brouillette and David Golumbia, "Neoliberal Tools (and Archives): A Political History of Digital Humanities", *LA Review of Books*, Vol. 1, 2016.

一个相对普遍的事实是，西方数字人文的理论分析者都或多或少地回避了这一问题，而它又恰恰是晚近西方技术哲学（美学）思辨的核心领域，对这一问题的分析也将为我们深入理解"数字人文的本体论反思"并引出"批判性数字人文"这一方案提供一个有效起点。

一、"可计算性"与"可运算性"

一种常见的数学证明方法是将特殊问题重新一般化，理解人文学科的"可计算性"可置于世界的"可计算性"中加以看待，而后者的历史则更为普遍且由来已久，它可以上溯至毕达哥拉斯学派"万物皆数"的美好愿景，但根本上与内生于西方形而上学的"科学主义"认识论脱不了干系。及至"双元革命"衍生的理性赋魅，由整体技术所赋魅的"计算理性"更是获得了巨大的发展空间和动力，在与之相关的"物理主义"和"认知主义"中均可见这一理念的表述。而针对这一现代性表征，最具代表性的批判方式便是"批判理论"历久弥新的"启蒙辩证法"反思，同样，在晚近的"后人类主义""加速主义"等理论形态中仍可识别这一批判话语的延续。而如果明确"可计算性"的世界观在新时代语境中数字的或计算科学的限定性，那么它又与"老三论"所确立的"计算主义"的脉络紧密相关，正是图灵的"可计算性"问题推动了计算科学及其理念的发扬。此外，大多数时候，"计算"及其相关概念出场时并不被严格区分英文词根，比如"可计算性"

可以是 computability 也可以是 calculability。在这个意义上，上述"计算主义"的历史脉络是清晰而线性的，由此，对"计算主义"的批判也就可以简单地在"科学主义"的议题下进一步讨论。但这样做的一个基本问题是，这样的计算主义认识首先便已经将一种计算逻辑的世界观植入前提之中了，这造成了解释学上的逻辑悖谬，而使我们产生这一质疑的正是晚近强调"控制论"的变革性力量而试图重新"图绘"技术思想史的许煜。在许煜完成对所谓"宇宙技术"的认识论更新中，"可计算性"的本体论辨析构成了其逻辑链条中的关键节点，而更为要紧的是，许煜从上述"可计算性"的讨论之中将"可运算性"拆解出来，分别以 calculability 和 computability 加以标识。在许煜这里，一定程度上，世界的"可计算性"仍指其字面蕴意，而"可运算性"则指向其数字或计算科学的基本属性，或者简单来说，许煜用"可运算性"替换了图灵的"可计算性"，将世界的（人文的）和数字的可计算性问题重新区分开来。这种区分与我们在导言中所试图处理的技术与技艺的区分相类似，它最终也将以重新结合的方式为我们更新对西方数字人文的理解。

许煜的基本思路大体如下，如果说"计算主义"是赞同世界的"可计算性"，实际上它意味着一种决定性，那么它所可能遭遇的失败便是"不可计算性"的存在，也就是相对于决定性的偶然性。在作为"技术哲学反思系列"的完结篇（另外两部为《论数码物的存在》和《论中国的技术问题》）的《递归与偶然》（以下简称《递归》）中，许煜试图解决的便是新时代的"可计算性"的完整性，其中的一个基本理念便重新依托于以数理逻辑为基础的计算技术。许煜的论证延续了海德格尔至斯蒂格勒的存在论技术美学思维，其核心一言以蔽之，如果说存在偶然性对"可计算性"的破坏，计算科学逻辑中的"可运算性"原则（递归）已超越了其自身的机械论传统，从而得以在"有机论"的意义上解决宇宙中最为本质和极致的"不可计算性"（或说可计算性问题）。换言之，如果说上述种种存在问题的"计算主义"方案大多将计算与运算混为一谈，许煜则试图以"可运算性"作为解决"可计算性"的重要基础，重新夯实后者的整全性。用许煜的话说，《递归》的主旨可以说是"试图根据递归与偶然这两个关键概念来分析""有机体"[1]，而得以进行如此分析的历史性前提与理论语境是"控制论"，因为控制论采用了一个"古人没能料到的"的新概念——信息。[2] 简言之，基于新语境下的新方法，《递归》所致力于实现的是将对概念的新认识写入新的认识论中。由于前者由新技术所决定，而后者实际上是对某种传统中既有的认识论的重新阐发，所以其著作的写作方式呈现为将（控制论）技术话语写入（海德格尔哲学为基础的）对西方形而上学的更新中，表现为论证逻辑的"相向而行"。

比如一方面，在对西方哲学史技术内涵的解读中，许煜指出"在谢林和黑格尔的自然哲学中，偶然性被两种不同的递归模型实现和克

---

① 许煜：《递归与偶然》，苏子滢译，华东师范大学出版社 2020 年版，第 3 页。
② 参见许煜《递归与偶然》，苏子滢译，华东师范大学出版社 2020 年版，第 22 页。

服了"①。换言之，德国观念论内部的抑制（否定）与生产（否定之否定）的递归性在形式上（算法的停机状态）最终实现为新的辩证综合，而递归在计算（数字）意义上的别名便是"可运算性"。另一方面，控制论提供的最重要的技术认识便是这个递归模型的数学起点，一个递归函数简单来说就是"一个不断调用自己直至达到停机状态的函数"②，通过将控制论理论家维纳、利维等人的认识论衔接起来。许煜最终要得出的一个结论是"所有生命系统和社会行为也都是递归的"③，这样的认识使得许煜得以将控制论与德国观念论衔接起来。从哲学史的角度来看，《递归》整体上仍是海德格尔哲学的注脚，是"海德格尔在控制论中看到了一种等同于排他性理性的总体化的力量"，更重要的是"海德格尔想走另一条路，我称其为宇宙技术"④。在将递归性在历史层面充分扩展其理论边界后，《递归》的本体论论说来到了一个关键章节。在第 24 节"不可计算性与算法偶然性"中，作者指出"为了克服偶然性的威胁——也是对本质的威胁——有必要使偶然性成为必然：不是通过承认偶然性是必然的而在本体论上界定它，而是把它放入检验（test），这检验是理性化的必要环节"⑤。通过对许煜的方法论的理解，此处的检验同样指向了数学技术，在"递归"所构建的理论框架的

---

① 许煜:《递归与偶然》，苏子滢译，华东师范大学出版社 2020 年版，第 129 页。
② 许煜:《递归与偶然》，苏子滢译，华东师范大学出版社 2020 年版，第 138 页。
③ 许煜:《递归与偶然》，苏子滢译，华东师范大学出版社 2020 年版，第 159 页。
④ 许煜:《递归与偶然》，苏子滢译，华东师范大学出版社 2020 年版，第 132 页。
⑤ 许煜:《递归与偶然》，苏子滢译，华东师范大学出版社 2020 年版，第 176 页。

连续性中，这仍是以"可运算性"（再）解释"可计算性"的方案，并在许煜的进一步解释中通过哥德尔与"作为方法的递归"联系起来。

对许煜的"递归本体论"本身做"递归运算"，理解其无限趋近于"停机"的可能性就在于将"递归与偶然"问题最终化约为"可运算性与可计算性"问题，由此生成为《艺术与宇宙技术》中的第 19 节"不可运算与不可计算"。在这里，上述相向而行的两方面都有了更为简洁的表述，一方面是"运算性的递归为自然的起源结构提供了认识论证明，就像浪漫主义和康德、费希特、谢林、黑格尔这些观念论者曾试图构建的那样"[1]；另一方面是"科学技术的发展能让我们对世界有更好的认识，但是把世界还原为一个递归的宇宙的做法，只会导致技术世界本身枯竭"[2]，形而上学与计算科学的遭遇因为可计算性与不可计算性的背离而造成"湮灭"。许煜旋即说道，"如果还不算太迟，它也许可以在'触底'后恢复"[3]，如果把"触底"理解为具有终极（极限）意味的偶然性、事故（维利里奥），那么"恢复"就是将世界的"不可计算性"理解为"可运算的"。因为递归同时是关于"技术加速和人类的终结"[4] 的秘密，许煜将之与利奥塔的"非人"相提并论，它是理性之外的东西，是"理性的限度"。从许煜的数学化空间的阐释

---

① 许煜：《艺术与宇宙技术》，苏子滢译，华东师范大学出版社 2022 年版，第 257 页。

② 许煜：《艺术与宇宙技术》，苏子滢译，华东师范大学出版社 2022 年版，第 257—258 页。

③ 许煜：《艺术与宇宙技术》，苏子滢译，华东师范大学出版社 2022 年版，第 258 页。

④ 许煜：《递归与偶然》，苏子滢译，华东师范大学出版社 2020 年版，第 39 页。

学中，这种限度是将自我作为自我的一个子集写回（一个递归动作）自我所造成的"不可计算性"中。这种"非人"的外部性需要有一个完全不同于此前理性逻辑的理性化方案，绝对的外部性成为绝对性的保证，它意味着"一种根本无法被吸纳且超出任何预期的偶然性"[1]，这便是许煜引入甘丹·梅亚苏（Quentin Meillassoux）的原因。后者的"绝对的偶然性""被置于思维之外，在思维可触及处之外，一切因果关系之外"[2]，它既意味着"反相关主义"，又意味着"单一系统不能成立"，因为从一种计算科学的视角，"一旦系统无法把握它（绝对偶然性），就必须为系统另设基础"，[3] 多元系统就必然（已然）存在。其重要性在于为许煜在后现代话语、浪漫主义或"海德格尔谴责的持存"之外寻找一个新的立场，这便是"宇宙技术（思维）"。"它将技术定位在它的起源处，并把它与作为宇宙现实的基础联系在一起。"[4] 所以，通过一种"非生成的时间性"，《艺术与宇宙技术》的第 19 节与《递归与偶然》的第 24 节之间形成了一个跨越性的"虫洞"[5]，它的具有"突变"意味的辩证法在于通过"反相关主义"从绝对的外部解决了内部的根本问题，穿过虫洞，"可计算性"获得了"可运算性"的新形象，

---

① 许煜：《递归与偶然》，苏子滢译，华东师范大学出版社 2020 年版，第 43 页。
② 许煜：《递归与偶然》，苏子滢译，华东师范大学出版社 2020 年版，第 44 页。
③ 许煜：《递归与偶然》，苏子滢译，华东师范大学出版社 2020 年版，第 46 页。
④ 许煜：《递归与偶然》，苏子滢译，华东师范大学出版社 2020 年版，第 48 页。
⑤ 齐泽克在《少于无》中反复解释了这一拓扑学辩证法的要义，See Slavoj Žižek, *Less Than Nothing: Hegel and the Shadow of Dialectical Materialism*, London: Verso Books, 2012。

或者说"可运算性"获得了绝对的"计算权威"。由此，"计算主义"或"计算理性"的问题通过"解辖域化"获得了"再辖域化"，而它最终不仅喻示着数理逻辑的美学意义，而且意味着这种美学的认识论价值。它既依赖于对数学的客观性认识又要求对"不可知论"采用一种斯宾诺莎式的解决，最终将世界的"可计算性"问题从一元论化约为多元论，这也正是其后《艺术与宇宙技术》中许煜将目光投向中国山水画的基本原理。

那么许煜宏大的技术美学批判对我们究竟有何启示呢？如前文所说，思考世界的可计算性是思考人文的可计算性的重要背景，现在再对一般化了的问题重新特殊化。西方数字人文自萌发至今其方法论原理就在于以"数字"化合"人文"，那么，我们就可以说，大多数时候西方数字人文所做或试图做的正是在人文领域以"可运算性"实践"可计算性"，且缺乏基本的理论反思，这正是许煜给我们的第一个重要启示。目前西方数字人文缺乏本体论反思的一个基本表征便是缺乏对"可运算性"与"可计算性"的拆解与辨析，而实际上，在人文领域理解"可运算性"与"可计算性"之关系远非对许煜加以模仿那么简单，人文与世界（文学与现实）的复杂关系便将使得这一思考的困难与重要性呈几何级增长。此外，许煜的技术美学思辨在多层次上具有镜鉴价值，也即第二，它将西方数字人文因为缺乏反思而忽略的一些基本命题强调出来，包括但不限于计算与世界、离散与连续、绝对与偶然、内部与外部和一元与多元，等等。最后，作为参考的许煜同样值得反思，它也同时意味着以之作为参考的进一步思考中的困难，比如许煜对"可计算性"与"可运算性"的论证是潜在地将海德格尔技术哲学与梅亚苏联结的后果，是将外部与内部以"递归性"实现连续性的方案。换言之，在某种程度上，许煜对"可计算性"的批判背靠着一种"现象学的思辨实在论"，但这一概念本身便喻示着矛盾。

综上，通过理解许煜的技术美学批判，至少说明"数字"与"人文"的化合反应在"上层建筑"层面不容回避且任重道远，而更重要的是，这一化合反应在"经济基础"方面同样值得反思。

二、"数字南方"

许煜的理论起点是这样的，"让我们先提出这样一个初步主张：世界是不可计算的；接着我们要问，人工智能的发展是如何阐释这一点的——因为智能首先意味着理解世界"①。尽管许煜之后的答案看似是扩大了理解世界的技术模式，实际却是将技术变成了世界的背景，隐藏着对非线性的"现代世界体系"发展史的抹平。而如果说技术的现象学和关于技术方案的思辨实在论有一个共同之处，就在于它们都内化了不同程度的"技术决定论"的认知模式。在许煜这里，它既要求将技术理解为"此在"的自然属性，又将存在视为通过计算技术（循

---

① 许煜：《艺术与宇宙技术》，苏子滢译，华东师范大学出版社 2022 年版，第 243 页。

环或递归）而被理解。所以跟随许煜，我们可以意识到"可计算性"问题是一种何等重要和艰巨的阻力，这是任何一种面向计算技术的认识论都不能回避的现实性。而从某种程度上，许煜要理解的是"不可计算"在新时代与"不可运算"之间所构成的递归性。由此，与其说是问题的解决不如说是换个方法提出问题，它没有处理的问题是前文布伦南在《数字人文的破产》中的断言，根本上来说属于可计算的东西并不是人文学者所关心的东西①。这一说法既关乎认知和批评主体又可被视为"拟人化"的修辞，它既是"有机论"所面临的永久难题又是理解数字人文本体论的矛盾起点。如果许煜的技术美学分析能使我们意识到理解"数字"与"人文"关系是一个"宇宙级"的难题，那么从马克思主义的视角，唯物史观是处理这一难题的历史与逻辑的双重起点。在这个意义上，"数字人文的本体论反思"在理解西方数字人文的政治性方面正是要将马克思主义的认识论"写入"数字人文事业的主观方面。对此，晚近在"数字资本主义"与"全球资本主义"两方面找回"批判理论"的来自"数字南方"的声音可资参考。

"数字南方"概念脱胎于"全球南方"。众所周知，"全球南方"问题与帝国主义批判和殖民史紧密相关，"数字南方"正是来自"第三世界"的数字人文研究者的"反西方中心论"的"南方声音"。如果说"数字人文"作为一种学科实践历史性地缘起于西方（英美）学术界，

---

① Timothy Brennan, "The Digital-Humanities Bust", *The Chronicle of Higher Education*, Vol.15, 2017.

那么只有通过来自"南方"的"本体论反思",下面这样的问题才能够被准确地提出,"如果数字人文有仅仅成为另一种认识论的风险,那就需要阐释学本体论来加以对抗"①。在迈克尔·奎特(Michael Kwet)著名的《数字殖民主义:美帝国与全球南方的新帝国主义》(Digital Colonialism: US Empire and the New Imperialism in the Global South)一文中,他颇具文学性地写道:"数字殖民主义这一潜在的新现象使全球南方笼罩在阴影之中。"②而做出这一警示性图绘的"南方声音"首先来自南非,在后殖民理论的学术发展史中,南非与印度一样是发生与实践"马克思主义的后殖民理论"的重镇。而从马克思主义的角度,"数字殖民主义"正是"数字帝国主义"在新的历史形势中的新形式。

另外,从萨义德"对位阅读"的视角来看,在宗主国(美国)内部,"数字帝国主义"与数字种族主义脱不了干系,早在《数字人文论争》(*Debates in the Digital Humanities*)中,塔拉·麦克弗森(Tara McPherson)就贡献了名篇《数字人文为何如此"白"?或思考种族与计算的历史》(Why are the Digital Humanities So White? Or Thinking the Histories of Race and Computation),这一篇文章为理解"数字南方"在"数字资本主义"中的连通性提供了范例。麦克弗森以切身经验出发,在他所参加的西方数字人文会议或工作坊中发现诸如种族、移民

① Amanda Du Preez, *Voices from the South: Digital Arts and Humanities*, New York: AOSIS, 2018, p.6.

② [美] 迈克尔·奎特:《数字殖民主义:美帝国与全球南方的新帝国主义》,顾海燕译,《国外理论动态》2022 年第 3 期。

及新自由主义批判这样的问题往往都被回避了，取而代之的是"对工具和基础建设的专注"①。通过对计算机操作系统 UNIX 的研发史和 20 世纪 60 年代西方左翼运动史的"比较研究"，麦克弗森查证出表面上"平行的"两段历史是如何被资本逻辑交织在一起的。

麦克弗森指出 UNIX 对种族研究造成的影响源自前者从后结构主义处继承了相近的新自由主义认识论，延续着诸如"历史终结论""后革命氛围"这样的文化主义叙事，由此遮蔽或绑架了左翼激进理论。简单来说，UNIX 在发展过程中采用了"模块化规则"（Rule of Modularity），代表着计算机操作系统中一种独特的开发类型，而这种"计算法则"（算法）的特殊性并不限于形而下的计算层面，"这种编码结构显然有其实用优势，但同时也强调了一种世界观，即在不破坏整体的情况下，可以舍弃麻烦的部分。工具应该是'封装的'，以避免'程序之间相互牵扯的倾向'。模块'不会随意共享全局数据'，因此问题可以保持'本地化'"②。凭借此种"世界观"，UNIX 与 20 世纪 60 年代种族问题中出现的化约论连接起来，后者在方法论上又秉持

① Tara McPherson, "Why are the Digital Humanities So White? Or Thinking the Histories of Race and Computation", *Debates in the Digital Humanities*, Vol. 1, 2012.

② Tara McPherson, "Why are the Digital Humanities So White? Or Thinking the Histories of Race and Computation", *Debates in the Digital Humanities*, Vol.1, 2012.

"一种将对象与背景，原因与结果分离开来的方法"①。此外，"UNIX 的另一个规则是多样性规则，它坚持不信任'唯一真正的方式'"②，而这一规则所对应的认识论则是"新自由主义的多元文化主义"，其所不信任的"唯一真正的方式"在最根本的科学意义上则指向历史唯物主义。事实上，"马克思主义的后殖民理论"曾不断批驳这种倚靠"文化主义"的表面上的"多元论"，它实际上是采用贴标签的方式将不同文化乃至文明纳入资产阶级意识形态之内，其核心逻辑服从于资本自我增殖的逻辑，所以其表面上激进的"多元论"反而是保守的"一元论"的伪装。麦克弗森强调正是这种意识形态裹挟下的种族逻辑造成美国社会在现实政治层面实际也采取着一种模块化规则，人是被充分计算的，也是"去阶级意识"的。此外"将 20 世纪 60 年代末不断变化的种族和政治因素与新兴的数字计算结构进行类比，并不是说在贝尔实验室和伯克利创建 UNIX 的程序员有意识地将种族主义和种族理解的新模式编码到数字系统中"。③ 这里所指的正是齐泽克所理解的后

① Tara McPherson, "Why are the Digital Humanities So White? Or Thinking the Histories of Race and Computation", *Debates in the Digital Humanities*, Vol.1, 2012.

② Tara McPherson, "Why are the Digital Humanities So White? Or Thinking the Histories of Race and Computation", *Debates in the Digital Humanities*, Vol.1, 2012.

③ Tara McPherson, "Why are the Digital Humanities So White? Or Thinking the Histories of Race and Computation", *Debates in the Digital Humanities*, Vol.1, 2012.

现代主义中意识形态的无意识性，"隐蔽的种族主义及其色盲言论的出现与其说是有意为之，不如说是系统性的。计算是这些新系统的主要传递方式，而设想文化与计算操作系统不会相互感染，充其量只能说是天真"①。换言之，这种模块化的"去政治性"实际上是由其"不及物性"所决定的，在作为计算机技术背后的数学原理方面它意味着离散性，在作为计算机科学的认识论前提方面它意味着"抽象性"。从数字教育学入手的詹姆斯·马拉齐塔（James W. Malazita）和科里恩·雷塞塔（Korryn Resetar）指出了这样一个浅显但始终容易被忽视的问题，"尽管计算机科学家将抽象说成是一种协作性知识框架，为跨学科活动提供了可能，但抽象反而成了阻碍综合批判性技术教育的一堵认识论、文化和意识形态之墙"②。它意味着在某种意识形态的遮蔽下，阻隔伪装成了沟通，墙伪装成了桥，其根本原因在于统一在计算机抽象中的协作是一种"反政治"的协作。它既违反了亚里士多德以降西方政治学的所谓交往理性原则，也违背了马克思主义认识论的历史唯物主义前提，因此实质是"伪协作"。而"相对阻隔"的实质是技术与社会间的"绝对阻隔"，这是计算机技术意识形态内涵的实质。"抽

---

① Tara McPherson, "Why are the Digital Humanities So White? Or Thinking the Histories of Race and Computation", *Debates in the Digital Humanities*, Vol.1, 2012.

② James W.Malazita and Korryn Resetar, "Infrastructures of Abstraction: How Computer Science Education Produces Anti-political Subjects", *Digital Creativity*, Vol.30,No.4, 2019.

象"是"面向对象编程"（OOP）的三个基本属性中的一个，[1] 而"面向对象编程"正是作为思辨实在论（speculative realism）的重要代表的格拉厄姆·哈曼（Graham Harman）的"面向对象的本体论"（OOO）的隐喻性本体。"'抽象'的知识实践指的是程序和程序员能够在操作和认识论上删除被认为与程序、类或对象的功能'无关'的内容"[2]，这样的编程模式决定了新技术时代的计算机科学的认识论基础，决定了具有新的认识论和政治视角的实践主体。再一次，他们完全可以说是在无意识的情况下参与了一种"认知暴力"（epistemic violence）[3]，做出这一判断的两位学者由此得出了更为尖锐的结论，"此类知识实践并不是非政治性的（apolitical），不是无视其工作的政治和伦理层面。相反，它们是反政治的（anti-political），它们承认伦理与政治问题，但却是为了将它们从社会技术系统和学科的计算层面的'重要性'（what counts）中封装和剥离出来"[4]。

如果美国学界对西方数字人文的种族主义问题的观照可以被视为

---

[1] 另外两个是封装（encapsulation）和继承（inheritance），参见许煜《论数码物的存在》，李婉楠译，上海人民出版社 2019 年版，第 65 页。

[2] James W. Malazita and Korryn Resetar, "Infrastructures of Abstraction: How Computer Science Education Produces Anti-political Subjects", *Digital Creativity*, Vol.30,No.4, 2019.

[3] See Gayatri Chakravorty.Spivak, "Three Women's Texts and a Critique of Imperialism", *Critical Inquiry*, Vol.12, No.1, 1985.

[4] James W. Malazita and Korryn Resetar. "Infrastructures of Abstraction: How Computer Science Education Produces Anti-political Subjects", *Digital Creativity*, Vol.30, No.4, 2019.

后殖民理论视角中的"数字东方主义"批判，尽管其中同样含有技术决定论的因素，但从许煜所强调的"抑制"的角度，它是通向"数字南方"的更具全球意义的辩证法的"小项"。正如"数字南方"是通向数字的批判理论的"小项"，它最终指向的是马克思主义视角中更具总体性的"数字资本主义"批判。在这个意义上，"数字南方"实实在在地接近了他们的认识论同道——"批判性数字人文"，"通过不把计算机当作'真理机器'，而是开始将'我们的阐释技能转向构成数字人文科学系统的软件和算法'为'批判性数字人文'奠定了基础。这意味着数字人文不会顺从地接受软件和关系数据库设定的参数，而是要挑战这些参数。贝里和法格约德断言：'批判性数字人文将继续描绘和批判数字的使用，并关注权力、统治、神话和剥削等问题。'"①

正如威廉斯所说，"那些声称超越所有'主义'（isms）的文学批评家很少考察自己的'批评'（criticism）是什么'主义'（ism）"②。在历史唯物主义视角下开展数字人文事业"不能盲目地与技术乐观主义或全球化的大型项目联系在一起，而必须经过慎重讨论，延续人文学科的光荣传统，以批判的眼光看待技术，进而看待数字化"③。之所以

---

① Amanda Du Preez, *Voices from the South: Digital Arts and Humanities*, New York: AOSIS, 2018, p.15.

② ［印度］阿吉兹·阿罕默德：《在理论内部：阶级、民族与文学》，易晖译，吕黎校，北京大学出版社 2014 年版，第 166 页。

③ Amanda Du Preez, *Voices from the South: Digital Arts and Humanities*, New York: AOSIS, 2018, p.16.

来自"全球南方"的声音能够发出这样的提示，是因为学术的政治性并不会与现实的政治性脱钩，由此，从马克思主义中国化的角度看，西方学界的左翼数字人文理论——"批判性数字人文"同样对我们理解中国特色社会主义的数字人文事业有着借鉴价值。

三、"批判性数字人文"

综上，作为一种理论思辨的"数字人文的本体论反思"同样涉及形而上学的与实践论的论证方式。政治经济学批判的视角也正是许煜的本体论（存在论）的技术美学中所缺失的部分，因此，针对这一缺失，批判理论对"计算主义"的一种整体性批判仍然（尤为）值得借鉴。除了从经典马克思主义文本出发进行解释之外，已经跳脱出"19世纪河流"（福柯语）的西方马克思主义提供了丰富的"计算理性"批判，如《启蒙辩证法——哲学断片》的开篇就是一系列针对数字、数学和计算的批判，作者们指出启蒙理性正是通过对计算的膜拜使自己蜕变为神话的，"对启蒙运动而言，任何不符合算计与实用规则的东西都是值得怀疑的"[①]。这是最惊世骇俗的警句，因为怀疑本来是属于思辨理性的精神，但现在它被数字赋予了新的至高无上的权力。从这个角度看，德国观念论的"递归"与控制论的"递归"究竟是"有机论"

[①]［德］马克斯·霍克海默、［德］西奥多·阿道尔诺：《启蒙辩证法——哲学断片》，渠敬东、曹卫东译，上海人民出版社 2006 年版，第 4 页。

意义上的承接关系，还是"政治经济学"意义上的差异乃至对立关系仍是值得讨论的问题。对阿多诺来说，道德的不可计算性是《纯粹理性批判》的"否定辩证法"，"道德实验荒谬性的核心在于，它们将不相容的东西交织在一起，并自告奋勇地核算（计算）超出核算（计算）领域的东西"①。

做出奠基性贡献的是卢卡奇，他对这一问题的讨论集中体现于《物化与无产阶级意识》之中。在马克思分析的资本主义社会的以商品为主导的形式性基础上，卢卡奇通过对劳动过程进行历史化以把握"工人的质的特性"的变化，一方面是整体性的消解，劳动过程本身越来越被分解；另一方面，卢卡奇接受了韦伯"合理化"理论的影响，指出"在这种合理化中，而且也由于这种合理化，社会必要劳动时间，即合理计算的基础，最初是作为仅仅从经验上可把握的、平均的劳动时间，后来是由于劳动过程的机械化和合理化越来越加强而作为可以按客观计算的劳动定额（它以现成的和独立的客观性同工人相对立），都被提出来了。随着对劳动过程的现代'心理'分析（泰罗制），这种合理的机械化一直推行到工人的'灵魂'里：甚至他的心理特征也同他的整个人格相分离，同这个人格相对立地被客体化，以便能够被结合到合理的专门系统里去，并在这里归入计算的概念"②。后者直接将

---

① [德] 阿多尔诺：《否定辩证法》，王凤才译，商务印书馆2019年版，第254页。
② [匈] 卢卡奇：《历史与阶级意识——马克思主义辩证法的研究》，杜章智、任立、燕宏远译，商务印书馆1992年版，第149页。

计算贯彻进入被商品异化的最终效果之中。这时韦伯对现代资本主义企业的基本描述为卢卡奇提供了佐证，企业管理的可计算性与管理企业的法律及司法系统的可计算性，乃至上升至资本主义官僚系统、政府和国家的可计算性得以连通，也正是这一历史化的效果，使得卢卡奇得出了属于马克思主义批判理论的"可计算性"概念，即"对我们来说，最重要的是在这里起作用的原则：根据计算、即可计算性来加以调节的合理化的原则"①。而"合理机械化的和可计算性的原则必须遍及生活的全部表现形式"②，它不仅意味着资本逻辑在空间上的普遍化，而且意味着资本主义社会与此前社会在生产逻辑上的根本断裂性。

"合理计算的本质最终是——不依赖于个人的'任性'——以认识到和计算出一定事情的必然的——有规律的过程为基础的。"③简言之，因为可计算性被视为合理化的基础，人已经失去了"创造性"的主观基础，这便是资本主义主体行为的"直观性质"。在卢卡奇的批判中，"资本主义生产的整个结构是以以下两个方面的相互作用为基础的：一方面，一切个别现象中存在着严格合乎规律的必然性；另一方面，总

---

① [匈] 卢卡奇：《历史与阶级意识——马克思主义辩证法的研究》，杜章智、任立、燕宏远译，商务印书馆 1992 年版，第 149 页。

② [匈] 卢卡奇：《历史与阶级意识——马克思主义辩证法的研究》，杜章智、任立、燕宏远译，商务印书馆 1992 年版，第 153 页。

③ [匈] 卢卡奇：《历史与阶级意识——马克思主义辩证法的研究》，杜章智、任立、燕宏远译，商务印书馆 1992 年版，第 161 页。

过程却具有相对的不合理性"①。个别的、绝对的合理性与整体的、相对的不合理性是紧密相关的，建立在私有经济计算基础上的资本主义的合理化希望在抽象的整体和普遍的具体上都生产和再生产这一可计算性，但是，"当整个社会的确切的、合理的、合乎规律起作用的形态也同个别现象的合理性相符合时，不同商品所有者的竞争就不可能了"②。这正是资本主义生产方式轰然倒塌的基础。

如前文所说，对于在定义上莫衷一是的西方数字人文，与其说是看重"实践出真知"的脚踏实地的工作风格，不如说是将确定自身的认识论基础的工作无限延宕下去，而这种认识论上的纷乱局面不过是资本主义社会现实在学术领域投出的镜像。目前，在英美人文学院已开始对批判理论之于数字人文的重要性有所认知，"批判性数字人文"的主要倡导者大卫·贝里出任苏塞克斯大学（University of Sussex）首位数字人文教授便可被视为这一认识的制度性表征。在"数字资本主义"时代，将数字人文的学科生长点与马克思主义的实践论批判相结合才是一种"双赢"的局面。贝里指出"我们就是希望从所谓的'技术崇拜'再进一步通过我们的理论和实证研究，为数字文化的批判性思考绘制'认知的地图'（Jameson 1990）。这里面有一个挑战，就是要让数字（软件和计算）以物质和意识形态的双重身份，回到研究和批

---

① [匈] 卢卡奇：《历史与阶级意识——马克思主义辩证法的研究》，杜章智、任立、燕宏远译，商务印书馆 1992 年版，第 166 页。

② [匈] 卢卡奇：《历史与阶级意识——马克思主义辩证法的研究》，杜章智、任立、燕宏远译，商务印书馆 1992 年版，第 166 页。

判的视野中来。我们认为批判性数字人文必须以这些前提为基础，才能避免让计算机成为'真理机器'，避免让研究基础设施和项目的技术问题取代数字人文，成为推动研究问题发展的主导者"①。换言之，"技术拜物教"（数字拜物教）之所以以马克思式的"拜物教"命名，正对应了批判理论所执于批判的启蒙理性的赋魅。另外，如果说"批判性数字人文"有一个初步方案，贝里的个人猜想可作为进一步探索的参考，因为它已经在唯物辩证法的意义上指明了以下三个层面的具体内涵。

首先，"批判性数字人文"具有现实针对性和可操作性。比如往往有学者认为西方数字人文的首要任务是"做"，强调实践操作而非坐而论道才是数字人文的底色。但没有理论的实践容易陷入盲目，尤其是以技术主导的实践容易陷入技术性的盲目，"技术拜物教"正是这一盲目的极端形式。批判理论所提供的自反性则是祛魅的契机，"欲速则不达"可以说是每一个具有自反性根基的现代性技术批判的主要观点，"我们认为批判工作对项目进度的拖慢是具有正面效益的，它迫使项目团队对所选择的方案、方法和目标进行反思"②。这一操作中的反思或反思性操作与马克思主义的现代性批判是同向和同源的，隐喻资本主义发展主义的那辆脱缰马车的根本问题还不在于它的疾驰，而在于它

---

① [英]大卫·M.贝里、[挪]安德斯·费格约德：《数字人文：数字时代的知识与批判》，王晓光等译，东北财经大学出版社 2019 年版，第 177—178 页。
② [英]大卫·M.贝里、[挪]安德斯·费格约德：《数字人文：数字时代的知识与批判》，王晓光等译，东北财经大学出版社 2019 年版，第 185 页。

的盲目。对此，在物质基础与上层建筑的决定性辩证法中，"批判性数字人文"关乎并要求"数字人文的本体论反思"，"应该提出重新配置研究、教学和知识表征的新方法，以保护数字时代的批判性和理性思维"①，因为数字越发成为这个时代的决定性力量。

其次，在形式上充分实现跨学科性。"批评性数字人文"要求数字人文对"文化批评"和"批判理论"给予更多的关注，"这就要求数字技术提出的更广泛的社会、文化、政治和经济问题成为数字人文学科批判的一部分"②。它指的不是笼而统之、各自为政的"大帐篷"，而是为了共同事业的有机联动，对于我国学术界它蕴意于中国特色社会主义建设的整体事业之中。而这种跨学科性的根本是意识到数字或计算本身需要成为批判的对象，数字人文必须越发明确"计算不再仅仅是一种思考的工具，而且还是一种颠覆性的基础设施、媒介和环境"③。这一点如此重要，它不仅关乎数字人文的立身之本（历史断裂性），而且关乎整体性的未来（历史延续性），换言之，也就是要求从内部（数字人文之于人文）和外部（数字人文之于社会）理解"计算具有政治性，部分原因在于其历史形成，但也在于其将形而上学或形

---

① David M. Berry, "Critical Digital Humanities", in James O'Sullivan ed., *The Bloomsbury Handbook to the Digital Humanities*. London: Bloomsbury Publishing, 2022, p. 130.

② David M. Berry, "Critical Digital Humanities", in James O'Sullivan ed., *The Bloomsbury Handbook to the Digital Humanities*. London: Bloomsbury Publishing, 2022, p. 126.

③ David M. Berry, "Critical Digital Humanities", in James O'Sullivan ed., *The Bloomsbury Handbook to the Digital Humanities*. London: Bloomsbury Publishing, 2022, p. 126.

式主义思维强加于项目和程序员的倾向，而这种思维可能会随之传递到数字人文工作中"[①]。

最后，综合前两点，"批判性数字人文"便是致力于使数字人文成为马克思主义时代性批判的重要组成部分，由此，贝里才会沿用詹姆逊对马克思主义在后现代语境中的批判方式——"认知图绘"这一概念。说到底，认知图绘只是詹姆逊在晚期资本主义为保证无产阶级意识所提供的美学方案（这也直接联结起了我们的最终结论）。因此，贝里反复强调"批判性"之于数字人文是一个启发性装置，它最重要的目的是启发"数字人文（研究）主体"的自我意识、阶级意识，或者换言之，"通过借鉴批判理论，批判性数字人文的唯一处方是使人们洞察到属于他们自己的责任"[②]，这一责任具有以下两方面的重要意义。

首先，所指的是在数字人文的理论和实践场域中争夺和建立马克思主义的理论领导权，意味着为人文学科理解数字技术时代的"时代精神"提供理论阵地，正如艾伦·刘（Alan Liu）所说的那样，"数字人文学家需要找到批判性思考的升级方式，例如从对元数据的思考，

---

① David M. Berry, "Critical Digital Humanities", in James O' Sullivan ed., *The Bloomsbury Handbook to the Digital Humanities*. London: Bloomsbury Publishing, 2022, p.127.

② David M. Berry, "Critical Digital Humanities." in James O' Sullivan ed., *The Bloomsbury Handbook to the Digital Humanities*. London: Bloomsbury Publishing, 2022, p.129.

升级为对权力、金钱以及其他世界治理协议的思考"①，"因此，数字人文对自身概念中的'数字'和'人文'这两个概念都必须保持批判的态度"②。这是一个双向任务，一方面，"批判性数字人文有助于我们重新定位历史学、批判理论和诠释学中的传统人文实践"；另一方面，"这些人文传统又可以帮助我们确定和完善数字人文的研究方向和关注焦点及其在学术界的地位"。③双向任务决定于双重属性，数字人文作为一种"知识型"结合范畴又绝非简单的知识的结合，能够为传统意识形态理论的重镇——人文学科在数字技术时代提供稳固和前沿的现实性"界面"，也正是作为"新文科"或"新人文"建设的一种内涵。

在这个意义上，西方学界实存的非"批判性的"数字人文并不是数字人文的自然形态，它至少容纳了意识形态的伪装性，难免表现出一种工具主义的倾向。"这意味着数字人文倾向于变得以手段为中心，从而准许其他学科定义其工作的目标。这构建了数字人文的世界观，以使用数字媒介保存文化遗产和档案，这是一种工具主义，它的两个方法——数字档案（digital archives）和数字工具（digital tools）——揭

---

① [英] 大卫·M.贝里、[挪] 安德斯·费格约德:《数字人文：数字时代的知识与批判》，王晓光等译，东北财经大学出版社 2019 年版，第 178 页。

② [英] 大卫·M.贝里、[挪] 安德斯·费格约德:《数字人文：数字时代的知识与批判》，王晓光等译，东北财经大学出版社 2019 年版，第 179 页。

③ [英] 大卫·M.贝里、[挪] 安德斯·费格约德:《数字人文：数字时代的知识与批判》，王晓光等译，东北财经大学出版社 2019 年版，第 179 页。

示了这点。"① 从这个意义上说，贝里的"批判性数字人文"不仅有益于马克思主义的政治学诉求，而且有益于作为独立学科的数字人文本身。简言之，这一自反的（反思的）数字人文范式将使得这一学科领域在标准上由他律变为自律，在方法论上由他治变为自治，它对于西方学界尤其意味着将有利于在观念上实现自在的无产阶级向自为的无产阶级的过渡，可以说是贝里为西方数字人文的未来明确的非走不可的重要步骤。

其次，它意味着学科（新文科）责任，因为"数字人文拥有足够的技术能力和文化资本"②。换言之，在数字资本主义时代如果数字人文不将马克思主义的政治经济学批判进行时代化和内化，传统人文学科将面临极为难以预料的未来处境。故此，数字人文作为融合、中介与界面理应成为人文学科在技术加速时代的一个桥头堡、一个前沿阵地，这不仅是责无旁贷的，而且是当仁不让的。那么仅在这一层面上，致力于实现西方数字人文"中国旅行"的学者不仅不应谈"批判"色变，反而应该受到极大的鼓舞，因为它不仅意味着理论空间的敞开、实践机遇的发展，更意味着学术价值的凝聚；因为恢复它的马克思主义文艺理论的政治性因素，就是将其整体性地组织进中国特色社会主

---

① David M. Berry, "Critical Digital Humanities", in James O'Sullivan ed., *The Bloomsbury Handbook to the Digital Humanities*, London: Bloomsbury Publishing, 2022.

② ［英］大卫·M.贝里、［挪］安德斯·费格约德：《数字人文：数字时代的知识与批判》，王晓光等译，东北财经大学出版社 2019 年版，第 183 页。

义事业的伟大征程和全人类的解放与幸福的远景之中。简言之，正如政治经济学批判构建了共产主义事业的理论起点，批判性数字人文不仅是马克思主义数字人文的起点，其在我国学术语境中更有可能为马克思主义的数字人文中国化提供参考。

第四节   计算批评的隐忧

最后，我们为关于西方数字人文的反思再提供一点更具经验性的例证。如前文反复提到的那样，莫莱蒂与西方文论前沿中的两个重要议题都有关系，其一是在"新世界文学理论"的讨论中贡献了"世界文学猜想"的创见，其二是对"数字人文"计划的发展贡献了理论创新与具体的实验设计。本节不意对此做整体性讨论，而是希望通过对莫莱蒂自己的数字人文实践（远读）的分析（细读）来撬动一些既有的认识。在莫莱蒂的"世界文学—远读—数字人文"的理论线索中，[①]一个重要的节点性文本尚未得到学界的足够重视，但这一具有承接意义的关节又能够反映逻辑问题的"症候"。事实上，如莫莱蒂本人所说，正是他希望建立新的且更为宏大的世界文学研究范式这一实践目的，决定了其文学批评要与具体文本保持足够的距离，从而才有了从深入单个文本的"细读"向抽离大量文本的"远读"的转变。然而，

---

① 对这一理论线索的分析说明可参见都岚岚《论莫莱蒂的远读及其影响》，《中国比较文学》2020 年第 3 期；赵薇《数字时代的"世界文学"研究：从概念模型到计算批评》，《外国文学动态研究》2020 年第 3 期。

在对"文本库"的数字人文式的阐释中，莫莱蒂又指出由于技术发展的历史性局限和研究主体计算科学素养的现实性局限，这一定量研究还有待内外部因素的发展。但为了说明其数字人文方法的价值，他认为可以将上述为了一种新的世界文学研究，即作为外部研究的"远读"方法再次转向文本内部，以"网络理论"这个文本内部的"远读"实现一种"计算批评"(computational criticism)。因此，仅就这一理论的阵地转换我们就能看出莫莱蒂寄予这一方法论转换的野心，而集中实现这一转换的文本便是《网络理论与情节分析》(*Network Theory, Plot Analysis*，以下简称《网络》)。学者们在不同程度上评价过这一理论文本的重要性，因此我们不仅能在诸多西方数字人文的导论性著作中与之遭遇，也能在所谓莫莱蒂文学理论的研究中识见其节点意义。结构上，《网络》可被视为两个独立文本的融合，将两者放在一起似乎仅仅就是因为它们都是对于同一种技术主义文论的实践。《网络》的前半部分是对《哈姆雷特》的重审，而后半部分据莫莱蒂自己的说法则是将实验由戏剧分析转向小说解读，并实际完成了一个东西方的比较文学批评，我们的分析从后者入手。

一、莫莱蒂对《红楼梦》与西方小说的比较文学研究

众所周知，莫莱蒂文学研究的独特性在于其对技术性绘图的依赖。晚近，由于小罗伯特·塔利(Robert T. Tally Jr.)的研究，这一领

域往往也被称为"文学绘图"（literary cartography）。[1] 莫莱蒂聚焦于《红楼梦》与狄更斯的《我们共同的朋友》的比较文学研究便是对这一绘图学的集中展示。

通过对小说情节的分析，莫莱蒂指出《我们共同的朋友》中的人物交往体现出一种"对称性"，并且希望通过绘图将这一对称性直观地呈现出来，"你看一下《我们共同的朋友》中的这些网络（和其他网络），它们的规律性令人惊叹"[2]。莫莱蒂认为原因或许有二：第一，狄更斯的"模块"（building blocks）通常都是二元项，比如丈夫与妻子、父母和孩子、兄弟和姐妹、求婚者和爱人、朋友和朋友等；第二，"这些二元项可以将它们的二元性投射到整个章节中，因为它们周遭没有什么'噪音'——很少会有其他角色破坏这种对称性"[3]。接着作者便转向了《红楼梦》，相对于狄更斯令人震撼的对称性，莫莱蒂转而提到中国传统文学中的"对称美学"。他引用安德鲁·普拉克斯（Andrew Plaks）的说法指出，在中国，小说的读者希望章节的数量在整体上是"整数而对称的"（round and symmetrical number），且这个数字通常是100或120。而这种对称性提供了一个基础，使不同形式的对称得以在文本中操演，最有代表性的是"在算术中点（arithmetic midpoint）精确

① "文学绘图"的概念来自塔利，译名参考方英的翻译。参见方英《文学绘图：文学空间研究与叙事学的重叠地带》，《外国文学研究》2020年第2期。
② Franco Moretti, *Distant Reading*, London and New York: Verso Books, 2013, p.231.
③ Franco Moretti, *Distant Reading*, London and New York: Verso Books, 2013, p. 231.

地划分整个叙事序列的做法，产生了两个伟大的半球结构运动"①。这个深奥的表述是什么意思呢？莫莱蒂将《红楼梦》中的第一个例子举出，即第七回"送宫花贾琏戏熙凤，宴宁府宝玉会秦钟"（Zhou Rui's wife delivers palace flowers and finds Jia Lian pursuing night sports by day，Jia Bao-yu visits the Ning-guo mansion and has an agreeable colloquy with Qin-shi's brother）。显然，莫莱蒂在此采用的是大卫·霍克斯（David Hawkes）的译本，为说明文本结构，莫莱蒂将回目标题进一步简写为"A 做了这个，遇到了 B；C 做了那个，遇到了 D"，由此前后半回构成"完美"对称性镜像，它们各自的运动发展被视为"两个伟大的半球结构运动"。其次，莫莱蒂提到了第十九回"情切切良宵花解语，意绵绵静日玉生香"（A very earnest young woman offers counsel by night，And a very endearing one is found to be a source of fragrance by day），由于霍克斯的译本很好地处理了原文的修辞格，莫莱蒂得以在其中品读出"骈文"（parallel prose）的意味。

如果说回目已经将对称性展现出来，莫莱蒂想要让读者看看各章节故事的网络图形是否也忠实于这一对称性。为此，他对《红楼梦》中的不同章节都采用以"实线"表征前半回叙事结构，以"虚线"表征后半回的方式进行文本内容的"网络绘图"。为了提高样本数，莫莱蒂至少画了四张图，我们仅以其中一张图（图 1）为例，它对应的是

---

① Franco Moretti, *Distant Reading*, London and New York: Verso Books, 2013, p. 233.

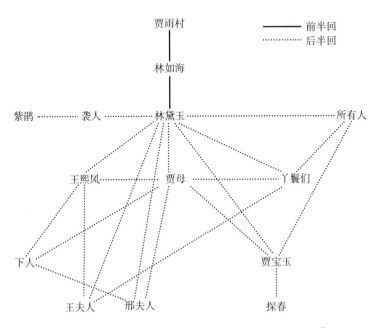

图 1   莫莱蒂以《红楼梦》第三回的网络绘图说明不对称性 ①

《红楼梦》的第三回。莫莱蒂立刻指出了这一图像中某种极其失衡的不
对称性（实线与虚线部分所占比重差异悬殊），并由此提出疑问，既然
中国美学强调对称，而红楼梦的回目也体现对称，何以反映《红楼梦》
篇章情节的网络绘图却如此失衡呢？莫莱蒂将症结归因于人物的数量，
他认为如果像《我们共同的朋友》那样，人物不多，那么内在的对称
性便可自然呈现，但或许由于《红楼梦》中人物过多，"噪音"陡增，

① Franco Moretti, *Distant Reading*, London and New York: Verso Books, 2013, p. 234.

而使对称性变得难以捉摸。此外，莫莱蒂又试图从另一个角度接近问题，他先向某些不谙中国文化的西方读者介绍了"关系"（Guanxi）这个中国文化乃至美学概念，再以第七回举例，"周瑞家的"向王夫人汇报远方亲戚来访的事务，为此与十多个人物产生联系。尽管这些交往活动大多是言谈、晤面、下棋等日常琐事，"任何互动本身都不是关键性的"[1]，但从整体上，这些活动合起来却提供了一个至关重要的叙事功能——"勘察功能"（reconnaissance function）。直白点说，"周瑞家的"的走动将不同人物拢合起来，这一日常人际互动的整体性"确保该区域的节点仍在交流"，是对"关系"的表征。

莫莱蒂又举了原书第二十四回"贾芸谋职"之事。贾芸在贾琏处没有得到满意的答复，不得不转向卜世仁，再次遭拒后，方才遇到倪二，倪二与其银两使其能够为凤姐置办礼物。莫莱蒂认为这一个体人物是为了"制造义务"（manufacture obligation）而不断地与任何可以求助的对象联系，使得整个相关群体都形成了某种"单向度"的移动（或称为扯动更加形象），而这便是各章情节网络看起来不对称的根本原因。但莫莱蒂并未就此结束，他继而判断，从"长时段"来看，"关系"最终实现的乃是一个互惠的过程，故此，"关系"的"不对称性"往往能够在更长的叙事时间中回归"对称性"，这也就是《红楼梦》整体上对称的奥秘所在。对此，莫莱蒂有所感悟地说："一个在局部范围

---

[1] Franco Moretti, *Distant Reading*, London and New York: Verso Books, 2013, p. 236.

内不平衡，而在更高范围内平衡的故事，这很有趣。"①

以这一"有趣的故事"为前提，莫莱蒂的比较文学研究也有了结论。他指出相较于《红楼梦》局部与整体的关系更为有趣的另一事实，就是狄更斯小说中的反向结构，即章节中明显的对称性在整体文本中却不得呈现。此外，莫莱蒂在指出《我们共同的朋友》的对称性源于其中的二元项时曾说："狄更斯的对称性很清楚：它表明，在社会交往的表面之下，总是有一个爱或恨的情节基底准备迸发。"② 那么，如果说《红楼梦》局部的不对称将在生活的发展中得到平衡，《我们共同的朋友》因为对"爱和恨"的对立关系的表征，在细节上虽处处表现为二元项的对称关系，在整体上又意味着爱或恨的方向感，表现为一种不对称性。最后，莫莱蒂认为主导两者差异的社会关系的决定性因素不同，前者是"关系"，后者是"情感"。

那么，莫莱蒂的比较文学研究是否足以证明其基于西方数字人文理论的新方法论的价值，或至少体现了他所说的理论的"有趣"呢？为了回答这个症候性的问题我们仍须回到文章前半部分，面对作为《网络》基础实验的对《哈姆雷特》的再发现之中。

---

① Franco Moretti, *Distant Reading*, London and New York: Verso Books, 2013, p. 238.
② Franco Moretti, *Distant Reading*, London and New York: Verso Books, 2013, p. 233.

二、对《哈姆雷特》的再发现

《哈姆雷特》是莫莱蒂实践其个人特色的数字人文理论的首要例证，换言之，这是第一个莫莱蒂借以向世人展示其新方法论意义的文本。

首先，莫莱蒂对于以网络（图形）来理解情节（叙事）做出了一个本体论判断，称这一文学批评的实质是把时间变成空间。其意义在于，首先"当我们观看戏剧时，我们总是处于当下，舞台上的东西存在，即刻消失。但在这里（网络图形里），没有什么会消失。做过的事，就无法被抹去"[1]。这一时间向空间的"塌缩"主要意味着过去的并不会真正过去，过去与现在同在。[2]简言之，绘图网络使过去总是可见。其次，网络能够呈现一些特定局部的属性。简言之，网络绘图使局部总是可见。最后，网络是对文本的抽象。莫莱蒂说道："我在谈论《哈姆雷特》，但对莎士比亚的文字只字不提。"而效果上却可能得到比讨论莎士比亚的文字多得多的东西。[3]莫莱蒂认为网络分析就像 X 光，我们可以对文本进行透视，但重要的不是解释文本而是处理文本，这是网络分析的重点也是难点。当文学（戏剧）文本被网络理论变成了数学模型，我们便可以着手对其进行干预（intervene），即进行"科

---

① Franco Moretti, *Distant Reading*, London and New York: Verso Books, 2013, p. 215.
② Franco Moretti, *Distant Reading*, London and New York: Verso Books, 2013, p. 217.
③ Franco Moretti, *Distant Reading*, London and New York: Verso Books, 2013, p. 218.

学"实验。

在这一前提下，莫莱蒂对《哈姆雷特》做了几个实验，如果网络将情节抽象成了人物（位置）之间线性连接的图案，其中有一类人物具有显而易见的特殊性，即主人公。而在这一点上，莫莱蒂认为对于《哈姆雷特》而言，传统的文学批评几乎没有考虑过它没有了"哈姆雷特"会怎么样，莫莱蒂的实验即由此开展。[1] 就像图中（图2）所直观

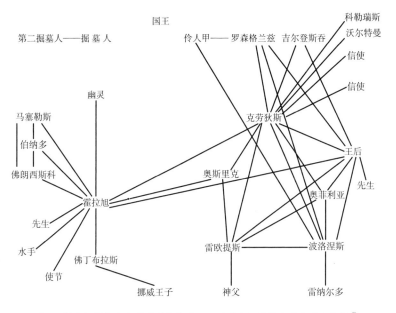

图2 将哈姆雷特去除后的网络绘图，以说明哈姆雷特在剧中的重要性[2]

---

① Franco Moretti, *Distant Reading*, London and New York: Verso Books, 2013, p. 220.
② Franco Moretti, *Distant Reading*, London and New York: Verso Books, 2013, p. 221.

呈现的那样，莫莱蒂指出（去掉哈姆雷特后）网络一分为二了，一边是宫廷，一边是幽灵与佛丁布拉斯，而两片区域之间仅有三条线将霍拉旭与克劳狄斯、王后和奥斯里克联结起来，所涉及的不过是文中区区几十个字而已。这说明了主人公的重要性，并且莫莱蒂认为，他的实践说明这一重要性不在其内部（not for what is "in" it），不关乎其本质，而在于它在网络稳定性方面所起到的作用。换言之，《哈姆雷特》的网络稳定性依赖于哈姆雷特这个主人公。

　　而稳定性虽与中心性（centrality）有关，却并不完全等同。为说明这一点，另一个实验是对剧中二号人物克劳狄斯做同样的事情，而把他从网络里拿掉后，对整个网络的稳定性却并未造成多大影响，尽管他也具有某种中心性。在这一步的基础上，莫莱蒂又试着先把哈姆雷特从网络中拿掉，再拿掉克劳狄斯，所造成的影响依然平平。这时，莫莱蒂想到了另一个人，是否可以先拿掉哈姆雷特再拿掉霍拉旭试试看会得到什么？效果极为显著，网络模型在极大程度上被肢解了。可以从图上（图3）看出幽灵与佛丁布拉斯之间已经完全失去了联结甚至独立于其他所有情节。这样一来，莫莱蒂称《哈姆雷特》的情节就彻底分崩离析了，如果说去掉哈姆雷特后情节失去了稳定性，那么同时去掉哈姆雷特和霍拉旭后戏剧就不存在了，这似乎是一个重大的发现。

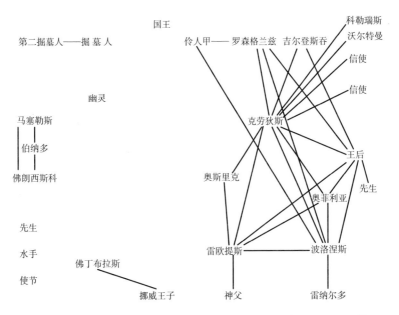

图 3　将哈姆雷特和霍拉旭均去除后的网络绘图，以说明霍拉旭的重要性①

对此，莫莱蒂先得出了另一个结论，他指出莎士比亚戏剧大多是对"主权性质"（nature of sovereignty）的反思，"其中最初的合法性人物被篡位者赶下台，而篡位者又被第二个合法性人物打败"②，差别在于权力的网络形态。在《麦克白》与《李尔王》中，合法统治者与网络的其他部分都有极为紧密的联系，而《哈姆雷特》则不然，老哈姆雷特和佛丁布拉斯、克劳狄斯两边的权力是完全不对等的。在宫廷内的克劳狄斯处于网络最密集的场所，这本来就是一个相互联结极

① Franco Moretti, *Distant Reading*, London and New York: Verso Books, 2013, p. 222.
② Franco Moretti, *Distant Reading*, London and New York: Verso Books, 2013, p. 228.

为紧密的区域，将克劳狄斯从网络中拿掉自然不会有太大的影响。与之相反，霍拉旭的位置本身就是极为抽象的，他与所联系者往往没有什么具体交流，甚至根本不进行对话，但并不影响与其存在联系者众多。综合起来，莫莱蒂将霍拉旭与其他角色的联系方式称为"弱纽带"（weak tie），即"不那么强，但半径更广；且更不近人情，几乎是官僚式的"[1]，甚至，与此相匹配，莫莱蒂指出莎士比亚对霍拉旭的描写从人物动机到行文风格都极尽平淡，霍拉旭只拥有功能性，而没有动机、没有目标、没有情感，也没有语言。

莫莱蒂将这一风格提炼为"扁平"（flat），并认为这是莎翁悲剧中的独一份。"扁平，就像国家的风格（或至少是其官僚机构的风格）"[2]，对于这一说法，莫莱蒂并没有解释究竟什么是官僚机构或国家的"扁平"。他只是由此进一步描绘出另一种力量性网络间的失衡，即围绕霍拉旭的情节在文学风格上是"扁平"的，而愈向网络中心移动，文学性的风格（以修辞为表征）便越发强烈，及至哈姆雷特对克劳狄斯说出那个双关语时达到顶峰。至此，莫莱蒂又得出了另一个结论，也是其网络分析的第二个主要价值，"你在这里看到了可能性：不同的网络区域出现了不同的语言用法。风格，作为情节的一个功能整合在情节中。这将是一个突破，不仅仅是对文学分析，而是对更广泛的文化分析。因为情节和风格可以提供一个小规模的模型来研究人类

---

[1] Franco Moretti, *Distant Reading*, London and New York: Verso Books, 2013, p. 228.
[2] Franco Moretti, *Distant Reading*, London and New York: Verso Books, 2013, p. 229.

社会的两个一般属性：情节，理解两个个体之间的简单交流如何演变成由成千上万次互动组成的复杂模式；风格，来研究人类如何理解他们的行为。我们所做的事情和我们对它的看法之间的关系模型：这是情节风格连续体所能提供的。但我们肯定还没到那一步"[1]。显然，这又是莫莱蒂的一个"大胆猜想"。事实上，通过对莫莱蒂《网络》主体思路的把握，我们已经能够感受到其中存在的一些表面问题，但唯有对之加以提炼，我们才能对这些问题背后更为深刻的原因有所把握。

三、几个问题还是一个问题

如果说作为数字人文的一种具体批评实践，网络分析的第一个价值是将时间空间化从而使得历史和细节都能够"一目了然"，进而发掘出一些图形学趣味，其第二个价值便是通过研究者的分析从数学的抽象中领会更为深刻的文学意义。而深受西方马克思主义文论传统如詹姆逊的影响，莫莱蒂时时不忘从图中读出"图下之意"的工作又往往能够进一步发展为"形式诗学"的社会理论。莫莱蒂基于网络理论的文本分析实验均大体上体现了这一"双重性"，如《哈姆雷特》的霍拉旭在图形中显示出对结构稳定性的贡献，而在更为深层的文学风格层面则体现为"官僚体制"而与社会形成映照；比较文学中对位的两者，

---

[1] Franco Moretti, *Distant Reading*, London and New York: Verso Books, 2013, pp. 229-230.

《红楼梦》在图形上是局部不对称而整体对称的，《我们共同的朋友》则在整体或"长时段"上反映出完全相悖的形态。莫莱蒂由此认为其文化乃至社会风格在于《红楼梦》以"关系"为内核，而狄更斯文学则事关"爱和恨"。但就像本节的标题所说，仅就上述几点发现而言莫莱蒂的实验结论几乎处处值得商榷。

《网络》发表于 2011 年，并于 2013 年收入《远读》，但莎士比亚研究者们似乎并不在意莫莱蒂的这个西方数字人文的最新成果。在 2016 年的《文艺复兴研究》（*Renaissance Studies*）杂志上，乔安妮·保罗（Joanne Paul）长文论述了霍拉旭作为谋士（counseller）的意义，作者沿着传统的文学研究方式得出这样的结论，"既然大多数朝臣被认为是奉承者，那么《哈姆雷特》中还有值得钦佩的谋士吗？还是埃尔西诺无可救药地成了一个'偏执而不稳定的法庭，在这里，建议、忠告和辩论的正常功能已经退化为奉承、间谍活动和沉默'？根据我们的格言，也许还有两个人可以竞争好谋士的角色：幽灵和'影子'霍拉旭。最终，正如我们将看到的，衣钵落在了后者身上——忠诚而可靠的（constant and steady）霍拉旭"①。

我国学者臧棣曾从诗学历史性的视角对霍拉旭有过一个颇具文学想象力且基于文本细读的分析，作者将霍拉旭这一哈姆雷特的知己视为真理的传递者，"霍拉旭：这位次角中的次角，仅仅是一位丹麦王子

---

① Joanne Paul, "The Best Counsellors are the Dead: Counsel and Shakespeare's Hamlet", *Renaissance Studies*, Vol. 30, No.5, 2016.

的知己，一个高尚的、可以被信赖的人，一个悲剧故事中的秘密、挣扎、真相、名誉、荣耀的收藏者和见证人。但是在我们关于《哈姆雷特》的知识中，霍拉旭的形象被迅速地扩充：他体现了主角的希望，并成为悲剧中的幸存者。在这里，'幸存者'至少获得了这样一种哲学含义，即把秘密偷渡到未来去的人；相对于未来，他掌握的秘密不仅使他成为传播者，也使他成为预言家。"[①]真理性意味着"整全性"，霍拉旭作为真理的见证者和传递人，在臧棣看来便天然地体现了诗人的意义，甚至他本身便可视作诗神的化身。那么作为"一个完整的见证人，一个伟大的幸存者"，一方面作为哈姆雷特的谋士，另一方面作为对世人传递真相的使者，"忠诚与可靠的"（constant and steady）霍拉旭同时便是"恒定与稳定的"（constant and steady），与其知己、谋士和真理传播者的身份辩证相关，这不是需要依靠网络绘图才能理解的真相。更重要的是，保罗的批评和臧棣做出的"元诗学"想象将莫莱蒂对霍拉旭新认识的第一个结论拆解，即霍拉旭与情节稳定性的关系是"质"的而非"量"的。

　　而对于霍拉旭所体现的所谓"扁平的"官僚风格，詹姆斯·墨菲（James Murphy）给出了不同的认识。后者指出霍拉旭这一角色的设置不过是诸多叙事性文类的一个常见的装置性人物，即"旁观者"（bystander）、读者的代理人（a proxy for the reader），这毫无疑问是可能的，为叙事的方便设计一个读者的代理人正是戏剧和小说艺术常见的

[①] 臧棣：《霍拉旭的神话：幸存和诗歌》，《延边大学学报（社会科学版）》1993 年第 1 期。

艺术技巧（technics）。所谓处于网络的中心位置而与其他人只发生"扁平"的关联，不正意味着我们都是霍拉旭或受惠于他吗？这一说明的直接目的也非常明确，这个角色代表我们"看着比我们所能希望（或害怕）经历的任何事情都更不可思议（和可怕）的事件发生在我们眼前"①。那么霍拉旭的这一身份实际并不需要莫莱蒂的网络理论来加以挖掘，这是文学批评史上业已明确的情况。

如果保罗和臧棣的例证说明了"网络稳定性≠叙事稳定性"，那么墨菲则为我们直接点明了"网络中心性≠叙事中心性"②。我们在臧棣的文章中可以读到，"在霍拉旭的讲述中，伟大的事件已经发生，或者说被讲述的东西已是既成的知识。对他来说，最重要的是正确的讲述：不缩减，也不夸张"③。莎士比亚关于霍拉旭文字的"扁平"效果，是为了暗示一种扬弃了宫廷之风的官僚气质，还是为哈姆雷特身边笃定的谋士和真理向外部传输的媒介所定制的与之相契合的风格？似乎后者更有说服力也更有根据。

关于《红楼梦》的问题同样如是。当莫莱蒂强调其网络分析方

---

① James Murphy, "How to Do Things with Networks: A Response to Franco Moretti", See https://magmods.wordpress.com/2011/08/18/how-to-do-things-with-networks-a-response-to-franco-moretti/ (accessed 3 March 2022) (2011) .

② James Murphy, "How to Do Things with Networks: A Response to Franco Moretti", See https://magmods.wordpress.com/2011/08/18/how-to-do-things-with-networks-a-response-to-franco-moretti/ (accessed 3 March 2022) (2011) .

③ 臧棣：《霍拉旭的神话：幸存和诗歌》，《延边大学学报（社会科学版）》1993 年第 1 期。

法可以将叙事的动态凝结于图像的静态之中时，丽莎·罗蒂（Lisa Rhody）将之与济慈的《希腊古瓮颂》相比，后者同样强调了凝结，所指的是艺术想象力的凝结，使其得到永恒的保存。然而，罗蒂指出同样是基于视觉层面，网络分析的可视化却威胁乃至剥夺了文学本身的创造力、生命力乃至人文属性。[1]相信面对莫莱蒂对《红楼梦》的解读，这种被剥夺感对于许多中国的《红楼梦》读者们来说是切实的。

　　比如，对于"贾芸谋职"一例，王昆仑先生在《红楼梦人物论》中有着入木三分的解释。作者指出如果贾芸的利益驱动与行为目标均以凤姐（贾府）为中心，那么他的任何其他向度的运动只是派生或次要的动作，自始至终贾芸必须也实然以凤姐为运动半径的圆心。贾芸从网络中心向外延伸的网络图形所实现的送礼使得"王凤姐的门户就这样钻开了；然而还没有那么容易使凤姐就注意了他，必须再做些旁面工作。于是贾芸开始去窥伺宝玉的藩篱：到宝玉外书房去等候，和宝玉的亲随茗烟攀谈，又碰巧遇到宝玉房中丫鬟小红，便和她眉来眼去；这样才获得第二次'利见大人'的机缘"[2]。莫莱蒂所"看见"的因贾芸送礼而造成的人物向外的运动忽视了贾芸这一"离心运动"本身是一向心运动的"表征"，远离凤姐和贾府正是为了回到凤姐和贾

---

① Lisa Rhody, "A Method to the Model: Responding to Franco Moretti's Network Theory, Plot Analysis", See https://magmods. wordpress. com/2011/08/22/ a-method-to-the-model-responding-to-franco-moretti (accessed 3 March 2022) (2011).

② 王昆仑：《红楼梦人物论》，岳麓书社 2010 年版，第 149—150 页。

府，而这恰恰是网络分析不能显示反而会加以模糊的东西。如果莫莱蒂试图简单地以"点"与"线"把握"文人心思，不可思议"（王希廉语）的《红楼梦》，这种看似使用最为先进的科学理念和技术方法的研究便似乎退回到了极为幼稚而粗暴的文本拆解之中。

　　当我们面对莫莱蒂对《红楼梦》和莎士比亚文本的网络绘图，正如杰弗里·威尔逊（Jeffrey Wilson）所说："我们不是又回到了老式的定性分析的老路上了？莫莱蒂的文章是数字人文学科最糟糕的一面：一个电子噱头的幌子，把严格的定性分析和可复制的定量分析都推到一边。"[1] 显然一方面，《网络》中的绘图实际不需要任何电子辅助设备也可以用纸笔做出，与其所畅想的数字人文的广阔前景究竟有什么真实关系呢？另一方面，这又反映出我们在西方数字人文研究中常常看到的局面，看上去是引进了全新的技术和方法论，但所做出的文学批评的最好结果似乎不过是提出已有的常识而已，"对于对莎士比亚戏剧有基本了解的人来说，莫莱蒂的研究并没有揭示出任何新东西"[2]。那么致使资深的文学理论与批评专家莫莱蒂做出漏洞百出的实验的原理何在呢？可以说问题的症结就在于威尔逊提到的这个关键词——"新东西"。简言之，"求新"的诱惑战胜了"求真"的意识，而这个"新"显然也不是一个脱生于真空中的单纯概念，对其历史化会让我们

① Jeffrey R. Wilson, "Shakestats: Writing About Shakespeare Between the Humanities and the Social Sciences", *Early Modern Literary Studies*, Vol.20,No.2, 2018.

② Jeffrey R. Wilson, "Shakestats: Writing About Shakespeare Between the Humanities and the Social Sciences", *Early Modern Literary Studies*, Vol.20,No.2, 2018.

看到，它与新的技术发展且由技术发展所推动的对"新"的迷恋相辅相成。威尔逊指出："我怀疑莫莱蒂对《哈姆雷特》的解读如此草率，是因为他试图用莎士比亚来阐释他的文学方法，而我们真正需要的是展示他的文学方法如何阐释莎士比亚。"① 威尔逊确实指出了莫莱蒂实验的强目的性，但后者何以如此功利？提出新的见解固然有一种学术创新的诱惑驱力，但另一方面且更具有代表性的是，这一求新的热忱或许暗合了新技术时代的症候。莫莱蒂对求新的自信则显然直接源于对新技术的信赖，与作为一种意识形态的技术拜物教相关联，而后者在马克思主义的政治经济学批判中又决定于历史性的生产方式。因此，莫莱蒂似乎举起了科学技术理性的大纛。但再一次，在人文学科悠久的积淀面前，我们仍要对这一技术话语考问其可能的"政治无意识"。

在将《网络》编入《远读》之中（作为终章）时，莫莱蒂为文章增加了几段引言，他指出如果说以"远读"为方法论的世界文学研究是对大量文本的量化研究，那么眼下这篇论文中的网络分析则是对小说的情节的定性分析。这么做的理由是什么呢？对此，莫莱蒂认为"我不需要理论，但我需要网络。虽然霍拉旭是我的老朋友，但我从未完全理解他在《哈姆雷特》中的角色，直到我看了这部剧的网络结构。这里的关键词是'看'；我从网络理论中得到的是它可视化的基本形式：一个戏剧性情节的时间流可以变成一组二维符号——点（或节点）

---

① Jeffrey R. Wilson, "Shakestats: Writing About Shakespeare Between the Humanities and the Social Sciences", *Early Modern Literary Studies*, Vol.20,No.2, 2018.

和边——一目了然"①。莫莱蒂对于其网络理论的情节分析的最重要价值认定为"直观"（intuition）。然而在《远读》时期（或许时至今日），莫莱蒂以及许多西方数字人文学者仍然缺乏对这个问题的反思，抽象直观对于文学研究究竟有多大的价值？

对《网络》保持了最大耐心的克利福德·沃福曼（Clifford Wulfman）认为"与其说它是一篇文章，不如说是对一个情节的谋划"②。他将问题归结为两个方面，其一来自研究者主体。简单来说，他认为莫莱蒂及其团队不具有足够的理解图形情节的能力，换言之，莫莱蒂的数字人文计划在"数字"一项上不够专业；其二关键在于沃福曼的前提是莫莱蒂用网络图形来理解文本的意义，但实际上需要理解的是图形本身的意义，"可视化是一种隐喻"③。如果说第一点质疑的是使用工具的人，第二点则指向工具本身。沃福曼比喻性地说"Graphviz（一种绘图软件）不是莎士比亚"④，为一个叙事的情节绘制图形的情节绝非一一对应和手到擒来的，在二维空间呈现图形本身就是一个技术性难题，而这有待于数学和计算机科学的更为复杂和庞大的科研探索。凯

① Franco Moretti, *Distant Reading*, London and New York: Verso Books, 2013, p. 211.
② Clifford E. Wulfman, "The Plot of the Plot: Graphs and Visualizations", *The Journal of Modern Periodical Studies*, Vol.5,No.1, 2014.
③ Clifford E. Wulfman, "The Plot of the Plot: Graphs and Visualizations", *The Journal of Modern Periodical Studies*, Vol.5,No.1, 2014.
④ Clifford E. Wulfman, "The Plot of the Plot: Graphs and Visualizations", *The Journal of Modern Periodical Studies*, Vol.5,No.1, 2014.

瑟琳·舒尔茨（Kathryn Schulz）则给出了另一个维度的答案，对她来说，莫莱蒂的实验就是对文学的人文主义及文学性的背叛。"问题是莫莱蒂不是在研究一门科学。文学是一个人造的宇宙，书上的文字并非自然界，不能指望它遵守一套规律。"比如，很多时候莫莱蒂会把隐喻的东西都当作事实来处理。① 对于舒尔茨而言，莫莱蒂对网络理论的迷信反映的是"21 世纪的神学"。而作者此言指向资本逻辑，尤其指向 21 世纪资本主义的全球化与数字化。

　　莫莱蒂对这一潜在的意识形态是缺乏警觉的，当他以其网络绘图的对称性来大谈东西方小说叙事上的不同时，几乎未曾反思过绘图结构与文学结构之间的差别。《红楼梦》第三回前半回"贾雨村—林如海—林黛玉"的线索就因为仅仅表现为"三点两线"，其意义就不如后半回重要吗？而文学内涵的比重又仅仅意味一种情节上的比重吗？当莫莱蒂一边声称自己关于网络理论的情节分析只是实验，却基于网络本身的稳定性便得出了霍拉旭比克劳狄斯重要的结论，实际上已经把对网络意义的结论当作前提来使用了。那么，网络模型是否稳固就是一个人物重要与否的判断标准吗？

　　事实上，莫莱蒂也曾考虑到简单图形对复杂叙事的描绘存在不足。比如，克劳狄斯在墓地里对霍拉旭说的 8 个单词与霍拉旭与哈姆雷特之间的 4000 多字的对话不可同日而语，而在网络绘图中，两种

---

① Kathryn Schulz, "What is Distant Reading", *The New York Times*, Vol.24, 2011.

不同"分量"的交流都只用一条线加以表示。对此，莫莱蒂想到的解决办法是对图形进行"加权"。又比如，线段除了没有"质量"外往往也没有"方向"，这样它就无法表征一些特殊的情况，如当霍拉旭对幽灵说话时，对方是没有回应的，而后者只会单向度地向哈姆雷特诉说，对此，莫莱蒂又建议对直线添加"箭头"以使之成为射线。莫莱蒂认为虽然这些处理并非长久之计，但前景是美好的，可以算是文学的网络理论的童年，"是在统计学的严肃的成人期之前短暂的幸福"[1]。换言之，不仅莫莱蒂处理网络分析问题的办法仍然是数学的，且他认为这始终是值得信赖的唯一方向，所需要的仅是更为专业的统计学的介入。当莫莱蒂将问题归结于"统计学"，他就已经把文学理论的价值生成交给了数理逻辑的发展，仍然展示出西方数字人文常常被诟病的理论观念——"越数字便越好"。什么是数理逻辑的发展，而什么又是统计学的成年呢？这是指文学理论和批评者对数字技术更为成熟的掌握，还是数字技术专家对文学批评更多地介入呢？对于前者，是否文学理论家在数理逻辑的掌握上始终不能让人满意，莫莱蒂的计划就只能是一个乌托邦呢？本着使文学研究更为科学化的初衷，而只能将研究本身寄托于具体研究者自身的跨学科素养（或者数字人文学界所倡导的合作），这种想法本身不是与强调客观性的科学理性的背道而驰吗？

---

[1] Franco Moretti, *Distant Reading*, London and New York: Verso Books, 2013, p. 215.

这一将文学解读的准确性寄希望于数字技术的专业性，将对文学的"理想阐释"寄托给技术发展的明天的说法实际上与沃福曼严词批评莫莱蒂时的说法别无二致。在新的文论话语的建构中，以技术为核心的方法论与技术决定论之间只有一步之遥，这取决于在关键问题上理论实践主体是以人文理性为侧重，还是被技术理性裹挟，或者至少是否保留对这一问题的反思。在莫莱蒂的自我反思和沃福曼的外部批判中，他们都将网络理论中情节分析的机遇与技术和技术掌握者的成熟之间做了高度甚至完全的关联，在数字与人文的天平中显然已向前者严重倾斜。就像舒尔茨所说："总有一些人认为，新技术似乎承诺了完整性和确定性，莫莱蒂就是其中之一，他对'情节和风格的统一理论'的前景感到欣喜。他认为，文学是'一个集体系统，理应如此把握'。但这也是一种神学——如果不声称文学是一个系统，至少也是坚信我们只能在其整体中找到意义。"[1] 这个神学不仅是对技术的拜物教甚至是对其背后资本及其再生产逻辑的拜物教，因此已经带有了意识形态性的征兆。这种神学将对技术创新的迷恋[2] 投射到对文学批评创新的迷思之中，诱使莫莱蒂生造出了一些似乎具有新意的东西。当他宣称做了一个此前所有莎士比亚和《哈姆雷特》研究者都没有想到的事情，去思考和实践《哈姆雷特》没有了哈姆雷特会怎么样时，他可

---

[1] Kathryn Schulz, "What is Distant Reading", *The New York Times*,Vol.24, 2011.

[2] David Harvey, "The Fetish of Technology: Causes and Consequences", *Macalester International*, 2003, p.7

能忽略了一个简单的道理，几百年来对哈姆雷特的研究始终是在理解和说明主人公之于这一戏剧文本的重要性，这难道不正是从反面论证没有了哈姆雷特的《哈姆雷特》会怎么样吗？

第二章

后人类主义的盲视与洞见

第一节　后人类主义的决定论偏颇

　　在《我们的后人类未来——生物技术革命的后果》（*Our Posthuman Future: Consequences of the Biotechnology Revolution*）的开篇，福山开宗明义："这本书的目的是证明赫胥黎是对的，当代生物技术构成的最大威胁是它可能改变人类的本性，从而将我们带入一个'后人类'的历史阶段。"[1] 但"后人类"并不是一个不证自明的历史主义的未来时间、一个等待我们进入的经验空间，它不过是"人类世"（Anthropocene）中的一个晚近的理论术语。一般而言，学界往往将术语的出现追溯到伊哈布·哈桑（Ihab Hassan），而将它具有学术性内涵的阐发归结到海勒的《我们何以成为后人类：文学、信息科学和控制论中的虚拟身体》（*How We Became Posthuman: Virtual Bodies in Cybernetics, Literature, and Informatics*）。[2] 众所周知，"后人类主义"中的"人类主义"（humanism）一词本身有着复杂的（历史性的）理

---

[1] Francis Fukuyama, *Our Posthuman Future: Consequences of the Biotechnology Revolution*, New York: Farrar, Straus and Giroux, 2002, p. 7.

[2] Francesca Ferrando, *Philosophical Posthumanism*, New York & London: Bloomsbury, 2019, p. 2.

论内涵，就像它有着不同的中译名，如果从"人文主义"或"人道主义"角度，哲学上的后人类主义往往要追溯至对启蒙理性的反思，而从根本上的反人类中心主义的角度，它又与去宏大叙事和反本质主义的后现代理论关系密切，甚至被视为"第二波的后现代主义"①。要对这一概念下确凿的定义几乎是不太可能的事情，而指认一位学者是否后人类主义者也有着类似的困难，不过如"导言"中所说，正因为我们的研究采取了一种以小见大的"寓言批评"式的方法论，所以择取具有代表性的理论话语以佐证观点反而免去了思想史中身份定位的必要性。对此，卡里·沃尔夫（Cary Wolfe）在他的《何为后人类主义？》（*What is Posthumanism?*）中描绘了难以把握的后人类概念的两条谱系：一条可上溯至福柯在《词与物》中提出的"人之死"②，另一条则缘起于 1946 年至 1953 年关于控制论的梅西会议（Macy conferences）③。那么对于本研究而言，保罗·维利里奥（Paul Virilio）和唐娜·哈拉维（Donna Haraway）作为不同向度乃至语境中的后人类主义学者在一定程度上可被视为分属这两个谱系的延续。由此，在这一部分中，我们便选择将两者作为理论例证，借以分析和拆解后人类

---

① Francesca Ferrando, *Philosophical Posthumanism*, New York & London: Bloomsbury, 2019, pp. 24-26.

② 福柯的生命政治美学所映射出的后人类光谱在其后继者哈特和奈格里那里也有着变形的再现，See Michael Hardt and Antonio Negri, *Empire*, Cambridge: Harvard University Press, 2001, pp, 91-92。

③ Cary Wolfe, *What is Posthumanism*? Minnesota: University of Minnesota Press, 2010, p. xii.

主义的实质与偏颇。事实上，任何一部以"后人类"为主题的著作又几乎都要在开篇对概念本身进行讨论，而这种讨论因为上述困难，往往以"人类到（超人类再到）后人类"的历时性叙述呈现替代某种本质性的命名。针对这种表述，也有学者将这一受技术推动的过程命名为"后人类化"（posthumanization）①。那么尽管维利里奥和哈拉维都不同形式地表达过对这一标签的悖离，②毋庸置疑的一点是，两人的一些重要思想均有意无意地参与了理论上的"后人类化"进程，也常常是晚近庞杂的后人类主义导论或文集中的常客。一部名为《五十位关键的当代思想家》（*Fifty Key Contemporary Thinkers*）的著作直接将两人

---

① Stefan Herbrechter, *Posthumanism: A Critical Analysis*, London: A&C Black, 2013, p.11.

② 哈拉维曾指出其个人对后人类主义的吊诡态度，她一边申明对后人类主义作为一个研究方向的理解，一边仍坚定表示对这一概念的反感，See Donna J. Haraway, *Manifestly Haraway*. Minnesota: University of Minnesota Press, 2016, pp. 261-262；她也曾明确其个人研究从后人类学向动物研究转变的过程，Nicholas Gane, "When We Have Never Been Human, What Is to Be Done? Interview with Donna Haraway", *Theory, Culture and Society*,Vol.23,No.7-8, 2006。相对于哈拉维，维利里奥很少使用"后人类"这一词语，尽管他的一些关于人类、人体和人口的表述都可以视为对后人类主义的贡献。实际在这一点上，考察维利里奥（不多的）对哈拉维的提及更能说明问题，在接受采访时，提问者与维利里奥之间有过关于《赛博格宣言》的一个简短的对话，"JA：美国赛博女性主义者（cyberfeminist）唐娜·哈拉维曾表示，她'宁愿做一个赛博格，也不愿做一个女神'。对此你怎么看？维利里奥：（笑出声来）我既不想成为神，也不想成为赛博格！我想成为人。我想成为男人。做一个男人或女人就已经足够了。正如我之前所说的，'人是宇宙奇迹的终点'！" John Armitage ed., *Virilio Live: Selected Interviews*,London: Sage, 2001, p. 44。为综合研究的便利，暂不考虑两位学者对自身学术事业的主观分期。

评价为后人类理论代表思想家的开端和结束。[1]

而仅从对技术的一般认识，关于维利里奥与哈拉维有两个常见的评价，即相对而言，两人分属悲观与乐观的一方。尽管关于技术乐观（悲观）论同样有着不同的理解方式，我们的讨论仅以这个一般认识为起点，分别以悲观态度和乐观态度来暂时锚定维利里奥与哈拉维的技术主义文论的技术认知，作为论述后人类主义技术决定论的理论装置。而最终我们会看到，这一装置将如助推器般被分离出去。

一、维利里奥的"悲观主义"技术美学

在"维利里奥关键词"中，最容易与技术悲观论产生联系的概念非"事故"莫属，"事故是维利里奥对技术持怀疑态度的核心"[2]。

尽管维利里奥对其"事故"概念的解释散落于不同的文本之内，但仍然在某种意义上体现了历史性。正如许煜所说，维利里奥以倒转（reversal）的方式改写了亚里士多德关于事故（偶性）与实体的关系，[3]将实体的偶性转换为知识的事故，从而将事故刻写进实体的本质之中。具体而言，维利里奥认为尽管"根据亚里士多德的说法，不存

---

① John Lechte, *Fifty Key Contemporary Thinkers: From Structuralism to Post-humanism,* New York & London: Routledge, 2007, pp. 332-363.

② John Armitage ed., *The Virilio Dictionary*. Edinburgh: Edinburgh University Press, 2013, p. 17.

③ 参见许煜《算法灾难：偶然性的报复》，刁俊春译，《新美术》2016 第 2 期。

在关于事故的科学", 但新技术带来关于自身知识的同时也为关于事故的知识提供了契机, 比如"船定义了另一种力量: 技术知识失败那一面的力量, 一种流浪的诗学, 一种意外的诗学, 一种在船出现之前并不存在的海难"[1]。历时性的延伸伴随着尺度的发展, 如果说小的事故是一种时间上的中断, 那么最大的中断就是"死亡", 而"中断是一种速度的改变"[2], 因此最大的事故将导致速度归零。由之, 在一个速度值不断变化的闭区间之中, 事故随着技术发展而发展, 普遍而普遍, 最终成为"一般事故"(general accident)。当今时代对于维利里奥而言, 事故从局部(local)向普遍蔓延依靠的是同样作为事故的"远程技术", 如互联网, 而因为个体通过这种技术所实现的同时的缺席与在场(比如远程网络会议)使得原初的"存在"概念被颠覆了, 也正是在这种极端认识中, 维利里奥思想被视为一种后人类理论。

在维利里奥的核心概念中, "军事"与"技术"时常成对出现, 道格拉斯·凯尔纳(Douglas Kellner)将其思想评估为一种"军事—技术"本体论。在两者间的相互"加速"中, 军事最终具有摧毁世界的可能, 维利里奥将此预估为"整体事故"(integral accident), 指向"类存在"意义上的死亡(斯蒂格勒)。由此, 它也是"终结所有事故的事

---

[1] Paul Virilio, *The Vision Machine*, trans. Julie Rose, Bloomington: Indiana University Press, 1994, p. 28.

[2] Paul Virilio, *Pure War*, trans. Mark Polizzotti, New York: Autonomedia, 2008, p. 49.

故"①，而从自身所带有的否定性的角度，它自然也是"所有事故的事故"②，是一个绝对的奇点（an absolute singularity），是"时间诞生的别名"③，反之亦然。因为有了对"类存在"的把握，维利里奥的宗教理念得以嵌入，在拟人化的意义上，技术也有其原罪，这一原罪便是事故，技术的创生是作为事件的事故。

但最初的"失乐园"始终提供着"怀乡"般的作为背景的总体性，对此，我们可以模仿许煜的说法，称这一"同一性"失落的"失乐园叙事"与谢林而非黑格尔更为接近。④但关键在于，当维利里奥的事故倒转了亚里士多德的偶性，前者实际上已经收获了它自身的绝对性。如果许煜试图以递归的方式不断地"吸收"必然性中的偶然性（事故），维利里奥的技术美学则仍未摆脱许煜所说的机械论传统。对

① 在《解放的速度》《失落的维度》等文本中维利里奥反复指出这一说法来自伊壁鸠鲁，并且可以与爱因斯坦的相对论连续体联系起来。对于维利里奥的这一联想令人想到索卡尔对维利里奥科学挪用的批判。维利里奥的说明和联想参见 Paul Virilio, *The Lost Dimension*, trans. Daniel Moshenberg, New York: Semiotext（e），1991, p. 97. 索卡尔的批判参见［美］艾伦·索卡尔、［比］让·布里克蒙《时髦的空话：后现代知识分子对科学的滥用》，蔡佩君译，浙江大学出版社 2021 年版，第 171—178 页。

② Paul Virilio, *The Lost Dimension*, trans. Daniel Moshenberg, New York: Semiotext（e），1991, p. 97.

③ Paul Virilio, *Polar Inertia*, trans. Patrick Camiller, London: Sage Publications, 2000, p. 75.

④ 参见许煜《递归与偶然》，苏子滢译，华东师范大学出版社 2020 年版，第 106—109 页；从"开端"的角度，维利里奥曾隐晦地解释过作为"原罪"的事故与黑格尔的关联，See Paul Virilio, *The Lost Dimension*, trans. Daniel Moshenberg, New York: Semiotext（e），1991, p. 68。

于维利里奥而言，发生在"所有事故的事故"和"终结所有事故的事故"之间的不是可以通过某种自反形式（比如递归）而得以消化的步骤，而仅仅是他所说的"事故之中的事故"（accident-within-the-accident）[1]。以许煜作为参照，维利里奥没有对事故提供逻辑上的解决方案正是因为在其理论模型中事故早已失去偶然性的成分。事实上，其中的认识论差异也关乎理论话语风格，从某种意义上说，延续着明确的思辨理性传统。许煜以"递归"辩证法作为技术知识的动力，得以在必然性（历史）与偶然性（事故）的矛盾中展开知识论维度。而维利里奥的理论话语是远离这一传统的，他的（相对于其同时代人鲍德里亚在《冷记忆》中的诗歌形式）"散文诗"式的论文又将这一远离固化下来，其理论话语缺乏形式上的辩证法。相当程度上，对于许煜而言，意外作为一种否定性（在向数理极限的发展中）实现了肯定性的效果，但对于维利里奥来说具象的事故只是一次次毁灭的累积。

在处理整体与局部的关系中，维利里奥的事故理论有着最为清晰的阐发，"让我这样说吧：每当一项技术被发明出来，以航运为例，就会有一种事故被发明出来，在这种情况下，就是沉船，它与船舶的发明完全是同时代的。铁路的发明必然意味着铁路灾难的发明。飞机的发明带来了空难的发生……这三种类型的事故有一个共同点，那就是它们是局部的，这是因为它们均关于相对速度，船舶、火车和飞机的

[1] Paul Virilio. *Speed and Politics*, trans. Mark Polizzotti, Los Angeles: Semiotext（e），2006, p. 23.

运输速度。但从电磁波的绝对速度被使用的那一刻起，事故的可能性就不再是局部的，而是普遍的，它不再是一个特殊的事故，因此出现了普遍化事故的可能性"[1]。普遍化事故是维利里奥对世界范围的技术革新的评估和预测，而当这一普遍尚在发展之中时，维利里奥首先在理论层面实现了其内在的普遍化，他的许多核心概念都可以由事故加以（再）解释，比如速度，他也称之为"转换事故"（transfer accident）[2]。速度是维利里奥技术悲观论的又一容身之所，全球化首先作为一种空间之于时间的超越路径（后现代之于现代）反而因为两者的过度交集提升了"空间转换与时间之比"——速度——的地位。在全球化的趋势中当速度得以反客为主，维利里奥看到的不是地球的发展而是地球的老化（以速度为标准的工业消费过程）。所以，当维利里奥在全球化时代看到一种悲观主义，其中"变质（decomposition）是维利里奥对全球化越来越悲观的批判话语的关键"[3]。在这种老化中，以速度作为特征的向量缺乏反转的可能。

又比如与电影形成互文的战争。战士们所面对的战争影像将自己引向最后的"技术事故"（死亡），维利里奥借威廉·巴勒斯（William

① John Armitage ed., *Virilio Live: Selected Interviews*, London: Sage, 2001, p. 32.
② Paul Virilio, *Polar Inertia*, trans. Patrick Camiller, London: Sage Publications, 2000, p. 76.
③ John Armitage ed., *The Virilio Dictionary*, Edinburgh University Press, 2013, pp. 62-63.

Burroughs）称之为"最后的声画分离"①。也就是在这个意义上，维利里奥的"军事—技术本体论"（凯尔纳）、速度（作为一种事故）本体论乃至某种意义上的光（作为绝对速度）本体论均让位或从属于事故本体论，他借库萨的尼古拉（Nicholas of Cusa）之口说道："当实体被移除时，事故就不存在了，在这种情况下，它的不存在源于它本质上是偶然的（事故），它的存在就是实体的存在。然而，不能说事故什么都不是。事故给了实体一些东西……事实上，一次事故给一个实体带来了如此多的影响，以至于尽管事故是从实体中产生的，但实体不可能在没有事故的情况下存在。"②事故作为一种非实体决定着实体的存在，维利里奥的事故学也在表面上③与量子力学的测不准原理联系起来。当维利里奥排除了作为观测者的人，其潜台词也就呼应了爱因斯坦的上帝学说，上帝作为"事故的事故"，也是那个永恒的观测者。

相对于其他技术观念的辩证法或有机论逻辑，维利里奥几乎没有给技术的事故以任何自我解决的可能性，他只是把这一危机阐发出来，以军事、速度等因素作为补充，甚至当他将技术本身视为事故时，事故便被从根本上固定为某种先验的经验性问题（德勒兹）而被赋予了本体论的意义。面对这一说法，我们又可以参照许煜，后者赞许斯

---

① Paul Virilio, *War and Cinema: The Logistics of Perception*, trans. Patrick Camiller, London & New York: Verso, 1989, p. 61.

② Paul Virilio, *Open Sky*, trans. Julie Rose, London: Verso, 1997, p. 17.

③ 因为在一些学者看来，"测不准原理"是一个通俗但不准确的表达，他们认为这一不确定性是内在的，其观测者也就不是宏观领域中可以被主体化的某一形象。

蒂格勒对"意外"的必然性的理解，故而反复提起那个关于普罗米修斯故事的"事故"版本。斯蒂格勒将这一理解视为一种解决方式，即"通过把作为灾难的意外肯定为必然来克服它"①，"肯定"一词意味着其中的"必然"体现为一种"必要"。反观维利里奥，"无论说什么或做什么，事故都是绝对的和必然的，实体（substance）则是相对的和偶然的。而对于坚信'反创世论'（anti-creationism）的唯物主义者来说，事故已经成了奇迹的世俗形式"②。如果说维利里奥强调神创的世界观，在他高度保留的"现代性"（世俗化）理解中，事故是对"神迹"的一种"摹仿"。也是在这个意义上，不论是作为所有事故的事故的那个"绝对的奇点"（absolute singularity），即"造物主"（creator）本人的现身③，还是具体的"奇迹的世俗形式"，事故都倚靠宗教叙事而确保了其本体论价值，也使其成为一种单纯的否定性概念——其必然性也就不能被理解为必要性而通过辩证过程上升至肯定性，这是其悲观主义的根本表现。更进一步，当维利里奥将事故视为科学和技术的原罪，他将科技的"失乐园"版本反照人类自身，"科学和技术是有缺陷的，就像我们一样"④。如果说对于许煜而言，意外总是要被解决

① 许煜：《艺术与宇宙技术》，苏子滢译，华东师范大学出版社 2022 年版，第 55 页。
② Paul Virilio, *Polar Inertia*, trans. Patrick Camiller, London: Sage Publications, 2000, p. 44.
③ Paul Virilio, *Polar Inertia*, trans. Patrick Camiller, London: Sage Publications, 2000, p. 75.
④ John Armitage ed., *Virilio Live: Selected Interviews*, London: Sage, 2001, p. 154.

的发展环节，则在有机论意义上清晰地"消化"这一食物的"递归"是新时代的机会。那么对于维利里奥而言，因为原罪作为否定性实现了（肯定了）人类的诞生，既是宗教的内部叙事也是人类的整体叙事，绝不是某种新时代的机器话语便可轻易消解的。对此，同样带有原罪的"技术并没有给我们更多的东西，它只是以不同的方式打断了我们"[1]。

综上，我们可以粗浅地理解维利里奥技术美学的某种悲观论调，那么我们是否能沿着同样的视角来看待哈拉维呢？

二、哈拉维的"乐观主义"技术美学

同维利里奥的技术悲观论相仿，哈拉维对技术的积极态度也几乎是学界共识。斯图尔特·西姆（Stuart Sim）指认哈拉维处于后现代光谱中乐观的一端，[2] 这一说法的前提在于哈拉维对人机（动物）边界的彻底消解充满信心。[3] 而哈拉维所谓乐观主义技术论的内涵也并不复杂，正是毫无畏惧甚至满怀喜悦地投入其描绘的赛博格时代，她才会坚定地表示"我宁愿是一赛博格"。当面对这种没有实际意义的选择

---

[1] Paul Virilio, *Pure War*, trans. Mark Polizzotti, New York: Autonomedia, 2008, p. 48.

[2] Stuart Sim, *Post-Marxism: An Intellectual History*, New York & London: Routledge, 2000, p.138.

[3] Stuart Sim, *Post-Marxism: An Intellectual History*, New York & London: Routledge, 2000, p.138.

题，相对于维利里奥"保守"地站在人类一边，哈拉维显然更为"后人类"。

我们首先回到哈拉维对赛博格的解释之中，"赛博格是一种控制生物体，一种机器和生物体的混合，一种社会现实的生物，也是一种科幻小说的人物"①。这是哈拉维在《赛博格的宣言：20 世纪晚期的科学、技术和社会主义—女权主义》（以下简称《宣言》）中第一次抛出对赛博格的定义，且没有采用一般定义的方式，而只是举了几个例子，这使得赛博格从一开始作为一个对应于数个所指的能指，其内涵的稳定性已然失去了，甚至我们可以说哈拉维将赛博格概念的含混性（hybridity）暗度进了论证前提。这一点实际使得哈拉维赋予赛博格的诸多属性并不属于某种作为实体的赛博格，而是属于这种含混性（多义性）本身。

在戏仿福柯的"知识型"断裂中，哈拉维虽缺乏论证却斩钉截铁地说道："到 20 世纪晚期，我们的时代成为一种神话的时代，我们都是怪物凯米拉（chimera），都是理论化和编造的机器有机体的混合物；简单地说，我们就是赛博格。赛博格是我们的本体论，将我们的政治赋予我们。赛博格是想象和物质现实浓缩的形象，是两个中心的结合，构建起任何历史转变的可能性。"②与其他后人类主义者相仿，哈拉维

---

① [美]唐娜·哈拉维：《类人猿、赛博格和女人——自然的重塑》，陈静、吴文诚主译，河南大学出版社 2012 年版，第 205 页。

② [美]唐娜·哈拉维：《类人猿、赛博格和女人——自然的重塑》，陈静、吴文诚主译，河南大学出版社 2012 年版，第 206 页。

确指了由技术决定的历史性断裂，而当她宣称"我宁愿是一赛博格"时又是对这一时代性"新主体"的价值判断。对于后人类主义而言，以"控制论"为代表的"老三论"对信息的强调为人类世的更新或终结提供了科学技术原理，人类与他者之间的界限的突破正是通过将人及"非人"均视为信息、数字或数据而实现的。在同一构成元素的基础上，边界与其说是被打破的不如说是无从建立，因为边界所依凭的正是差异，而在一种"均质化"的世界中后人类主义将愿景推向"计算宇宙"——"整个宇宙都是一个巨大的计算机"①。这也就是控制论及其演变被同时视为思维范式和技术方案的根本原因，同时也是后人类主义具有"前人类主义（人文主义）"朴素唯物论的理由（比如原子论），甚至如前文所提到的，对许煜而言，打破机械与人的边界靠的是将两者均视为"可计算者"，即将之均理解为数学问题。当哈拉维指出"我的赛博格神话是有关边界的逾越、有力的融合和危险的可能性，革新主义者会探索这些可能，把它们作为必要政治工作的一部分"②。其中看似随意提及的三个方向并不是并列的关系，而是递进或者确切地说埋藏着哈拉维式的三段论。在她的认识中，赛博格是一个逾越边界的关系性概念，这一关系得以使"无边界"自身成为融合的基础（且是有力的），正是这两者的互相生成和综合导致了一种激进的政治性。

①［美］凯瑟琳·海勒：《我们何以成为后人类：文学、信息科学和控制论中的虚拟身体》，刘宇清译，北京大学出版社 2017 年版，第 322 页。
②［美］唐娜·哈拉维：《类人猿、赛博格和女人——自然的重塑》，陈静、吴文诚主译，河南大学出版社 2012 年版，第 213 页。

那么可以说哈拉维笃信的解构中并没有什么新的东西，问题实际上还是落实于跨界作为潜能的政治论调上，与霍米·巴巴的后殖民主义文化理论如出一辙，对居间（in-between）、混杂（hybridity）、模棱两可（ambiguous）作为革命力量的信任不如说是一种受"技术拜物教"所询唤的迷思。

实际上，哈拉维的赛博格理论与其说与后结构主义思想有所关联，不如说与具体的后殖民主义的联系更为紧密。由此，如果说哈拉维对技术的乐观无须过多解释，我们或可以通过后殖民理论来透视这种乐观的真相。当哈拉维解读第二个"有漏洞的区分"，即动物—人类（有机体）与机器之间的区分时，她提供了一个历史化的论据，指出"前控制论机器可能附着鬼怪；机器中总是闹鬼"[①]。闹鬼意味着灵魂性的存在，机器被赋予了自主性，哈拉维原本认为这不过是男权主义对生殖梦想的一种替换，是一幅"讽刺画"，意思是无法实现孕育的男性将机器视为子嗣，而反过来赋予自身造物主的身份。但在写作《宣言》时哈拉维对这一解释犹豫了，"20世纪晚期的机器完全模糊了自然和人造、心智和身体、自我发展和外部设计以及其他许多适用于有机体和机器之间的区别"[②]，前控制论时期的"机器闹鬼"叙事"幽灵般归来"（齐泽克语）。

---

① [美] 唐娜·哈拉维：《类人猿、赛博格和女人——自然的重塑》，陈静、吴文诚主译，河南大学出版社2012年版，第209页。
② [美] 唐娜·哈拉维：《类人猿、赛博格和女人——自然的重塑》，陈静、吴文诚主译，河南大学出版社2012年版，第209页。

　　事实上，"机器闹鬼"叙事在后殖民理论的话语文本中同样有着变形的展示。在以"地方化马克思"为根本目标的《地方化欧洲——后殖民思想与历史差异》(*Provincializing Europe: Postcolonial Thought and Historical Difference*)中，迪佩什·查克拉巴蒂（Dipesh Chakrabarty）认为马克思的《资本论》没有从构成"历史一"的资本逻辑中发展出作为"历史二"的活生生的历史，由此在世界历史中以前者的普遍化（过渡叙事）压制了后者的多元化（殖民地差异）。一方面，查克拉巴蒂认为后者的实存意味着马克思的政治经济学批判在殖民地的失效（因此应被限制在欧洲）；另一方面，查克拉巴蒂又坚信"历史二"本身就具有打断"历史一"普遍化的力量，两方面相辅相成。"地方化欧洲"实际是一个试图以海德格尔史学（活生生的历史）颠覆马克思主义史学的计划。而为了说明由地方文化差异所决定的"历史二"打断了"历史一"，查克拉巴蒂为殖民地印度工人撰写的"民族志"中同样遭遇了"机器闹鬼"。

　　受斯皮瓦克等人的影响，查克拉巴蒂将殖民遭遇的文化方面视为一个翻译问题，他在《地方化欧洲——后殖民思想与历史差异》中设置专章名曰《把生活世界翻译成劳动和历史》，其中"生活世界"（Life-Worlds）对应"活生生的历史"，而"劳动和历史"则关乎唯物史观。为了解决问题，文章称："让我从我自己的劳动史研究中的一个例子开始。"[1] 作者分析了 20 世纪 30 年代在印度流行的一个节日，这一节日的仪式主要表现为机械师们在秋天宰羊祭祀，"这个特殊的节日在印度北部的许多地方被庆祝为工人阶级的公共节日，定于每年建造神毗首羯磨（Vishvakarma）的纪念日"[2]。在《反思工人阶级史：孟加拉 1890—1940》（*Rethinking Working-Class History: Bengal 1890—1940*）中，查克拉巴蒂以"本地线人"（斯皮瓦克语）的身份对孟加拉黄麻工厂进行了民族志式的研究。作为《地方化欧洲——后殖民思想与历史差异》的主要"论据"，文中描绘了这一节日的原委和内容，这一节日源自殖民地印度由来已久的一种宗教文化，工人对机器的所谓"服从"并不是"技术性"的，工人也不是基于某种物理学原理而形成与机器之间的关系，在管理者疏于管理而又不愿意对工人进行培训的前提下，机器所造成的事故，尤其是工人的伤亡性事故便与印度北部农民对工具的传统认识联系起来。"在那里，工具往往具有奇妙与神圣的品质。是宗教观念而非'科学'决定了这种关系，所不同的是，在黄麻工厂里，工人的工具远比农民的工具更强大、更凶险，而且有可能在短时间内夺走生命"[3]，这便是"毗首羯磨节"的时代性深意。

① Dipesh Chakrabarty, *Provincializing Europe: Postcolonial Thought and Historical Difference*, Princeton: Princeton University Press, 2000, p. 77.

② Dipesh Chakrabarty, *Provincializing Europe: Postcolonial Thought and Historical Difference*, Princeton: Princeton University Press, 2000, p. 77.

③ Dipesh Chakrabarty, *Rethinking Working-Class History: Bengal 1890—1940*, Princeton: Princeton University Press, 2018, p. 89.

　　查克拉巴蒂不仅认为印度前殖民地文化无法被资本逻辑收编，甚至视其本身便是对抗资本逻辑及其阐释（马克思主义）的现实力量，其背后起决定性作用的与其说是海德格尔的存在论，不如说是后结构主义的差异性哲学。一方面，在描述本地语言以一种前现代的方式被保留（乃至翻译）之时，查克拉巴蒂将之比拟为"以货易货"（exchange barter）与"普遍的商品交换"（generalized exchange of commodities）之间的区别，而"后者总是需要一个普遍的、同质化的中间术语（例如，在马克思主义中，抽象劳动）的调解"[1]；另一方面，作为阻止对地方现代性的政治经济学解释，查克拉巴蒂指出，"这并不是说，工人们的这种宗教观在获得对机器的科学知识的情况下便会消失。"换言之，只要印度本土的工厂中有着这样的宗教文化的土壤，上述对机器的非科学认识就不会消失，"问题的关键在于，工厂内部的人机关系总是涉及文化，而任何经济讨论都忽略了这一点"[2]。这里的经济讨论仍然指向马克思主义。查克拉巴蒂的"地方化欧洲"计划以其显著的文化主义论调遭到了来自马克思主义理论的反驳，其论证中不同层次的纰漏和偏颇均得到了深刻的批判。[3] 而作为查克拉

---

[1] Dipesh Chakrabarty, *Provincializing Europe: Postcolonial Thought and Historical Difference*, Princeton: Princeton University Press, 2000, p.85.

[2] Dipesh Chakrabarty, *Rethinking Working-Class History: Bengal 1890—1940*, Princeton: Princeton University Press, 2018, p. 90.

[3] 国内学者直指查克拉巴蒂的根本逻辑漏洞的批评可参见罗钢《资本逻辑与历史差异——关于后殖民主义与马克思主义的一些思考》，《外国文学评论》2002 年第 4 期。

巴蒂最重要的批评者，维微克·齐伯（Vivek Chibber）将《地方化欧
洲——后殖民思想与历史差异》的一个症结检视出来，指出查克拉巴
蒂的文化主义倾向的后殖民主义的核心问题是混淆了普遍化与均质化
（homogenization）[1]。而对于我们来说，正是后者将后殖民主义与哈拉
维的赛博格理论重新联结起来。

　　约翰·奈特（John Knight）曾经有过一个表述，反人类主义（人
文主义）与后人类主义的根本区别在于前者是对人类主义的反叛，"人
类主义—反人类主义"构成二元对立关系，它们从属于同一个认识论
场域。"然而，后人类主义位于一个不同的领域之中，一个拟像的并
以拟像构成的领域。从凯米拉（嵌合体）到拟像（模拟体）"，[2]首先，
如果说后殖民主义将普遍化理解为均质化的起点在于使文化僭越物质
实践，则哈拉维的技术性综合方案如法炮制，以技术僭越政治经济学
基础，后殖民主义的文化主义批判实际上是将资本主义世界体系中具
有物质性不平等的各部分化约为了统一性质的差异——文化的差异。
也正是从相类似的均质性角度，哈拉维基于新的技术理论的美学话语
建构所凭借的无外乎将一切实体泛化为信息，正是通过这种泛化，即
将无生命的机器和有机体均视为某种意义上的信息聚合体，才有可能

① Vivek Chibber, *Postcolonial Theory and the Specter of Capital*, New York & London: Verso Books, 2014, pp.233-238.

② John Knight, "Fading Poststructuralisms: Post-Ford, Posthuman, Posteducation?" ,in *After Postmodernism*. eds., Richard Smith and Philip Wexler, New York & London: Routledge, 2005.

假设机器和人之间的边界已荡然无存，并将假设以非科学的态度奉为新的信仰。① 展现在哈拉维面前的新神话就像电影《黑客帝国》中二进制的绿色符码瀑布一样丰富而单调。其次，如果说作为这种形式融合的控制论有机体强调聚合的力量是要在一种对二元的否定性中理解和释放一元的能量，但正因为这种融合（混杂）所依凭的是均质化的信息流，反二元对立的所谓凯米拉的力量是不存在的。反过来说，哈拉维所依据的是对控制论近乎文化主义的理解。在这种文化主义的读解中，人机复合体已经脱离了其曾经顾全的人类的传统，一旦界限被打开就没有停下来的道理，最终的结果必然是人与机器被双双否定，或者说两者实现了彻底同一，"这种机器不是一个它，被赋予生命，受崇拜，并受统治。这种机器是我们，我们的过程，我们化身的一个方面"②。那么也正是在这个意义上，可以看出为什么以激进理论面貌示人，以文化主义为导向的后人类（后现代）理论却往往表现出保守主义的意识形态，一方面，从上述史学理论的比较研究中我们可以看到，哈拉维的技术崇拜与前现代印度工人宗教性的机器崇拜之间有着一条

---

① 在维纳等人的控制论中已经显现出了对信息的某种盲从，但控制论及其类似理论因尚停留在科技理性的范围之内，有着局部自圆其说的可能，或者应交由"科学主义"批判进行处理。而哈拉维等后人类主义者将这些技术科学（假想）直接发扬为一种作为激进理论的技术美学，甚至朝着人类解放论的方向发展，则陷入了对信息的盲目崇拜之中。这一对科学的信仰以其否认"可证伪"的事实走向了科学的反面，体现出了"信息拜物教"的特征。

② ［美］唐娜·哈拉维：《类人猿、赛博格和女人——自然的重塑》，陈静、吴文诚主译，河南大学出版社 2012 年版，第 251 页。

隐秘而坚实的逻辑联系；另一方面，如果赛博格理论所建立的乌托邦依赖于机器和人的最终同一，后者正是资本主义生产方式中需要被克服的部分，马克思称之为"人的异化"。

三、一种偏颇、两种表征

当我们借查克拉巴蒂解读哈拉维时会恍惚看到一个维利里奥，查克拉巴蒂所面对的同样是现代技术的事故性后果，但是稍加细究我们会发现，当查克拉巴蒂将被殖民地的资本逻辑差异决定于前现代文化，事故与技术的关系尚未超越事故与人的关系。在这个意义上，与哈拉维更为接近的仍是维利里奥，因为后两者均将技术抬升至了理论阐发的决定性位置。甚至，哈拉维的某种技术乐观主义恰恰建立在革命悲观主义的意识形态之上，其根本上是由技术策动并依赖于技术的乐观，并体现为一种去主体化过程，这种乐观实际上是一种没有人的乐观。极端一些地说，当哈拉维寄希望于与机器融合的后人类肩负人类的解放事业时，则这份事业最终是否属于人类并不那么重要。人与机器边界彻底模糊的结果实际是"（文化）差异"获得了本体论的效果，主客二元论是否存在均不再关乎宏旨，偶然性不再是需要解决甚至理解的问题，它就是唯一。作为自身的动力，递归本身成了唯一的游戏，世界已经从根本上实现了内爆。但这恐怕不是事实，反而从马克思主义的角度，这一认识可能正是对根本事实的掩饰，体现出一种经典的意识形态效果。一言以蔽之，维利里奥与哈拉维关于技术认知的根本问题就是将技术的决定性推向极端，也正是这一技术决定论将两者与其他更多的后人类主义联结起来。后人类主义的或乐观或悲观的技术主义美学都不过是"一种偏颇的两种表征"。

　　首先，哈拉维的技术决定论所具有的意识形态性仍然体现了齐泽克说的"明知故犯"的意味。在拆解三种二元论边界的第二种时，哈拉维提到了"技术决定论"概念，为了申明自己与之不同，她再次将后结构主义和后现代主义引为同道，指出赛博格理论所可能遭到的技术决定论的指摘就像"后结构主义、后现代主义理论中事事'文本化'被马克思主义者和社会主义女权主义者指责，因为它的空想主义忽略了奠定任意解读'作用'的现有统治关系"[①]，而仅仅因为立足于对"西方"认识论背景下本体论的反拨，也即赛博格理论与其他后现代诸学一样是对西方形而上学传统的解构，它们便获得了某种理论上的政治合法性。哈拉维声明，如果认为其赛博格理论是技术决定论的就如同认为后结构主义体现为文本决定论一样偏颇，前者不是"技术决定论者通过'机器'来摧毁'人'"，正如后者也不是"通过'文本'来破坏'有意义的政治行动'"。[②]但后结构主义的文本决定论恰如哈拉维所举实例，往往成为被批判的对象，是许多理论纷争的缘由。何以

---

① [美]唐娜·哈拉维：《类人猿、赛博格和女人——自然的重塑》，陈静、吴文诚主译，河南大学出版社 2012 年版，第 210—211 页。

② [美]唐娜·哈拉维：《类人猿、赛博格和女人——自然的重塑》，陈静、吴文诚主译，河南大学出版社 2012 年版，第 211 页。

哈拉维的"赛博格神话"就可以通过其"循环论证"直接获得某种激进政治合法性的保证呢？其后，为进一步表明自己不同于"技术决定论"，她自称使用了"啰唆的说法"，以"科学和技术的社会关系"来"表明我们不是在和一种技术决定论打交道，而是在处理一种依赖于人们之间所建立关系的历史体系"。[①] 但"人们之间所建立关系"（原文应为人与人之间的结构性关系）[②] 同样是一个"啰唆的说法"，这一化简为繁暗示了哈拉维社会分析的"去阶级化"。当她将"人与人之间所建立关系"背后起决定性作用的经济关系（生产关系）抹杀后，其所谓非技术决定论的新说法不过是掩耳盗铃，故而她以"话又说回来"的方式接着说道："但是，这个说法也表明了科学和技术提供了新的力量源泉。"[③]

哈拉维的技术论美学在相当程度上体现为技术决定论，尤其当她更为狭隘地将历史变革归因于控制论，以通信技术（微电子技术）为奇点，"我声称，这些科学和技术向我们表明了世界结构的基本转变"[④]，这种新技术的决定论谬误与威廉斯在《电视》中所拆解的麦克

---

① [美] 唐娜·哈拉维:《类人猿、赛博格和女人——自然的重塑》，陈静、吴文诚主译，河南大学出版社 2012 年版，第 230 页。

② Donna Haraway, Simians, *Cyborgs and Women*, *The Reinvention of Nature*, New York: Routledge, 1991, p.165.

③ [美] 唐娜·哈拉维:《类人猿、赛博格和女人——自然的重塑》，陈静、吴文诚主译，河南大学出版社 2012 年版，第 230 页。

④ [美] 唐娜·哈拉维:《类人猿、赛博格和女人——自然的重塑》，陈静、吴文诚主译，河南大学出版社 2012 年版，第 229 页。

卢汉的盲视如出一辙。① 有趣的是，当哈拉维强调"从一个角度看，一个赛博格的世界是最后强加在这个星球上的控制网，是体现在以防御为名而发动的星球大战启示中最终的抽象概念，也是与最终把女性身体挪用到男权主义的战争狂欢中有关；从另一个角度看，一个赛博格的世界也许是现存的社会现实和身体现实，其中人们并不惧怕与动物和机器结合的亲属关系，也不怕永远只有半个身份和相互矛盾的观点"②。我们能从类似的表述中看到内生的"视差之见"，两个视角一个面向未来一个指认现在，一个强调危机一个描绘机遇，但这样的说法实际上是把整体话语化约为个体叙事，将空间区隔并粉饰为时间差异，抹去的是阶级差异（不平等）。归根到底，两种视角并不是从同一主体发出的，哈拉维去主体化的方法论使得其论述早已抛开了主体（间）性的逻辑效果。所以，当哈拉维说："政治斗争要同时从这两个角度出发，因为每个角度都揭露了从另一个有利位置上看不到的统治和可能。"③ 我们会发现这一看似"辩证"的说法实际仍基于其文化差异的方法论。而在具体的实践方面，哈拉维简单地将通信技术与生物技术

---

① Raymond Williams, *Television: Technology and Cultural Form*, London & New York: Routledge, 2004, pp. 129-132.

② [美]唐娜·哈拉维：《类人猿、赛博格和女人——自然的重塑》，陈静、吴文诚主译，河南大学出版社 2012 年版，第 213—214 页。

③ [美]唐娜·哈拉维：《类人猿、赛博格和女人——自然的重塑》，陈静、吴文诚主译，河南大学出版社 2012 年版，第 214 页。

视为再造身体的"决定性工具"便不在话下了。[①]

　　而对于维利里奥，他确实曾经指出"科学的事故是自反的，也就是说，它的表现是拒绝承认自己的整体缺陷。这种拒绝是'知识上的意外'，导致'技术狂'；一种傲慢的态度，打着宣传进步的旗号，接受令人愤慨的科学过度行为。"[②] 句子里的"自反"不是"自我反动"而是"反自我反动"，即它不是反思性的，不能为许煜所强调的有机主义的递归所解决；虽维利里奥始终执着于"事故的事故"，而它不能在技术和技术知识的发展中被解决。所以，凯尔纳认为维利里奥的技术决定论不是开放的，以其限定性而显得更为偏狭，比如一种"军事—技术决定论"。凯尔纳较为极端的评判也有其偏颇之处，但是他所做出的归因揭示了维利里奥无法实现批判效果的根由，"维利里奥没有正义理论，没有政治来反对、重建、再利用或改造技术，也没有反制力量来反对技术。他将他的技术政治建立在一个修辞批评和谴责的基础上，而不是从事一个研究和实施技术重建的项目……相反，他的政治基本上是保守的……"[③]

　　综上，维利里奥与哈拉维的技术论美学都在一定程度上体现出技术决定论偏颇，只是在各自的理论话语建构中有着不同的组织形式。

---

① 参见［美］唐娜·哈拉维《类人猿、赛博格和女人——自然的重塑》，陈静、吴文诚主译，河南大学出版社 2012 年版，第 228 页。

② John Armitage ed., *The Virilio Dictionary*, Edinburgh University Press, 2013, p, 25.

③ Douglas Kellner, "Virilio, War and Technology: Some Critical Reflections", *Theory, Culture & Society*, Vol.16, No.5-6 1999.

但将哈拉维和维利里奥均标记为某种技术决定论并不是最终目的，我们希望再向前推进一步。再次借用许煜的"自反性"或许可以使我们在一个新的综合中获得更多的理论价值。基于此，两人中相对"悲观"的维利里奥反而能够成为"希望的源泉"。简单来说，我们可以将维利里奥的技术悲观论及其作为整体的阐释内容视为一个"事故"，从而实现认识论的更新。尽管"事故本体论"以普遍和整体事故的形式否定了许煜"递归"式解决问题的可能性（当然也就不可能把有机论机器时代本身视为机会），但对维利里奥而言"事故是技术系统的一部分，它们暴露了技术的局限性，它们颠覆了技术的唯心论愿景"[1]。在其远非体系化的表述中，维利里奥有着向唯物主义技术观发展的潜能，其有所偏颇的否定或许是我们通向辩证综合的机会。在威廉斯的"文化唯物主义"范式的批判中，他也指出了技术决定论思想的一个根本上的来源，即"文化悲观主义"（cultural pessimism）[2]。它的一个重要层面指的是面对由资本主义所决定的文化看不到另类选择的可能，在这个意义上，哈拉维寄希望于赛博格的技术乐观主义正是文化悲观主义的一种表现形式，因为它通过投身异化而将异化问题合理化了。通过再阐释，维利里奥反而可能成为革命的乐观派。

---

[1] Douglas Kellner, "Virilio, War and Technology: Some Critical Reflections", *Theory, Culture & Society*,Vol.16, No.5-6 1999.

[2] Raymond Williams, *Politics of Modernism: Against the New Conformists*, New York & London: Verso Books, 1989, pp. 123-125.

面对威廉斯曾经对未来的担忧，[1] 伊格尔顿在《无乐观的希望》（*Hope without Optimism*）中重提希望的辩证法。当一种心态是乐观主义的，它"更多的时候是一种信念而非希望，基于一种认为事情往往会顺利进行的观点，而不是基于希望所涉及的对艰苦的承受"[2]。为什么相对于维利里奥，哈拉维更有可能转向她自己信仰的对立面？伊格尔顿对乐观主义的解释也提供了参考，因为"乐观主义是保守派，因为他们对美好未来的信念根植于他们对当下的基本稳健性的信任当中。事实上，乐观主义是统治阶级意识形态的典型组成部分"[3]。这里的"统治阶级意识形态"从伊格尔顿语境出发面向整个资本主义世界体系。简言之，哈拉维以变革为出发点，以构建新的激进理论为目标的理论话语也将因为对实质性变革的"悲观"而实际上体现为一种保守意识形态。以齐泽克的笑话来仿写，哈拉维写下的"赛博格神话"用的依然是资本主义的蓝墨水。

伊格尔顿在书中提到尼采曾经区分了两种类型的快乐："一种是，如古希腊人一样，由与可怕事物进行悲剧性的对抗所激发的快乐；另一种是浅薄的快乐，它以舍弃对不可挽回的认知为代价来换取

---

① Terry Eagleton, *Hope Without Optimism*, New Haven: Yale University Press, 2015, p. Xi.

② Terry Eagleton, *Hope without Optimism*, New Haven: Yale University Press, 2015, p. 1.

③ Terry Eagleton, *Hope without Optimism*, New Haven: Yale University Press, 2015, p. 4.

快感。"① 之后，本雅明继承并发扬了这种对乐观主义的批判，并积极阐发出悲观主义的革命价值，"本雅明顽强的怀疑主义是为人类福祉服务的。这是一种为了建设性行动而保持冷静且不故弄玄虚的企图。从另一方面来说，这种令人沮丧的愿景可能会使政治变革的可能性受到质疑。也许某种无能实属灾难。如果是这样的话，那么你的处境越糟糕就越难实现改变。但本雅明不这么看。对他来说，驳斥乐观主义是政治变革的必要条件"②。那么，当上文提到对于维利里奥来说，事故造成了中断，而最大的中断是死亡，通过这一个"极值"，维利里奥实际上有着阐发其"事故"理论积极的政治效果的能力。在一次回答采访时，维利里奥阐发了对死亡与政治意识的一种看法："如果我们有意识，那是因为我们是凡人。死亡和意识是结合在一起的，因此死亡的意识是意识的起源。这一点很重要。物质主义的整个发展，与工业、精确科学等混在一起，使我们忘记了我们是凡人。它倾向于使我们失去对我们作为凡人身份的意识。马克思的说法很有意思。'意识总是来得太晚'。"③ 而这里所说的意识便指向阶级意识，它是马克思主义所理解的一种根本上的革命动力，维利里奥的技术论美学在这种情况下应该也有机会被重整为"技术与阶级意识"。

① Terry Eagleton, *Hope without Optimism*, New Haven: Yale University Press, 2015, p. 5.
② Terry Eagleton, *Hope Without Optimism*, New Haven: Yale University Press, 2015, p. 6.
③ Paul Virilio, *Pure War*, trans. Mark Polizzotti, New York: Autonomedia, 2008, p. 134.

事实上，正是因为维利里奥"散文诗"式的表述常常存在不连贯与"自相矛盾"，所以一种"否定辩证法"意义上的单一否定性也并不是维利里奥的全部。比如，有时"他强调，他并不反对技术本身，而是反对目前不计后果的技术科学迷信主义的逻辑，这种逻辑推动了它们不加批判的发明、生产、分配和消费"[①]；有时，研究事故对于维利里奥来说是"为了从似乎意外发生的事情中看到某些事情的来临"[②]。这或许是维利里奥可与本雅明的历史哲学发生关联之所在。詹姆斯·德里安（James Der Derian）曾与维利里奥有一个关于波斯尼亚（Bosnia）的简短访谈，隐喻性的是访谈最终落实到了对先进技术的看法上。面对提问，维利里奥答道："我认为，信息圈，信息领域，将把自己强加给地球圈……有一种速度污染，将世界减少到无……它是破坏性的。"访谈者回应道："这是悲观的。"维利里奥立刻纠正："这是批判。批判是雅各布与天使的斗争。这不是消极的。我们绝不能放弃技术。我们必须在不否认它的情况下与它斗争。它就是天使。"[③] 只是毫无疑问的是，尽管此种局部话语可以使维利里奥逃脱一部分悲观主义的判断，却仍然不足以让他彻底脱离技术决定论的偏颇，如果还记

① John Armitage, *The Virilio Dictionary*, Edinburgh: Edinburgh University Press, 2013, p. 43.

② Patrick Crogan, "The Tendency, the Accident, and the Untimely: Paul Virilio's Engagement with the Future", *Theory, Culture & Society* Vol.16,No.5-6,1999,pp.161-176.

③ James Der Derian, *Virtuous War: Mapping the Military-industrial-media-entertainment-network*, New York & London: Routledge, 2009, p.69.

得我们在导论中的讨论，那么这就像本雅明及批判理论也同样无法逃脱某种程度的技术决定论的窠臼。①

伊格尔顿在反驳马特·里德利（Matt Ridley）的《理性乐观主义》（*The Rational Optimist*）时说道："总的来说，《理性乐观主义》忽视了这样一个事实，不时沉迷于那种粗糙的技术决定论会让任何自重的马克思主义者退缩。例如，把妇女的性解放直接归因于'节省劳动力的电机'。因此我们受到告诫，自由和人类福利与贸易和繁荣携手前进。贸易和繁荣也与奴隶制、血汗工厂、政治专制和殖民主义种族灭绝齐头并进，这一事实则被审慎地忽略了。"马克思一边热忱地赞颂现代性，一边不懈地批判现代性，正是因为他"不单单将其视为胜利与恐怖并存的故事，而且认为这两种叙事紧紧地交织在一起"。②

四、余论

现在我们可以回到前文所说的"后人类主义"的定义问题。在某种意义上，正如后殖民主义的主旨是反对欧洲中心主义（东方主义），后现代主义的核心是反对现代性中心主义，后人类主义的主要价值也就像学者们常说的是为了反对人类中心主义。但当作为手段的技术被

① 关于这一问题的一种马克思主义的解释可参见［英］特里·伊格尔顿《马克思主义与文学批评》，文宝译，人民文学出版社 1986 年版，第 80 页。

② Terry Eagleton, *Hope Without Optimism*, New Haven: Yale University Press, 2015, p.15.

提升到本体论高度，在某种程度上僭越了目的，也就将对人类中心主义的批判改造为了对人类的批判（去主体化），它也就并不能在解放论意义上为人类自身谋求希望。正是在此意义上，英格丽特·霍夫德（Ingrid Hoofd）扼要地阐明了维利里奥与哈拉维的区别，"对维利里奥来说，通过控制论技术对活着的人进行的恶性物化不是一种解放的形式，而是一种囚禁的形式"①。但如果说维利里奥是这样的一种"悲观主义"，那并不应被视为一种"反乌托邦"的叙事冲动，而是源自更为深刻和内化的悲剧体验，"作为一个所谓的'战争婴儿'，我已经被事故、灾难以及突然的变化和剧变深深地打上了烙印。我是闪电战的孩子，我是历史加速的孩子"②。这种悲观主义同样像是文学作品的"召唤结构"在呼唤解决之道，而哈拉维则相信技术本身正是解决之道。由此，维利里奥的偏颇与哈拉维虽然来自同一个方向，但前景却截然不同，维利里奥在思想局部甚至体现出了马克思主义现代性批判的某种相似性，"我的工作是对现代性的批判性分析，但通过对技术的感知，我可能会说，这在很大程度上是灾难性的"③。

---

① John Armitage, *The Virilio Dictionary*, Edinburgh: Edinburgh University Press, 2013, p. 88.

② John Armitage ed., *Virilio Live: Selected Interviews*, London: Sage, 2001, p. 16.

③ John Armitage ed., *Virilio Live: Selected Interviews*, London: Sage, 2001, p. 16. 但这也只是维利里奥思想一个可能的向度，维利里奥的技术批判的历史断裂性也有相当的后现代意味。除了通常在后人类意义上的解释之外，维利里奥对传统科学作为物质科学与后现代科学作为事故科学的区分体现了这一断裂性，See Paul Virilio, *The Lost Dimension*, trans. Daniel Moshenberg, New York: Semiotext（e）, 1991, pp. 47-48.

对于后人类主义而言，可能如鲁茨基（R. L. Rutsky）所说，伊万·卡勒斯（Ivan Callus）与斯蒂芬·赫布里奇特（Stephen Herbrechter）的《批判后现代主义或无技术的后人类主义构建》（*Critical Posthumanism or, the Inventio of a Posthumanism without Technology*）试图解决极端的技术决定论，而他们的办法是寻求对"技术"概念本身进行更新。[①]这种"批判"方式实际上无法跳脱出后人类主义的技术决定论模式，它就像第一部分的西方数字人文一样，仍是在技术决定论的理念之内进行自反，仍然无法给予马克思主义将技术与社会现实结合论证的空间。而不论是对于哈拉维还是海勒，技术已经彻底地改变了人类身份的构建。[②]

这个时候，齐泽克对"意识形态"主客体关系的颠倒再一次有力地解释了这一困境。意识形态在晚期资本主义时期的存在是以无意识表征的，它的表现方式不再是线性而直接的"不自知"，而是"明知故犯"式的（递归式的）"不自知"。换言之，两种受"技术拜物教"影响的理论形态仍然体现了对共产主义理想和社会主义实践的悲观，仍是"后革命氛围"的产物。从这个意义上说，马克思主义以其唯物辩证法表现了根本上的乐观，其遵循的是"前途是光明的，道路是曲折

① R. L. Rutsky, "Technologies", in *The Cambridge Companion to Literature and the Posthuman*, eds., Bruce Clarke and Manuela Rossini. Cambridge: Cambridge University Press, 2017, pp.182-195.
② 参见 [美] 凯瑟琳·海勒《我们何以成为后人类：文学、信息科学和控制论中的虚拟身体》"序言"，刘宇清译，北京大学出版社 2017 年版，第 6 页。

的"希望原理，也正因此，需要把对技术悲观论始终作为辩证的矛盾对象纳入批判与实践的通路之中。

后人类主义在一定程度上承继了后现代主义的文化主义，因此对技术的理解也往往停留在技术认知的表层。而唯物论与辩证法在马克思主义的唯物史观内辩证综合为实践论，其中最重要的中介仍是作为主体的人，将技术僭越了人，则在整体形式上难免为资本主义的异化所收编。正如大卫·哈维在《新自由主义简史》(*A Brief History of Neoliberalism*)中所说，宣扬技术作为决定性因素而实现的所谓自由掩盖的正是资本逻辑所构成的权力的不平等。[①] 所以，福山式的技术决定论"避开了对当代社会中'人'的形式进行社会面分析，这种分析将有助于'人的未来'的终结"[②]，而非有助于人的未来，后者承载于马克思主义所致力的全人类的解放事业，凭借的始终是"两位分别年届28岁和30岁的革命者在政治上非常不现实的乐观主义，已经被证明是《共产党宣言》的最持久的力量"[③]。

---

① 参见 [美] 大卫·哈维《新自由主义简史》，王钦译，上海译文出版社 2010 年版，第 77—80 页。

② Glenn Rikowski, "Alien Life: Marx and the Future of the Human", *Historical Materialism*, Vol. 11, No.2, 2003.

③ [英] 埃里克·霍布斯鲍姆：《如何改变世界：马克思和马克思主义的传奇》，吕增奎译，中央编译出版社 2017 年版，第 113 页。

第二节　哈拉维赛博格理论批判

当我们在影视中看到"在他的生物外壳之下是一个超合金的战斗骨架在支撑整个身体"[1]，在文学中读到"人的躯体被机械化改造，以完成太空开发"[2]，这些现实或非现实的形象都有一个共同的名字——赛博格（cyborg），它也是最具代表性的"后人类角色"或"后人类怪物"。赛博格是控制论有机体（cybernetic organism）的缩写，这一说法早已成为文化和社会理论的基础定义之一。但为免去福柯所说的"（对）生成的遗忘"，我们仍须从中理解其内涵的二重性：第一，赛博格是控制论思想的产物之一；第二，这仍是关乎有机体尤其是人的有机体的理论。所以，当赛博格表示人和机械或其他物的结合状态，它大多时候无法舍去人的基本属性。换言之，赛博格仍是人的非本质变化形态，这是该概念的前提，接下来才是它在不同视角，无论是现象学还是唯物论中的模样，正因如此，这一概念早先的中译还有生化人或机械人等。时至今日，"赛博格"作为一个文化和社会理论范畴几

---

[1] 罗佳璇：《欧美科幻电影中的"后人类"形象研究》，《四川戏剧》2021 年第 8 期。
[2] 吕超：《西方科幻小说中的机器人伦理》，《外国文学研究》2015 年第 1 期。

乎完全由哈拉维署名，这一点表现在诸多的"关键词"类型的书籍中，比如"赛博格，女性主义理论家唐娜·哈拉维的一个重要术语和概念"[1]。而在种种"导论"中，赛博格对于哈拉维而言不仅是其对后人类处境的判断，同时是其为新的政治主体尤其是性别政治主体寻找的希望。简言之，赛博格理论在很大程度上为哈拉维创造一种新的女性主义的（激进）理论提供了方法论缘起，而这种理论形态往往被学界纳入"后理论"的范围。由此，这一判断大体上具有三个层面的意涵。首先，哈拉维的赛博格理论在方法论上受后结构主义等后现代主义文化理论影响。正是在这个意义上，哈拉维与巴特勒等人所代表的某种新的女性主义理论被视为一种后结构主义的女性主义理论，"唐娜·哈拉维是后结构主义女权主义 STS 研究的代表人物。与巴特勒相比，唐娜·哈拉维的理论显得更为激进：彻底动摇科学知识的客观地位，以及'人之为人'的本质概念"[2]。其次，赛博格理论又从属于一种后马克思主义理论，而从这个角度来说，它往往又被称为"后马克思主义的女性主义"。尽管在有些学者看来，哈拉维对马克思主义始终持"若即若离"的暧昧态度，或她更倾向于超越而非继承马克思主义。[3] 最后，综合起来，赛博格理论整体上被视为一种"后女性主义"。由此，

---

[1] John Anthony Cuddon, *A Dictionary of Literary Terms and Literary Theory*, West Sussex: John Wiley & Sons, 2013, p. 182.

[2] 吴筱燕：《福柯与后结构主义女权主义》，《上海文化》2020 年第 4 期。

[3] 参见王平《走向后现代：后马克思主义女权主义的当代论域及其归宿》，《哲学动态》2012 年第 9 期。

这一特征又包含两方面的内涵。第一，它体现出鲜明的范式转向特点，第二，这一新范式并非在女性主义领域内自主生发，而是受到稍早的其他"后"理论的直接影响，即一方面，"后女性主义不能被理解成'女性主义之后'或者女性主义的终结，即女性主义的使命（如女性已经赢得充分的平等等）已经完成，它只是改变了女性主义的方向"；另一方面"它一般是指20世纪80年代以来在西方思想和学术界用后现代主义、后结构主义和后殖民主义等理论来重新认识女性主义的一个女性主义流派，其代表人物主要有朱迪思·巴特勒、唐娜·哈拉维、埃莱娜·西苏、佳·查·斯皮瓦克、琳达·尼克森、贝尔·胡克斯等人"①。

正是在这种判断中，哈拉维的赛博格想象作为一种后结构主义的女性主义文论首先具有某种意义上的反（非）马克思主义的理论倾向；其次，这一新女性主义文论仍然如上文所说受到技术决定论的支配。而至少从方法论层面而言，在全球资本主义语境中面对性别问题时，马克思主义远较赛博格理论对女性主义的发展有助益和某种决定性。为了深入理解这一理论形态在这两方面的问题，我们首先要回到哈拉维集中阐发赛博格理论的名篇《赛博格宣言》（以下简称《宣言》）之中。

---

① 戴雪红：《后女性主义对二元论的批判——身体的哲学剖析》，《妇女研究论丛》2008年第6期。

一、作为一种后马克思主义的女性主义理论

　　在文章标题的注释中，《宣言》有一个早期版本，题为《亲爱的赛博格作为女神：基因工程学的一种社会主义—女权主义颠覆》，简言之，这个新版本的女性主义是作为一种颠覆出现的。如果在《类人猿、赛博格和女人——自然的重塑》（*Simians，Cyborgs，and Women：The Reinvention of Nature*）一书上阅读这篇文章（《宣言》已入选不计其数的选集），在《宣言》之前是第七章《一部马克思主义辞典中的"性别"：一个词的性政治》（以下简称《性别》），作为《宣言》的"导言"，这一文本为我们理解哈拉维思路的后马克思主义实质提供了前提。篇章伊始，哈拉维指出这是一篇邀约之作，是为德文版的《马克思主义批评辞典》提供关于某些"新社会运动"的词条而撰写，而哈拉维所负责的是"性别"这一概念的阐发。然而在这个以马克思主义为核心主题的工程中，哈拉维为说明语言造成的"性别"概念的含混（德语与具有霸权地位的英语之间的差异），一个非常奇怪的声明甚至在阐释尚未展开时便出现了，她有些突兀地说道："这个辞典项目在将外国编纂者的词条翻译成德语的同时，建议为每个关键词给出德语、汉语（既要表意文字，也要拼音）、英语、法语、俄语和西班牙语的对应词。在这个清单中，马克思主义和帝国主义的混合历史似乎难以避

免。每个关键词都传承了这些历史。"^①这句不经意的表述实际暗含了哈拉维对马克思主义的一个根本认识，这留待后文予以说明。

呼应着这一认知，哈拉维在一开始就将"性别"概念在英、德、法、西四种语言中的能指排列出来，并从词源学的角度做出解释。而当她准确地指出了在概念史的发展过程中，"性别"因其所具有的"性的"以及"民族的"双重内蕴而造成的"性别"概念自身的历史与关于殖民、种族和性的压迫的现代历史纠缠不清时，她又这样说道："马克思主义阶级理论容纳种族压迫和性压迫的困难是并驾齐驱的。"^②由此，哈拉维从马克思主义经典作家入手，开始了对所谓马克思主义难以容纳女性问题的情况进行理论史梳理。然而哈拉维的解说往往缺乏足够的论述而直接将马克思主义理论史中经典的性别论述视为问题，并总结为"传统的马克思主义方法不会导致性别的一种政治概念，这有两个主要原因：第一，女性、和'种族'的人们一样，在马克思和恩格斯的基本写作中是不稳定地存在于自然和社会的边界上，以至于劳动力的自然性别分工的范畴削弱了他们的解释女性从属地位的努力，原因是一种不可检验的自然异性特征；第二，马克思和恩格斯将经济财产关系理论化为女性在婚姻中受压迫的原因，以至于女性的从属地位可以根据阶级的资本主义关系来检验，而不是根据某种男女之间的

---

① ［美］唐娜·哈拉维：《类人猿、赛博格和女人——自然的重塑》，陈静、吴文诚主译，河南大学出版社 2016 年版，第 265 页。本节对该译著的引用有部分改动。

② ［美］唐娜·哈拉维：《类人猿、赛博格和女人——自然的重塑》，陈静、吴文诚主译，河南大学出版社 2016 年版，第 272 页。

性政治"①。

对于恩格斯的《家庭、私有制和国家的起源》，哈拉维认为其中对女性从属地位的分析依凭于资本主义关系而非男女之间的性政治，或者说"不能从自然异性性征的基础上对性和性别进行历史化"②。对于《德意志意识形态》到《1844 年经济学哲学手稿》及至《资本论》第一卷的马克思历史唯物主义的不断深化和发展，哈拉维则认为，马克思和恩格斯始终无法"对性本身进行历史化"③，简言之，在马克思主义经典作家那里，女性并未以自然基础而形成的性政治被写入马克思和恩格斯的历史观之中，要言之，关于女性的问题是被关于生产的问题压制的。而如果说马克思主义经典作家的直接论述存在着上述问题，则受马克思和恩格斯的人种学而得以发生发展的"欧美马克思主义——女权主义者"则是"当前的问题"。这一脉络由"20 世纪 60 年代后的西方女权主义者"的变革开始至今，其中的问题也可一言以蔽之，"这一失败一部分在于没有对性和分析逻辑的历史认识论根源进行历史化和相对化"，所以显然，"它的局限与马克思和恩格斯相似，尽管有着令人敬佩的家庭历史化的项目，他们仍无法使自己脱离异性性

① [美] 唐娜·哈拉维：《类人猿、赛博格和女人——自然的重塑》，陈静、吴文诚主译，河南大学出版社 2016 年版，第 274—275 页。
② [美] 唐娜·哈拉维：《类人猿、赛博格和女人——自然的重塑》，陈静、吴文诚主译，河南大学出版社 2016 年版，第 275 页。
③ [美] 唐娜·哈拉维：《类人猿、赛博格和女人——自然的重塑》，陈静、吴文诚主译，河南大学出版社 2016 年版，第 276 页。

征中劳动力的自然性别分工"①。简言之，不论是马克思主义的经典作家还是受其影响的欧美女性主义的发展在哈拉维看来均无法在性征的自然层面寻求历史化与性政治，因此，哈拉维接下来的为《马克思主义批评辞典》撰写"性别"词条的工作，主要是指出马克思主义从马克思以降对性别问题的错误理解，而这一点在以往对哈拉维的解读中往往被轻易地忽略了。

所以，如果将哈拉维自己声称的对"一个忠诚于女权主义、社会主义、唯物主义的反讽式的政治神话"的建立视为哈拉维女性主义理论的建构部分，那么《性别》一文便是其"不破不立"中"破"的代表。一方面，哈拉维此后建立的赛博格理论便是与传统的马克思主义的女性理论针锋相对的反拨与"创新"；而另一方面，实际在《性别》中，哈拉维已然迫不及待地透露了她视为较前人高明的思想实质。在指出所谓的"性别身份的范式"的全部问题之后，在展开她所青睐的"性—性别系统"之前，哈拉维总结道："许多女权主义者（包括社会主义者和马克思主义—女权主义者）在自然/文化和性/性别的认识论二元框架中被建立起来。"②众所周知，对二元论及与之相关的决定论的批判都与 20 世纪后半叶中重要的理论话语——"反本质主义"思潮紧密相关，而后者又与具体的理论形态如"后结构主义"脱不了干

---

① [美] 唐娜·哈拉维：《类人猿、赛博格和女人——自然的重塑》，陈静、吴文诚主译，河南大学出版社 2016 年版，第 284—285 页。
② [美] 唐娜·哈拉维：《类人猿、赛博格和女人——自然的重塑》，陈静、吴文诚主译，河南大学出版社 2016 年版，第 285 页。

系。正因如此，从思想史的角度，在描绘鲁宾等人的新理论之前，哈拉维指出，"另一串关于性 / 性别的女权主义理论和政治经历了马克思和弗洛伊德的挪用，通过了拉康和列维·施特劳斯"[1]。不论哈拉维对这一总启之下的理论家的总括是否合理，这一总结本身就指向了后结构主义影响下的对马克思主义和心理学的理解，而至少对于前者而言，一种经过了后结构主义的马克思主义是否还是一种马克思主义是存疑的。我们需要通过哈拉维女性主义理论作为"后马克思主义"的特征来理解其非（反）马克思主义性质，因为后马克思主义往往是"打着马克思主义旗号的另一种形式的自由主义或民主社会主义，已经背离了马克思主义的基本原则"[2]。在某种程度上，哈拉维所理解的马克思主义是以背离甚至对抗马克思主义的形态出现的，而《宣言》则延续了这一基本立场。用《主体性——从弗洛伊德到哈拉维的自我理论》（*Subjectivity: Theories of The Self from Freud to Haraway*）的作者尼克·曼斯菲尔德（Nick Mansfield）的话来说，哈拉维《宣言》的核心目的"是挑战传统左翼对人类有机和本质主义模式的依赖"[3]。我们无意探究所有的后马克思主义的女性主义理论与马克思主义的关系，我

---

[1] [美] 唐娜·哈拉维：《类人猿、赛博格和女人——自然的重塑》，陈静、吴文诚主译，河南大学出版社 2016 年版，第 286 页。

[2] 王玉鹏：《论后马克思主义的主要理论主张及其内在矛盾》，《国外社会科学》2018 年第 5 期。

[3] Nick Mansfield, *Subjectivity: Theories of The Self from Freud to Haraway*, New South Wales: Allen & Unwin, 2000, p. 158.

们只是来看，以《性别》作为理解哈拉维的"赛博格"的前提，她的在认识论上反对二元框架，在方法论上受后结构主义影响的创造是不是其所说的对马克思主义的女性理论的更新，同时这一反决定论的新理论实际陷入了怎样的新的决定论陷阱。

二、作为一种"后理论"的《赛博格宣言》

哈拉维对赛博格的定义毫不含糊，她在《宣言》的最开始便说道："赛博格是一种控制生物体，一种机器和生物体的混合，一种社会现实的生物，也是一种科幻小说的人物。"[1] 在文化工业所营造的种种"后人类"奇观的洗礼后，我们现在已经对这种生物与机器结合的形象颇为熟悉了。而从这一总启式的表述中我们能够看到，如果仅仅将哈拉维思想中的赛博格理解为一种特殊的文学或影视文本中的形象（figure）是远远不够的，赛博格作为一种哲学概念在哈拉维这里具有本体论的意义。正因如此，赛博格作为一种新的女性主义理论又并非仅关乎女性主义，哈拉维明确写道："到 20 世纪晚期，我们的时代成为一种神话的时代，我们都是怪物凯米拉（chimera），都是理论化和编造的机器有机体的混合物；简单地说，我们就是赛博格。"[2] 简言之，

---

① [美] 唐娜·哈拉维：《类人猿、赛博格和女人——自然的重塑》，陈静、吴文诚主译，河南大学出版社 2016 年版，第 314 页。

② [美] 唐娜·哈拉维：《类人猿、赛博格和女人——自然的重塑》，陈静、吴文诚主译，河南大学出版社 2016 年版，第 316 页。

在哈拉维看来，对于后冷战时期的人类而言，赛博格具有了普遍性的修辞意味，"赛博格就是我们的本体论"，这里的"我们"当然不是抽象的人类，而是历史的、具体的。但是，一个基本的分野也由此而来，因为，对于后冷战时期西方文论对世界的"认知图绘"中仍然可区分出两个具有"后冷战"意味的"阵营"。比如，在利奥塔看来，后现代性决定了文化的杂多，而在詹姆逊的分析中，这不过是晚期资本主义的文化逻辑，哈拉维以作为"混合物"的赛博格"身体"为基础显然更倾向于前一种解释。稍后我们就会看到，哈拉维正是在一种后结构主义意义上使用"混合物"这一词语的。

而这个混合生物体的对抗姿态也就延续了后现代主义的目的论，即描摹或制造历史性的断裂以挣脱启蒙以来宏大叙事的传统，这些传统包括"在'西方'科学和政治的传统中——种族主义和男性主导的资本主义的传统；进步的传统；对大自然的挪用作为文化生产自愿的传统；来自于他人反映的自我繁殖的传统"[1]。对诸种传统的颠覆致力于将赛博格政治在一条远离"救赎的历史"的轨道之外寻找机会，而在这种分裂中，赛博格专注于以差异对抗西方中心论和历史主义，"赛博格坚决以偏心、讽刺、亲密和刚愎为己任"[2]。所以，实际上《宣言》可以被视为将《性别》的前提具象化了。如果说在《性别》中常常以

---

① [美] 唐娜·哈拉维：《类人猿、赛博格和女人——自然的重塑》，陈静、吴文诚主译，河南大学出版社 2016 年版，第 316 页。

② [美] 唐娜·哈拉维：《类人猿、赛博格和女人——自然的重塑》，陈静、吴文诚主译，河南大学出版社 2016 年版，第 318 页。

对辩证法的攻击为反对马克思主义的着眼点，那么赛博格则是一个试图以混合形象消解对立与矛盾的"反辩证法"装置，而哈拉维在为这一装置设计理论基础时，以三重"破裂"提供了反二元对立的背景，分别是人与动物之间边界的破坏，人及动物与机器之间的区分，以及身体与非身体的区分，其中第三种边界的分化又是第二种的"一个子集"。在这三重（实际上两重）边界的破裂中，哈拉维做出总结道："我的赛博格神话是有关边界的逾越、有力的融合和危险的可能性，革新主义者会探索这些可能，把它们作为必要政治工作的一部分。"①

　　对边界的破坏行为或者对边界破坏的认知意味着哈拉维希望打破的不只是视野的边界，而是二元论的认识论。有着长时段历史视野的哈拉维实际想说的是，那种自亚里士多德以来的"西方国家"中的"以有机的、等级的二元论排序的话语""已经被同类吃掉了"，哈拉维引用索芙莉丝的说法解释道：它们"已经被'技术—消化'了"。②具体而言，"通信技术"和"生物技术"便是对这种二元论历史进行"拆分和重组"的主要的消化方法。但哈拉维的拆分和重组甚至更为极端，"哈拉维的科学研究和理论建构中同样有着鲜明的福柯思想的痕迹：知识／真理、权力、主体，仍然是其理论研究的关键词。但是与巴特勒相比，哈拉维似乎走得更远，她将变动不居和不确定性视作积极的

---

① ［美］唐娜·哈拉维：《类人猿、赛博格和女人——自然的重塑》，陈静、吴文诚主译，河南大学出版社 2016 年版，第 325 页。
② ［美］唐娜·哈拉维：《类人猿、赛博格和女人——自然的重塑》，陈静、吴文诚主译，河南大学出版社 2016 年版，第 346 页。

力量"①。

哈拉维甚至为其论断与乌托邦式的描绘找到了某种现实层面的例证，这个例子便是她多次提及的"有色女性"的身份，哈拉维建议将这种身份"理解为一种赛博格的身份，一种强大的主观性"②。比如，哈拉维引用桑多瓦尔指出的一个具有少数族裔身份的美国女性处于"层层否定的身份的最底层"③。哈拉维认为桑多瓦尔的女性主义表达是"有力的"，是因为"有色女性"本身足以形成一个团结，而"并不复制先前的马克思主义和女权主义的帝国化和整体化的革命主题"④。哈拉维以"有色女性"来支撑其赛博格理论并非无心之举，如前文所说，相对于后结构主义，赛博格理论有一个更为直接的理论资源，即后殖民主义，而这种继承性又以一种非常特殊的方式呈现出来，即后殖民主义不完全是以一种理论依据出现，而更像是哈拉维为自己的女性主义寻找的"姐妹"。换言之，如果说赛博格理论是一种反讽，后殖民主义便是赛博格理论的比喻，是它的先行者和并肩者，而"有色女性"便是这种"理论情谊"的完美化身。对此，我们有必要对后殖民主义投出一瞥。

---

① 吴筱燕：《福柯与后结构主义女权主义》，《上海文化》2020 年第 4 期。
② [美] 唐娜·哈拉维：《类人猿、赛博格和女人——自然的重塑》，陈静、吴文诚主译，河南大学出版社 2016 年版，第 370 页。
③ [美] 唐娜·哈拉维：《类人猿、赛博格和女人——自然的重塑》，陈静、吴文诚主译，河南大学出版社 2016 年版，第 330 页。
④ [美] 唐娜·哈拉维：《类人猿、赛博格和女人——自然的重塑》，陈静、吴文诚主译，河南大学出版社 2016 年版，第 331 页。

从这一角度我们又回到了本体论的位置上，哈拉维经由后殖民主义的女性主义新思想实际上仍是对后结构主义在西方形而上学内部进行解构的实践。所不同的是，前者的跨领域意味着"东西"之别，而后者关乎"性别"。这一假借西方问题的东方化的理论形态（后结构主义的后殖民理论）而实现的男性中心主义问题的女性化理论形态（后结构主义的女性主义理论），在《宣言》中的下面这句话里表现得一览无余，哈拉维称"某些二元论一直在西方传统中延续"，并接着说道，"对于统治女性、有色人种、自然、工人、动物的逻辑和实践来说——简言之，对统治所有构成为他者的、任务是反映自我的人来说——它们都是系统化的。这些令人烦恼的二元论中重要的是：自我/他者、心智/身体、文化/自然、男性/女性、文明/原始、现实/表象、整体/部分、代理/资源、创造者/被造者、主动/被动、正确/错误、真相/假象、整体/局部、上帝/人类。自我不是被统治的一方，通过他者服务而知道这一点，而他者掌握未来的一方，通过统治经验而知道这一点，这证明了自我的自治是不真实的。要成为那个人是成为自治的人，成为强大的人，成为上帝；但是，成为那个人是一种假象，因而是和他者一起涉及在一种世界末日的辩证法中。然而，成为他者是变得多样的、无明显边界的、磨损的、非实质的。一个太少，而两个又太多"。①

---

① [美] 唐娜·哈拉维：《类人猿、赛博格和女人——自然的重塑》，陈静、吴文诚主译，河南大学出版社 2016 年版，第 376—377 页。

这种对二元论的批判早已为我们所熟知，它可以出现在任何一个"反本质主义"的理论话语中。如果熟悉后殖民理论，我们还能从其表述中看到更为复杂的内容。最后一句"一个太少，而两个又太多"的英文原文为"one is too few, but two are too many"，这一哈拉维有意独立出来的短语，实际上互文性地指向后殖民理论家霍米·巴巴对其重要概念"混杂性"（hybridity）的解释。巴巴在对被殖民地问题的后结构主义批判中，总结出了一种被称为"殖民双倍"（colonial doubling）的状况，并将之理解为"通过存在的隐喻过程实现价值的战略性位移"，这便是被称为"混杂性"的空间，既是分离出的空间又是分离发生的空间，它"小于一以及双倍"（less than one and double）①。对于巴巴来说，殖民主义所造成的压迫与被压迫的分离并不是直接对立的、本质的与界限清晰的，而是混杂的、暧昧的（ambiguous）与模棱两可的（ambivalent）。在这里，巴巴将混杂性发生的地带称为"小于一以及双倍"，指的是既没有绝对断裂的机会（双倍），又不具有调和或整全的可能。所以，再进一步，在这个修辞性的表述中隐藏的是巴巴始终致力于反对的辩证法的抽象核心，简言之，巴巴笔下后殖民领域的矛盾状况既无"反题"的机会，更无"合题"的可能。

这显然与哈拉维对性别二元论的批判如出一辙。在 1990 年所接受的一次采访中，哈拉维被问到了关于巴巴等人分裂主体（split

---

① Homi K Bhabha, *The Location of Culture*, London and New York: Routledge, 1994, p. 120.

subject）的批判意义，哈拉维认为对后者从种族角度出发的殖民话语
分析与从性别视角做出的女性主义批判不宜做操之过急的类比。[1] 但
实际上，巴巴从未仅仅停留于分裂主体的意象，反倒是以混杂性强调
边界的跨越，相较于哈拉维对边界的消除，巴巴更强调融合，但通过
上文可知，两种认识并没有本质上的区别。也是在这篇访谈中，哈
拉维谈及给自己带来很多麻烦的《宣言》时这样说道："这实际上是
一篇关于'既／又'、'是／又'、'不／但'等的论文。它是一个形象
（figure），也是一篇文章；是一种工作模式，也是一种声明。'据我所
知，这不仅仅是我的工作方式，这就是世界化（wordling）的运作方
式'。而这既／又——绝不是一种简单的方式；它不是加法——这种跨
越严重对立差异的相遇并不能归结为某种辩证的解决。"[2] 这个"某种
辩证的解决"便指向马克思主义的辩证法。事实上，对于哈拉维等后
结构主义女性主义理论家来说，西方社会的历史是男权（性）的历史
（His-tory），而作为西方形而上学内在旨趣的二元论模式便是这一历
史的思想形式，逻辑与社会现实的两部分紧密联结。而巴巴的后殖民
理论的起点在很大程度上则来自对第三世界的解殖理论家法侬的"解
构"，其核心议题便是对法侬思想中辩证法部分的摒弃，以及对所谓
"非辩证时刻"的宣扬，实现方式便是将二元论打破，并代之以"非二

[1] Constance Penley, Andrew Ross and Donna Haraway. "Cyborgs at Large: Interview with Donna Haraway", *Social Text*, Vol.25/26, 1990.

[2] Donna J. Haraway, *Manifestly Haraway*, Minnesota: University of Minnesota Press, 2016, p. 212.

元论"①。从这个角度，哈拉维的赛博格思想与巴巴的"混杂性"理论几乎是关于"后主体问题"的一体两面。

　　总之，无论是无意识地与后殖民主义者共享着后结构主义的理论资源与精神实质，或是直接表现为一种晚期资本主义的文化逻辑，哈拉维的"赛博格宣言"希望召唤的幽灵即使不是后结构主义本身也将矛头指向了包括马克思主义在内的启蒙思想。而问题在于，或许哈拉维相较于巴巴更为钟情马克思主义，并试图在某种程度上做出自己的更新，但在一个相同的问题上，她实际呼应和继承了后殖民主义的认识论实质，即对马克思主义总体性的批判理论的不信任，对唯物史观的宏大叙事的回绝。在面对二元对立而试图推行反本质主义的身份政治理论时，两人都对马克思主义产生了同样的曲解。马克思主义从来都不是一种本质主义思想，也从来都不支持僵化的二元论，但同时马克思主义也并不采用后结构主义式的"接合"与"混杂"的暧昧方式来消解本质主义二元论。马克思主义的方法是辩证法，而反对和排除这种辩证法则既是哈拉维和巴巴建立自己身份政治理论的基础，又是其非（反）马克思主义的实质。

　　此外，从哈拉维与后殖民理论家的惺惺相惜中，我们可以理解，一方面，在《性别》的开篇哈拉维为何毫无来由地将马克思主义与帝

---

① 参见［英］巴巴《纪念法农：自我、心理和殖民状况》，陈永国译，《外国文学》1999 年　第 1 期；Cedric Robinson, "The Appropriation of Frantz Fanon", *Race & Class*, Vol. 35, No. 1, 1993, pp. 79-91.

国主义的历史混同，事实上，这正是后殖民主义脉络中最重要的理论实践之一——对马克思主义的攻击。[①] 而应对这种持久的歪曲与攻击，马克思主义也从未放弃过对之毫不让步的还击。所以，深受后结构主义影响，又与后殖民理论相互辉映，哈拉维对马克思主义的认识中带有某些根深蒂固的偏见，除了重复德勒兹式的对辩证法的深恶痛绝，这实际仍是盎格鲁—撒克逊学界长久地将马克思思想简单地与启蒙思想混同的顽疾。另一方面，哈拉维与巴巴的"互文"也让我们理解了为何当哈拉维在否决经典马克思主义的性别认识时常常要将种族问题引为性别问题的同道，如上文所提到的"马克思主义阶级理论容纳种族压迫和性压迫的困难是并驾齐驱的"[②]。而这一点便引出了赛博格理论的另一个问题，即对阶级政治的僭越。哈拉维对二元论的非马克思主义或反马克思主义式的对抗实际是在现实政治中将性别问题与阶级问题颠倒甚至脱钩，那么，阶级政治的重要性真的能够被轻易地取消吗？

三、作为决定性关系的阶级

关于这一问题的讨论又可以取道后殖民理论，作为后殖民领域最

---

① 参见罗钢《资本逻辑与历史差异——关于后殖民主义与马克思主义的一些思考》，《外国文学评论》2002 年第 4 期；刘康《西方理论在中国的命运——詹姆逊与詹姆逊主义》，《文艺理论研究》2018 年第 1 期。

② [美] 唐娜·哈拉维：《类人猿、赛博格和女人——自然的重塑》，陈静、吴文诚主译，河南大学出版社 2016 年版，第 272 页。

重要的理论流派，庶民研究小组创始人古哈与查特吉在学派的发展中逐渐展现出对阶级分析的拒绝，对于小组的另外两位成员来说这一现象却反映着不同的理论史实质，查克拉巴蒂视之为庶民研究传统精神中的应有之义，[①] 萨卡尔则把这种"拒绝"看作有违初心的"抛弃"[②]。对萨卡尔来说，古哈和查特吉在"转型后"的理论实践中均将"差异"概念提升到了本体论的高度，不论是古哈否认资产阶级在殖民地的现实性，还是查特吉拒绝以阶级概念理解印度的农民，其核心目标正与查克拉巴蒂表面上的"经济学分析"殊途同归，主要是通过强调（文化）差异，否定马克思主义的生产方式理论在殖民地的合法性。而因为直接从政治甚至革命着眼，古哈和查特吉对马克思主义的抵抗也就从根本上体现为对"阶级"概念的拒绝。与哈拉维异曲同工的是，古哈与查特吉所代表的庶民研究小组的上述认识论断裂，正是斯皮瓦克所代表的后结构主义的后殖民理论的"入侵"所导致的转向。简言之，与哈拉维所中意的后结构主义范式下的新的女性主义一样，后结构主义所影响下的新的殖民主义（话语）研究同样将矛头对准了马克思主义，用阿吉兹·阿罕默德的说法，其核心仍在于以身份政治超越阶级政治。

---

① Dipesh Chakrabarty, *Habitations of Modernity: Essays in the Wake of Subaltern Studies*, Chicago: University of Chicago Press, 2002, p. 10.

② Sumit Sarkar. "The Decline of the Subaltern in Subaltern Studies", in David Ludden ed., *Reading Subaltern Studies: Critical History, Contested Meaning and the Globalization of South Asia*, London: Anthem Press, 2002, pp. 400-429.

　　但"阶级"概念毫无疑问是马克思主义的核心要素。为了说明马克思主义在文化理论分析中的基础性地位，即维护萨特的名言——"马克思主义是不可逾越的地平线"，詹姆逊将这一基础展开为对"三个同心圆"的划分。而关于其中的"第二个同心圆"即社会的视域，他指出在这一层面分析的组织范畴是社会阶级的范畴。换言之，在这里马克思主义的"地平线"的意义在于，"阶级关系的构成形式总是在统治阶级与劳动阶级之间，而只有依据这个轴心才能给阶级分支（如小资产阶级）或者次要或从属阶级（如农民阶级）定位"[①]。如果说庶民研究者在后殖民理论的影响下以社群和其他的集体形式代替对庶民（属下）群体阶级性的关注，并以此拒绝了马克思主义的阶级分析，那么哈拉维则是要求把性别的集合超越于阶级之上。但是，就像詹姆逊所说的，在马克思主义对集体问题的处理上，阶级意涵具有某种先在的决定性，正是"以这种方式给阶级下定义严格地把马克思的阶级模式与传统的社会学区分开来，后者把社会分成阶层、亚团体、职业中坚等，对每一个阶层都可进行独立的研究"[②]，这里的独立便意味着独立于阶级。

　　在《后现代主义的幻象》中伊格尔顿敏锐地指出，后现代主义产生了一个所谓"阶级—种族—性别"的三联物，所以顺理成章地产生

[①] ［美］弗雷德里克·詹姆逊：《政治无意识》，王逢振、陈永国译，中国人民大学出版社 2016 年版，第 61—62 页。

[②] ［美］弗雷德里克·詹姆逊：《政治无意识》，王逢振、陈永国译，中国人民大学出版社 2016 年版，第 62 页。

了"阶级主义"这样的怪东西。对伊格尔顿来说，这样的三联物暗示了一个表面上的同等关系。诚然，看起来似乎是有人因为性别，有人因为种族，而有人因为阶级受到压迫，"但这是一个极具误导性的表述"①。因为与性别和种族截然不同的是，阶级不是一个你拥有了某种"阶级"特征便被压迫的东西，"恰恰相反，马克思主义认为，属于一个社会阶级就是成为（to be）被压迫者或压迫者。在这个意义上，阶级是一个完全的社会范畴，而身为女性或拥有某种肤色则不是"②。在这里，伊格尔顿指出，一些关于身份政治的理论并非没有考虑阶级问题，但往往将阶级也降格为一种身份，表现为一种文化主义的思维方式。反过来说，马克思主义从未忽视和反对对身份政治的关注，但阶级的不平等具有根本意义上的决定性，因为它不仅是一种社会关系，更是一种生产关系。《宣言》中的下面这段话可视为对伊格尔顿批判的验证，哈拉维指出，"身份似乎是矛盾的、部分的和策略性的。性别、种族和阶级在社会和历史上的构造来之不易，它们并不能为'本质'团结中的信念提供基础"③。哈拉维很直白地将性别、种族和阶级统合为三联物，使之构成她试图拆解的身份问题的基本因素，又从根本上

---

① [英] 特里·伊格尔顿：《后现代主义的幻象》，华明译，商务印书馆 2000 年版，第 57 页。

② [英] 特里·伊格尔顿：《后现代主义的幻象》，华明译，商务印书馆 2000 年版，第 57 页。

③ [美] 唐娜·哈拉维：《类人猿、赛博格和女人——自然的重塑》，陈静、吴文诚主译，河南大学出版社 2016 年版，第 328 页。

拒绝了马克思主义唯物史观的现实基础。正是在这种混淆之中，哈拉维看重了桑多瓦尔对"有色女性"的推崇，因为这一主体"有机会建立一种有效的团结，并不复制先前的马克思主义和女权主义的帝国化和整体化的革命主题"①。

在不尽相同的角度和向度中，在对后殖民理论所遭受的后结构主义的影响的批判中，恰有学者通过后殖民语境说明了阶级与性别问题的辩证关系，我们从中选取一篇具有代表性的文学评论范本作为说明，它生动地描绘了阶级政治的某种决定性。

普里亚姆瓦达·戈帕尔（Priyamvada Gopal）在《拉希德·贾汉作品中的性、空间与现代性，"炙热的炭火女人"》（*Sex, Space, and Modernity in the Work of Rashid Jahan, "Angareywali"*）中的叙述围绕一个第三世界女性作家展开。作者指出，早在"拉什迪事件"的半个世纪之前，印度的一位穆斯林女性作家和医生拉希德·贾汉（Rashid Jahan）就因为某种罪名被强制撤销其发表的两篇小说。1932 年，当收有贾汉小说的文集出版之后，英国政府根据"印度刑法典"（Indian Penal Code）将其封禁，因为文集"有蓄意和恶意的企图"，企图"通过口头、书面文字或可见的再现侮辱女王陛下的各个阶层臣民的宗教感情"。② 因为贾汉作为一个女性却选择书写"性骚扰，节育，怀孕，流产和妇女

---

① [美] 唐娜·哈拉维：《类人猿、赛博格和女人——自然的重塑》，陈静、吴文诚主译，河南大学出版社 2016 年版，第 331 页。

② Crystal Bartolovich, Neil Lazarus and Timothy Brennan eds., *Marxism, Modernity and Postcolonial Studies*, Cambridge: Cambridge University Press, 2002, p.150.

的健康"①，故而她被视为文集所呈现的文化暴力的象征。文集乌尔都语名为"Angarey"（炙热的炭火），贾汉便被称为"炙热的炭火女人"（The "Angarey" Woman）。贾汉的另一个身份是医生，而且是印度和穆斯林双重身份中最早的一批女性医务工作者，戈帕尔指出这直接导致其反思这种"新女性"思想和其所身处的传统群体之间的关系。贾汉非常清楚的是，她们的工作必须既能够反抗殖民进程而又不故步自封于某种想象性的传统之中。而像后殖民主义以反殖民主义的口号否定理性和进步概念，在戈帕尔看来，实际上也就代表了一种后代表性政治（post-representational politics）。当时的女性思想者提供了对这种简化论的反例，她们在思考的实际上就是反殖民主义与现代性的关系。贾汉试图超越对女性身体的简单记录模式，而在殖民、现代、传统与国家机构之间的关系中对其进行讨论。比如在作品《那个人》（That One）中，作者描述了一名中产阶级职业女性——女校教师——在女校或诊所这类现代机构中与阶级意义上的"他者"女性遭遇的故事。作为小说中的叙述者，女校教师回忆自己最初是在医院里遇到了一位无脸（faceless）的女性。这一空间与学校一样都具有历史和意识形态的意义，而在殖民历史之前并不存在这样的现代化机构，因此两者的碰面就难以想象。"叙事者属于在外工作的职业性的中产阶级女性这个新兴阶级；而她的对话者则是一个无产阶级女性，对其劳动和性的公开

---

① Crystal Bartolovich, Neil Lazarus and Timothy Brennan eds., *Marxism, Modernity and Postcolonial Studies*, Cambridge: Cambridge University Press, 2002, p.150.

剥削的制度化由来已久"①，前者其时沉浸在浪漫思想之中，尚不了解苦痛，两者之间的隔断有如"人类的悲欢并不相通"。作者在叙事中使用类似言情小说的技巧，使得中产阶级女性的浪漫情怀更加饱满，以致对比更为尖锐。当两人第一次视线接触之时，前者跌入"现实世界"，她看到了那个"他者"女性没有鼻子，并且少了一只眼睛，从而造成一个生理乃至物理意义上的"他性"（otherness）。它是如此关键，不仅关乎女性之间同情和团结的机遇（以奇遇为机会），并且关乎这种机遇的失败，因为如果身体的共同性是女性团结的基础，那么在上述情况下相识和交流还是可能的吗？后来，女校教师从药剂师那里得知"没有脸"的女人是一名妓女并染有性病。如果说共同的生物学基础被中产阶级女性的视觉所拒斥，医生则干脆拒绝了对其人性的承认，"那个人是一个流氓、一个肮脏的妓女。她，那个人，正一点点烂掉"②，这里影射的是一个现代化的长时段历史的发生。在印度殖民地所宣扬的医院与医药的历史中，这些机构首先是关注下层阶级的，但后来努力的方向变成了积极争取中上层阶级的支持，"在这种情况下，《那个人》不仅叙述了中上层妇女进入这些公共机构的原因，而且还说明了这些空间及其以前的居民是如何因其自身而受改变和影响的。如果叙述者将'那个人'视为她迄今所躲避的现实的化身，那么，叙述

① Crystal Bartolovich, Neil Lazarus and Timothy Brennan eds., *Marxism, Modernity and Postcolonial Studies*, Cambridge: Cambridge University Press, 2002, p.153.
② Crystal Bartolovich, Neil Lazarus and Timothy Brennan eds., *Marxism, Modernity and Postcolonial Studies*, Cambridge: Cambridge University Press, 2002, p.154.

者的存在也确实是那个人的现实转变的一部分，而且不一定是有益的方式"。① 作为解放"属下"的现代化制度最终成了阶级冲突的场域，而基于女性身份团结的可能则被阶级差距褫夺，甚至故事的结尾，由这个他者所决定的现代化场所——学校里的清洁工将这个不受欢迎的妇女赶了出去，"当那个人擤鼻涕并把手指抹在墙上时，那个老清洁工 Naseeban，显然忘记了'在学校工作二十年所获得的良好教养'，用一块石板狠狠地打在她的后背上"②。

　　一方面，贾汉的叙述使人们反思，被机构和空间所标志并生产的民族与民族现代化对印度的底层民众究竟意味着什么。另一方面，贾汉在殖民语境下的叙述表现出对文体复杂性的重视，事实上将自己——作为殖民地的中产阶级女性——与属下女性进行对质，试图通过自我批评实现某种变革，既非对殖民者的简单回应，也非无视。戈帕尔批评的核心在于，当贾汉通过阶级身份在殖民环境中反思现代性问题，首先完成了对基于性别的集体意识的辩证理解，其次以性别和阶级对殖民或后殖民现代性及其制度性的问题进行反思。这类作品的价值尤其是在于指出像查特吉的所谓任何本土的社会变革都必然被纳

① Crystal Bartolovich, Neil Lazarus and Timothy Brennan eds., *Marxism, Modernity and Postcolonial Studies*, Cambridge: Cambridge University Press, 2002, p.153.

② Crystal Bartolovich, Neil Lazarus and Timothy Brennan eds., *Marxism, Modernity and Postcolonial Studies*, Cambridge: Cambridge University Press, 2002, p.156.

入殖民主义或民族主义进程的说法存在根本漏洞。[①] 简言之，女性应该也可能通过阶级辩证法形成集体意识，在这种复杂性中完成对斯皮瓦克的"属下能说话吗"难题的解决。戈帕尔总结道："在塔鲁（Tharu）和拉利塔（Lalita）提到的改革叙事中，将女性从隔离（seclusion）中带入公共空间被视为一种慈善行为，其着眼于被移动的客体，而不是空间与空间分割本身的对话性重构。相比之下，贾汉的作品反复提出了关于在新的空间和社群的结构中女性责任的问题，这是仍然极少被讨论的重要的女性主义主题。"[②]

事实上，伊格尔顿所说的奇怪的"阶级主义"恰恰是哈拉维所反复强调的东西。在后者看来，"民族""性别"和"阶级"的团结具有某种平等的基础，"我支持一种政治，它所立足的主张是关于阶级、种族和性别的本质的根本变革"，但问题可能在于，凭借混杂性而生成的综合性是和谐的"一种政治"吗？当曼斯菲尔德指出哈拉维的赛博格理论是"挑战传统左翼对有机和本质主义人性模式的依赖"时，暗示了马克思主义的某种反技术论倾向 [③]。这当然在一定程度上是对马克思主义的误解，如"导言"中所说，马克思主义的技术认知绝非僵化

---

① Crystal Bartolovich, Neil Lazarus and Timothy Brennan eds., *Marxism, Modernity and Postcolonial Studies*, Cambridge: Cambridge University Press, 2002, p.161.

② Crystal Bartolovich, Neil Lazarus and Timothy Brennan eds., *Marxism, Modernity and Postcolonial Studies*, Cambridge: Cambridge University Press, 2002, p.161.

③ Nick Mansfield, *Subjectivity: Theories of the Self from Freud to Haraway*, New York: NYU Press, 2000, p. 158.

的决定论，更不是某种卢德主义（ludditism），但曼斯菲尔德的分析至少说明了哈拉维自身的技术决定论，质言之，哈拉维缺乏对技术的批判甚至警觉。当资本主义霸权在全球范围内仍然具有相当程度的优势，试图以含混和模棱两可来予以解构是一厢情愿的。一个简单的道理摆在调用"机械人"的理论者面前，如果机械作为一种技术以及生产工具在马克思的思想中是造成人的异化的基本要素之一，如果劳动者本身已经如马克思所指出的那样异化成了工具，那么将工具与劳动者的物理性（同时是生物性）的融合视为解放的机会，其中虚幻的乌托邦色彩似乎并不比简单地破坏生产资料的愤怒的"卢德工人们"的想象更为实际。简言之，如果任何机器都是资本主义庞大工厂的一部分，那么附身其中本身能作为革命的基础吗？

　　另外，马克思主义的女性主义始终明确"妇女解放不可能在资本主义框架内实现，这是马克思主义女性主义的一个重要论断"①，这并不是延迟对女性利益的争取，而是对矛盾的主要方面的理解。这也不是像某些女性主义思想者所误解的那样将父权制的马克思主义作为压制女权运动的意识形态霸权。一方面，在某种意义上马克思主义反对一切不平等；另一方面，作为马克思主义现实实践的社会主义在历史上反映出对女性地位和利益长久而坚实地伸张和支持，而在世界历史的局部作为一种共产主义理想衰落后后现代诸学兴起的代表之一，哈

---

① 钟路：《21 世纪马克思主义女性主义的论域与展望》，《国外理论动态》2020 年第 6 期。

拉维将信心附身于赛博格，可能是另一种脱胎于"后革命氛围"的话语建构。

四、余论

事实上，在强调马克思主义作为"不可逾越的地平线"的《政治无意识》中，詹姆逊同样面对了种种不同的文化理论、批评方法与马克思主义之间的关系问题。一方面，詹姆逊指出正是凭借马克思主义的这一不可逾越性，我们可以"依靠其他阐释方法——伦理的、精神分析的、神话批评的、符号学的、结构的和神学的——衡量一种真正的马克思主义阐释行为的成果和力度"，在这种坚实的底线所带来的自信中，种种不同的批评方法只是"从语义的丰富性上论证马克思主义阐释框架的优越性"。① 另一方面，"马克思主义在这里被视为那条'不可逾越的地平线'，它容纳这些显然敌对或互不相容的批评操作，在它自身内部为它们规定了部分可信的区域合法性，因此既消解它们，同时又保存它们"②。

如果说马克思主义需要保存的是赛博格理论在后人类语境中的洞察力，以及基于这些洞察力的新的描绘与阐释工具，那么马克思主义

---

① [美]弗雷德里克·詹姆逊：《政治无意识》"前言"，王逢振、陈永国译，中国人民大学出版社 2016 年版，第 2 页。
② [美]弗雷德里克·詹姆逊：《政治无意识》"前言"，王逢振、陈永国译，中国人民大学出版社 2016 年版，第 2 页。

需要消解的便是哈拉维的认识中反对马克思主义的部分，尤其是技术决定论的迷思，以及试图凭借这些认识重建女性主义的内容。当哈拉维一边强调对马克思主义的继承，一边抛开无产阶级不顾转而寻求某种全新的革命主体；当她畅言相对于《共产党宣言》呼唤世界工人大团结，她更倾向于宣称世界赛博格联合起来的时候，[1] 她距离马克思主义生产方式理论的根基已经太远了。颇为讽刺的一点是，如果说赛博格想象的初衷是为了超越各种身份二元论，尤其是超越传统的性别二元论，但在女性主义的后续发展中，这个概念本身却被固化下来，成了一种具有新的本质主义色彩的身份，一种"女性赛博格"[2]。

齐泽克曾以美国动漫形象"变形金刚"为例解释德勒兹的意识形态内涵，"一辆汽车或飞机可以被变形成一个人形机器人，一个动物可以被变形为一个人或机器人"。相较于哈拉维所设想的人机复合体，其中除了空间性的接合外同时增加了历时性的发展环节，齐泽克反问道："这难道不德勒兹吗？"当然，因为它关乎"非人化"的生成，并且以"连续变化的流"出现。但问题在于当机器和生命有机体的界限彻底模糊，德勒兹所关心的可能是一种以消解自我为形式的实践，实现的是对"自我控制和掌管"的放逐。关于这一困境，齐泽克借他人之口说道，"造成它的事实根源在于，今天资本主义已经克服了总体化的常

---

① Nicholas Gane, "When We Have Never Been Human, What Is to Be Done?", Interview with Donna Haraway, *Theory, Culture and Society*, Vol. 23, 2006, pp.7-8.

② Sarah Gamble ed., *The Routledge Companion to Feminism and Postfeminism*, London: Routledge, 2006, p. 73.

态逻辑，接受了不稳定的过量逻辑"①。正是在这个意义上，齐泽克将德勒兹视为晚期资本主义文化逻辑的代表，哈拉维的赛博格理论同样如是。

---

① [斯洛文尼亚] 斯拉沃热·齐泽克：《无身体的器官——论德勒兹及其推论》，吴静译，南京大学出版社 2019 年版，第 337 页。

第三节 "物流艺术"的批评基础

在詹姆逊所阐发的马克思主义对新的文论形态既消解又保存的意义上，维利里奥的技术主义文论同样在盲视外提供了洞见。维利里奥经由梅洛-庞蒂而自创的"知觉后勤学"（logistics of perception）概念唤醒并凸显了作为军事领域组织科学的后勤学的重要性，并阐发出具有历史意蕴的新的理论价值。我国学者已对其内涵有过一定的分析，而对这一以后勤学为扬弃对象所实现的"物流艺术"批评的理论脉络仍鲜有触及，一方面，维利里奥技术论美学中某种"军事—技术决定论"的问题使其在理论上存在时空与批判力的局限性；另一方面，也正是这种局限使其无法成为在"晚期资本主义"中作为现实主义美学的继承者。而后者则是詹姆逊"认知图绘"理论装置的价值所在，也是在美学意义上从"后勤学"通达"物流学"的基础。

一、从"后勤学"到"物流学"

"后勤"概念在维利里奥的技术论美学中具有重要位置，但并不是其思想的本质或重心，尽管有学者试图以这一概念为基准做出阐释，如本雅明·布拉顿（Benjamin H. Bratton）称"维利里奥的现代性是关于后勤方面的"[1]。但"后勤"概念作为一种理解维利里奥理论的"元理论"装置则可以将其话语建构的许多重要方面乃至散落者统一起来，由此，通过不同关键词及其所从属理论维度来逼近维利里奥"理论工具箱"中的"后勤学"是较为便捷的路径，这几个关键词分别是军事、空间、速度、视觉。

首先是军事。探讨维利里奥的思想往往有几个不同的起点，如视觉文化理论、加速主义或后人类理论，军事往往被视为维利里奥思想中一个特定的理论场域而非主题，但事实可能并非如此。而如果要理解维利里奥思想的问题域及"潜在问题"，至少要理解"后勤学"，从其所关联的"军事"概念出发能有事半功倍的效果。速度诚然是维利里奥技术美学的主导概念之一，但他并非将其速度哲学作为某种操演性理论附着于军事层面。在多种角度上，军事反而应被视作打开或构建这一哲学的基础。当维利里奥将大众传播领域的视觉文化发展视为一种文化研究意义上的"闪电战"，他对速度的理解便由一个根本性的军事"案例"所提供，那同时是他作为"二战"亲历者的重要文化记忆[2]。从拉康的意义上，这是世界历史的"真实时刻"对他这样一个

---

[1] Paul Virilio. *Speed and Politics*，trans. Mark Polizzotti, Los Angeles: Semiotext（e），2006, p. 7.

[2] John Armitage ed.，*Virilio and Visual Culture*，Edinburgh：Edinburgh University Press, 2013, pp. 10-11.

"战争婴儿"埋下的无意识。[①] 正是无意识的浩瀚决定了其思想中军事
问题的深刻，与卡尔·波兰尼（Karl Polanyi）认为的资本主义与社会
的倒置不同，维利里奥把军事看成当今生活的根本真相，"根据他的
中心论点，整个社会的军事化，尤其是媒体的军事化，产生了一种传
播的加速，要求我们适应迅速缩小的技术时间尺度"[②]。在这句对维利
里奥军事本体论的阐发中，我们也能识别军事与速度的相对权重。而
"知觉后勤学"则是他对"二战"后整体趋势的一般性把握，在由技
术变革所造成的对"接触战"的超越与抽象中，战争形态朝着"纯粹
战争"（pure war）的方向发展。这一思想的代表性著作《战争与电影：
知觉的后勤学》所阐释的知觉方面的第一个具象化（如果不是人格化）
止是武器[③]，而"视觉机器"也被视作"武器"的拟像[④]，以至于"战争
即电影，电影即战争"[⑤]。

战争体现了空间的重要性。维利里奥引用弗里德里希·拉采尔

① John Armitage ed., *Virilio and Visual Culture*, Edinburgh, Edinburgh University Press, 2013, p. 12.
② John Armitage ed., *Paul Virilio: From Modernism to Hypermodernism and Beyond*, London: SAGE. 2000, p. 128.
③ [法] 保罗·维利里奥：《战争与电影：知觉的后勤学》，孟晖译，南京大学出版社2011年版，第3页。
④ 维利里奥的研究专家阿米蒂奇认为维利里奥自己的替代（substitution）概念就具有与鲍德里亚拟像相类似的内涵。参见 John Armitage ed., *Paul Virilio: From Modernism to Hypermodernism and Beyond*, London: SAGE. 2000, p. 9。
⑤ [法] 保罗·维利里奥：《战争与电影：知觉的后勤学》，孟晖译，南京大学出版社2011年版，第65页。

（Friedrich Ratzel）指出的"战争就是把自己的边界扩大到对方的领土上"[1]，又通过拿破仑强调的"战争能力就是运动能力"[2]，认为在某种意义上可以将后勤学视为军事领域的空间组织学，这是第二个关键词"空间"的切入点。理论史上的"空间转向"使得 20 世纪某一时期（之后）的文艺理论将空间视为重要的阐发对象乃至本体论基础，那么维利里奥的相对特异性在于强调空间与时间的综合性。如上所述，在军事上空间自身是可移动的，比如苏伊士运河的贯通是对"世界地图"的重新绘制，为西方军事向东方进行"战争输送"开辟了新道路，因此它是"全球战略推演网格中的一个重要的加速点"[3]。作为空间的时间性变化，故事不仅最终关乎速度，而且关乎速度的改变，所以维利里奥尤其关注"加速度"相对于"速度"的重要性，因为前者更加关涉"权力关系"。

速度是理解维利里奥"后勤学"的第三个方面，也是我们通常视为维利里奥后人类主义的核心之一。当"全地形装甲车"的设想被提出时，法军情绪高昂，因为"速度是西方的希望。正是速度支撑着军

---

① Paul Virilio, *Speed and Politics*, trans. Mark Polizzotti, Los Angeles: Semiotext（e），2006, p. 48.

② Paul Virilio, *Speed and Politics*, trans. Mark Polizzotti, Los Angeles: Semiotext（e），2006, p. 47.

③ Paul Virilio, *Speed and Politics*, trans. Mark Polizzotti, Los Angeles: Semiotext（e），2006, p. 74.

队的士气"①。而这里速度的体现在于空间阻隔的消失,一方面速度克服了空间,因为"全地形"实际上意味着"无地形";另一方面空间支撑了速度,因为空间的开放与扩展是速度存在的意义。何时涉及时间呢?当"空间不足时,消耗战蔓延到时间之中。持续的时间意味着存活期"②。当维利里奥试图提高速度的本体论地位时,他宣称"除了财富的政治经济学,还必须有速度的政治经济学"③。但即便维利里奥提到了政治经济学,他也无意做一种马克思主义意义上的政治经济学批判,他对速度的讨论与生产方面的连接仍是表象上的。此外,仍是军事为速度提供了理解力,"我们不得不面对事实:今天,速度就是战争,是最终的战争"④。

在绝对的速度(光速)⑤面前,位置与位置的真实移动都不再关乎宏旨,"一场根本的颠倒"发生在物理位移与传输的运动概念之间⑥。

---

① Paul Virilio, *Speed and Politics*, trans. Mark Polizzotti, Los Angeles: Semiotext（e）, 2006, pp. 77-78.

② Paul Virilio, *Speed and Politics*, trans. Mark Polizzotti, Los Angeles: Semiotext（e）, 2006, p. 78.

③ See John Armitage ed., *Paul Virilio: From Modernism to Hypermodernism and Beyond*, London: SAGE. 2000, p. 5.

④ Paul Virilio, *Speed and Politics*, trans. Mark Polizzotti, Los Angeles: Semiotext（e）, 2006, p. 155.

⑤ 索卡尔指出,维利里奥对光速等物理学概念的理解是成问题的。See Alan Sokal and Jean Bricmont, *Fashionable Nonsense, Postmodern Intellectuals' Abuse of Science*, New York: Picador, 1997, pp.172-175.

⑥ 参见［法］保罗·维利里奥《解放的速度》,陆元昶译,江苏人民出版社 2004 年版,第 21 页。

而光速所实现的即时传输革命造成了一种"普遍化了的到达"，在这种状况中，"一切到达的事物并不需要出发"①，世界空间也就成了一个"全世界都远程在场的社会"②，对应着我们日益熟悉的视频联络方式，一种"远程在场"艺术得到新的理解与批评。交通工具的使用是对外部空间的打开，同时是对主体空间的延展，维利里奥将"技术载具"（technical vehicle）与外科假肢（surgical prosthesis）的比拟同样是其思想被理解为一种后人类理论的最重要的标志物，③正是技术的发展使得速度在光的即时性面前得以释放全部理论潜能。视觉机器将战争、空间、速度连接了起来，后勤学也得以迎来其最终的形式与意义——后人类的意义。

维利里奥对"后勤学"的阐发便实际是倒叙发展的，其想象性的最终形态保证了理论的完整性，因此其"一般后勤学"的论述实质上都根基于"知觉后勤学"。在大部分时候，知觉是其后勤学得以生成乃至运行的源动力，这一知觉的现实形式是无主体的视觉，其中的"无主体"得以通向"后人类"。对于维利里奥而言，现时代的战争就是

---

① [法] 保罗·维利里奥：《解放的速度》，陆元昶译，江苏人民出版社 2004 年版，第 22 页。

② [法] 保罗·维利里奥：《解放的速度》，陆元昶译，江苏人民出版社 2004 年版，第 35 页。

③ Paul Virilio, *Speed and Politics*, trans. Mark Polizzotti, Los Angeles: Semiotext (e), 2006, p. 83.

"图像的战争"（a war of images），"没有图像就无法想象战争"① 仍与某种技术决定论主导的历史主义有关。维利里奥认为"十九世纪末以来，交通革命决定性地改变了人们对时间与空间的观念"②。而当这种交通的变化由"电传视讯"所承载，物理距离的时空感将被彻底取代。简言之，"视觉机器"是使"不用目光就能获得一种视觉的可能"变为现实，③ 这是其"视觉"的部分，而它作为一种"替代我们进行观看和预见"的工具，④ 则是其"机器"的部分。这时，视觉机器作为一种外科手段一跃成为最重要的战略武器，从望远镜"将一个我们视力所不能及的世界的图像投射过来"开始，我们在当下已能够从更多的新的科技上理解这种视觉假肢的不断飞跃，而不论存在何种飞跃，"知觉的后勤学并启了一种我们的目光所不熟悉的移情，创造出一种远和近的相互混淆"。⑤

综上，尽管历经了时空的交错、速度与加速度的交替，维利里奥理论化后勤学的基础仍是"技术"。在以技术与速度相融合的概

① John Armitage ed., *Paul Virilio: From Modernism to Hypermodernism and Beyond*, London: SAGE. 2000, p. 46.
② ［法］保罗·维利里奥：《消失的美学》，杨凯麟译，河南大学出版社2018年版，第2页。
③ ［法］保罗·维利里奥：《视觉机器》，张新木、魏舒译，南京大学出版社2014年版，第117页。
④ ［法］保罗·维利里奥：《视觉机器》，张新木、魏舒译，南京大学出版社2014年版，第121页。
⑤ ［法］保罗·维利里奥：《视觉机器》，张新木、魏舒译，南京大学出版社2014年版，第11页。

念辨析中，维利里奥也生产出了他最重要的理论概念"竞速学"（dromology）。竞速学自身的发展也是"人类世"意义上的，具体被划分为五个阶段，其中第五个阶段发展为"历史的终结"，也就体现了"知觉后勤学"的终结意义。而眼下则是传媒作为技术假肢的阶段，与许多媒介理论家一样，维利里奥指出"美式大众文化"在全球扩张的效率，这一效率便是"后勤"的效率。我们已经能看到，当穿越空间的交通工具成为几乎可以无视空间的电子信息，速度上达到光速（光缆），维利里奥对军事组织理论的"后勤学"已经暗含（暗含但未显露）了一种全球性的"物流学"。通过上文可以看出，这一"遮蔽"的原理一方面在于维利里奥的"知觉后勤学"仍然是其"军事本体论"的组成部分，它不仅在尺度上，关键在"问题域"上与总体性理论相去甚远；[1]另一方面，在于维利里奥的"后勤学"理论与其他的"后理论"有相似之处，对权力结构的拆解方式缺乏甚至拒绝政治经济学批判。但如果失去了历史唯物主义的现实性，维利里奥理论的"后人类"效果仍然难逃资本主义的收编。另一位重要的空间理论研究者大卫·哈维在对维利里奥"时空压缩"的认知中指出，后者不过是"试图通过建构一种能够反映并希望支配它们的语言和意象而骑上时空压缩的老虎"[2]。在这种"与

---

① 对维利里奥的战争（技术）本体论的批判可参见 Douglas Kellner," Virilio, War and Technology: Some Critical Reflections", *Theory, Culture & Society*,Vol.16,No.5-6, 1999。

② [美] 戴维·哈维：《后现代的状况：对文化变迁之缘起的探究》，阎嘉译，商务印书馆 2003 年版，第 435 页。

虎谋皮"的"文化主义"腔调面前，哈维辛辣地将维利里奥与鲍德里亚都归为"狂乱的作品"[1]，如果不将政治经济学事实暴露出来，仅迷思于科学技术话语分析的表面，很难避免在形式上造成"自我的他者化"。

仅从更具物象而非视像的空间维度来看，维利里奥对后勤领域的分析具有重要的艺术理论价值，而其上述"缺陷"则可以由更具马克思主义色彩的理论所修正和更新。其中重要的理论资源来自世界体系理论，沃勒斯坦在其所揭示的 50 年为周期的长时段的资本主义危机中，将虚假的生产过剩的问题与其暂时性的解决的空间基础均置于"商品链"[2]之上，所谓的"生产过剩"不过是资本家对在商品链中寻找更为有利可图的节点所造成的"投资比例失调"。为了让系统从失衡中恢复过来，唯一的办法是系统的重整，而正是这个操作遗患无穷，它反而使得某些业务在本就"拥堵"的环节进一步集中。更重要的是，系统的危机不只是资本家的危机，而是关乎生产关系的所有方面，这样的转变又将造成实质上的空间变化，比如地区间的产业转移。[3] 凭

---

① [美] 戴维·哈维：《后现代的状况：对文化变迁之缘起的探究》，阎嘉译，商务印书馆 2003 年版，第 435—436 页。

② 商品链概念及其分析出自沃勒斯坦，"霍普金斯和我发明了'商品链'这一术语，以强调资本主义的一个基本过程：它涉及相互关联的生产过程，这些生产过程始终跨越多个边界，并始终包含多种控制劳动力的模式。此外，我们认为，对这些链的仔细研究将表明剩余价值如何以及为什么在其占有者之间分配，从而解释"不平等交换"制度在实践中如何运作。"参见 Immanuel Wallerstein, *The Essential Wallerstein*, New York: New Press, 2000, p.221。

③ Immanuel Wallerstein, *Historical Capitalism with Capitalist Civilization*, London & New York: Verso, 2003, pp. 34-35.

借这一理论，通过更为体系性的政治经济学的去自然化，后勤在其更新了的翻译"物流"（logistics）的意义上与全球资本主义联系起来。

所以，对维利里奥的后勤学的扬弃将是马克思主义美学的"物流批评"的起点，这当然既不是说维利里奥的技术论美学缺乏对市民社会及资本全球化的瞩目，也不是说其视觉文化理论持有某种形而上学的保守旨趣（尽管其中的宗教因素值得深究），甚至维利里奥的城市规划与全球视野在这两方面都具有相当重要的方法论开拓。对着维利里奥谈只是因为，第一，他的艺术批评显然不是马克思主义现实主义意义上的；第二，他缺乏对政治经济学的理解；第三，如上文所论述的，他对技术偶然性与"事故"的关切实际造成一种僵化的悲观论调，并且加固了技术决定论的窠臼。事实上，从艺术批评视角对维利里奥"后勤学"的某种马克思主义再造已由一些学者做出初步阐发，我们现在将目光转向他们。

二、从物流学到物流艺术

重整维利里奥的后勤学，将之理解为"物流学"并以此作为"物流艺术"的评价机制并不是说维利里奥缺失了艺术批评的环节，他在诸多场合均强调过自己的艺术批评者身份（但将自己称为技术的艺术评论家或许是另一码事）。[1] 通过上文的解读，经由维利里奥的"物流艺术"的阐发主要是为了扬弃其"军事—技术本体论"的理论基石。当维利里奥将战争视为一切，后勤也就由此获得了某种普遍性乃至决定性，"纯粹的战争趋势将最终导致军事与非军事领域的完全融合，并且后勤在社会秩序中完全凌驾于所有其他考虑因素（经济、社会、政治、道德）之上"[2]。而一种更为马克思主义的物流艺术的批评则应根基于生产方式理论，在这个意义上它延续的是列宁和毛泽东等人所不断丰富的"战争是政治的延伸"的论点，这就要求在"归根到底"的意义上将政治经济学视为批评的基础和对象，而这种"物流艺术"的批评范式已在托斯卡诺和金科的《"绝对"的制图学：图绘资本主义》（*Cartographies of the Absolute*）中显露端倪。

作者们首先将目光聚焦于玛莎·罗斯勒（Martha Rosler）的摄影项目《美丽的身体，或美人不知痛苦》（*Body Beautiful or Beauty Knows No Pain*），这是一组照片蒙太奇（photomontage），其中女性形象与家用电器等商品混杂。比如，其中一幅名为《货物崇拜》（*Cargo Cult*），画面上的每个货运集装箱都由外立面上的照片装饰获得了差异性。那些照片都是女性面部特写的呈现，而人物动作均为化装，当这样的商业化性表征在集运码头组装，一个隐喻组合及其所从属的时间序列便

---

① John Armitage ed., *Paul Virilio: From Modernism to Hypermodernism and Beyond*, London: SAGE. 2000, p. 34.

② John Armitage ed., *Paul Virilio: From Modernism to Hypermodernism and Beyond*, London: SAGE. 2000, p. 173.

延展开来，这首先是对性别物化的资本逻辑的普遍化，而又以流通的
形态联结了资本生产的全球尺度。集装箱是现代国际（海洋）贸易的
关键词，而后者是资本主义世界体系在流通领域的具象化。其次，作
者们提到了罗斯勒同一时期的另一个项目《将战争带回家，美丽的家》
（*Bringing the War Home: House Beautiful*），这里的蒙太奇技巧是将美
军在越南战场的人像与物象与美国本土中产阶级家庭的样貌相混合，
其背后的政治性比表象中的更加显著，因为该文本创作之时"越战"
尚未终结。不过，一种与马克思主义政治经济学批判相关联的女性主
义仅仅能代表罗斯勒作品的一个向度，要紧处在于"货物崇拜"这一
概念本身。阿君·阿帕杜莱认为在商品流通中所造成的人与人之间的
"制度性分离"（stitutionalized divorce）造就了有关"专业性"的神话，
它包括三种变体，即"商人与投机者生产的神话"、消费者或潜在消费
者生产的神话，以及生产过程中工人生产的神话，其中第二类人群的
神话便以来自"大洋洲"的"货物崇拜"为代表。[1]

　　"货物崇拜"又译为"船货崇拜"，曾经主要作为一个人类学范畴
而被研究，它指向被殖民主体对西方殖民者所携带的"货物"的迷思，
一方面，他们认为这些货物属于自己的祖先，而"白人"只是完成送
达的任务；另一方面，当他们迎接这些货物时所进行的某种仪式又是

---

[1] Arjun Appadurai, ed., *The Social Life of Things: Commodities in Cultural Perspective*,
Cambridge: Cambridge University Press, 1988, p.48.

对白人行为的模仿。① 人类学学者认为，"早期殖民地太平洋社会中出现的货物崇拜与这种新环境下生产关系的转变有关：当地人无力购买他们想要的新欧洲商品，通过传教士产生的新的神学和宇宙体系，以及由此产生的对土著仪式形式的矛盾心理（ambivalence）"②。这种矛盾心理再次呼应了霍米·巴巴的具有相同能指的概念。在托斯卡诺与金科的表述中，这一矛盾显得更为吊诡，被殖民者通过原始方式模仿殖民者（比如建造木质机场和木质飞机），为的是试图获得在他们心目中本属于他们的"货物"，并无意识地安抚内心中殖民主义与资本主义所造成的双重创伤。这一吊诡的矛盾性如此剧烈，其辩证法效果也就直接将看似荒诞的"货物崇拜"反身带入肇始的殖民者身上。简言之，本土居民作为应激性的非理性与理性的辩证法正对应着殖民者自身理性与非理性的辩证法，这一"盲目行为"的反照暴露了殖民者自身的野蛮和盲目，且他们自己"也从来没有见过它们（货物）是如何被'生产'出来的"③。

在全球资本主义时代，资本逻辑的不可见性作为一种意识形态表征达到了最高等级。人的全方位的"失位感"正是詹姆逊为后

---

① Oliver Leaman, *Encyclopedia of Asian Philosophy*. London & New York: Routledge, 2001, p. 353.

② Arjun Appadurai, ed., *The Social Life of Things: Commodities in Cultural Perspective*, Cambridge: Cambridge University Press, 1988, p. 51.

③ ［英］阿尔伯特·托斯卡诺、［美］杰夫·金科：《"绝对"的制图学：图绘资本主义》，张艳译，长江文艺出版社2021年版，第276页。

现代文化特征的把脉，而他开出的药方则是"认知图绘"（cognitive mapping）。它是结合凯文·林奇的"认知图绘"与阿尔都塞的意识形态理论，并以拉康的三元结构加以复杂化的实践性理论装置。认知图绘作为一种恢复无产阶级意识总体性的尝试是对马克思主义的现实主义美学在后现代语境中的宣扬，它延续的是詹姆逊"辩证批评"的一贯思路，作为"社会形式诗学"的组成部分。也由此，一些学者所理解的形而下的心理学诊断与计算技术图解均不符合其本意，反倒是《绝对》对"物流艺术"的阐释可视作一次忠实于认知图绘美学的具体化尝试。

　　从这一角度才能理解上文"集装箱"审美化作为物流艺术的真正价值。集装箱的问世不仅带来了资本主义生产的全球化，而且带来了"物流问题"本身的普遍化，在这个意义上，罗斯勒的《货物崇拜》以其辩证内涵成为"物流艺术"的先行者，集装箱码头所寓言的是福特工厂的"巨型外化"[①]。这就不得不提及更为一般性的"物流批判"的概念，如果说维利里奥的"知觉后勤学"为"物流艺术"批评奠定了本体论向度，那么直接为"物流艺术"提供政治修辞学的正是晚近西方批判理论中方兴未艾的"物流批判"。

　　在第一部进行严肃的"物流批判"的著作《亡命的物流——绘制全球贸易中的暴力地图》（*The Deadly Life of Logistics: Mapping Violence*

[①] ［英］阿尔伯特·托斯卡诺、［美］杰夫·金科：《"绝对"的制图学：图绘资本主义》，张艳译，长江文艺出版社 2021 年版，第 300 页。

in Global Trade）中，作者将一个以物流问题为核心的时间点设置为资本主义发展的根本转折点，即"9·11"事件。对这一事件历史效果的重解从"物流批判"的意义上获得了新的答案，作者指出安全问题的真正转变并非发生于"9·11"当天，而是 12 日、13 日及之后，"美国边境的关闭，货物流量的崩溃，以及对贸易的深刻影响"才真正预示着危机的来临，而这一危机正以物流为风暴眼。[①] 这部著作的另一个重要性在于作者指出后勤僭越了其作为军事某一局部或步骤的位置，"在 20 世纪的过程中，发生了某种逆转，物流开始领导战略而不是为战略服务。这段（"二战"后的）军事历史提醒我们，后勤不仅关乎流通物资，还关乎维持生命"[②]。在全球资本主义"生命政治"的管理学（作为生命技术）中，后勤已经不再局限于作为战争的子集，更不是维利里奥所设想的那样高度抽象的战争模态，作为"某种逆转"，它已然在更为广大和深刻的领域发动了一场革命，"对于企业管理而言，一场'物流革命'在 20 世纪 60 年代形成，彻底改变了企业对生产和分销空间的想象、计算、计划和构建方式，并逐渐重塑了全球经济"[③]。该书的"物流批判"是一种根基于马克思主义政治经济学的空间组织学批

[①] Deborah Cowen, *The Deadly Life of Logistics: Mapping Violence in Global Trade*. Minnesota: U of Minnesota Press, 2014, p. 77.

[②] Deborah Cowen, *The Deadly Life of Logistics: Mapping Violence in Global Trade*. Minnesota: U of Minnesota Press, 2014, p.3.

[③] Deborah Cowen, *The Deadly Life of Logistics: Mapping Violence in Global Trade*. Minnesota: U of Minnesota Press, 2014, p.6.

判，相对于维利里奥对后勤的现象学还原，作者们则强调物流既关涉物质和信息的流通又关涉资本的流通。有趣的是，这一点恰由管理学学者彼得·德鲁克（Peter F. Drucke）说出，因为"技术不会被讨论，因为基本问题不是技术问题"[1]，这仿佛是在对着维利里奥的"技术决定论"发言。

事实上，尽管托斯卡诺和金科反复提到了维利里奥在《战争与电影》中对"后勤学"的分析，但作者们明确地区分了具有同一个英文能指的两个不同的美学与文化理论概念，维利里奥的"后勤学"作为理解一种军事上的"福特主义"，却在美学意蕴上并没有超越其战略场域，这时"物流艺术"还没有达到理想的理论高度。《绝对》将之理解为"前集装箱"时代的物流思想，正因如此，这一时期理论化的"logistics"仍皆可译为"后勤"。可以看到，托斯卡诺和金科在詹姆逊的意义上对理论进行了历史化。那么何谓物流艺术呢？简单来说，它是物流范畴在艺术的形式与内容方面的统一，也因为世界性的物流基础而与资本主义世界体系构成了辩证统一。

三、何谓物流艺术

在商品链概念的全球化，或者说资本主义世界体系商品形式的

---

[1] Deborah Cowen, *The Deadly Life of Logistics: Mapping Violence in Global Trade*. Minnesota: U of Minnesota Press, 2014, p.23.

连通中，商品不是单纯的物，而是对资本逻辑总体性循环的现实浓缩。据此，相较于经济学、社会学等领域对商品链的深入分析（如沃勒斯坦所号召的那样），托斯卡诺和金科发现"近年来①，视觉艺术和流行文化领域中也出现了大量作品，这些作品以各种形式和类型追踪特定商品的生产和分配过程，以及它们所跨越的社会团体"②。它们首先出现在直观地讲述货物与人的关系的叙事电影之中，诸如《血钻》（2006）、《毒品网络》（2000）和《辛瑞那》（2005）。这些艺术文本呈现出了 T. J. 戴莫（T. J. Demos）所谓的"全球化的动态影像"（moving images of globalization）③。这些"商品链电影"的意义是"鼓励了商品链中的道德消费和透明性"④，而这一商品链之透明性的效果在"物流"与"后勤"的辩证法中一目了然。作者借用电影《战争之王》的片头说明了这一点，电影沿着一颗飞扬的子弹（作为货物）的视角开场，它"从东欧某处的一家军火工厂，穿越东欧和非洲港口，射向一名远在非洲战区的不知名的儿童的头部"⑤。

---

① 《"绝对"的制图学：图绘资本主义》首次出版时间为 2015 年。
② ［英］阿尔伯特·托斯卡诺、［美］杰夫·金科：《"绝对"的制图学：图绘资本主义》，张艳译，长江文艺出版社 2021 年版，第 282 页。
③ ［英］阿尔伯特·托斯卡诺、［美］杰夫·金科：《"绝对"的制图学：图绘资本主义》，张艳译，长江文艺出版社 2021 年版，第 285 页。
④ ［英］阿尔伯特·托斯卡诺、［美］杰夫·金科：《"绝对"的制图学：图绘资本主义》，张艳译，长江文艺出版社 2021 年版，第 287 页。
⑤ ［英］阿尔伯特·托斯卡诺、［美］杰夫·金科：《"绝对"的制图学：图绘资本主义》，张艳译，长江文艺出版社 2021 年版，第 280 页。

如果说维利里奥的"后勤学"在战争的"问题域"中打转，托斯卡诺和金科则指出"商品链电影"仍然具有相似的局限性，因为不论它们呈现的是"枪支、可卡因、石油，还是尼罗河鲈鱼"，这些商品和其相关经济领域都具有相当的特殊性，所以它们也就在很大程度上错过了"日常生活"，从而暴露出自身的意识形态性，因此远不能被称为"合格"的物流艺术。当它们描绘的链条是线性的，其所模仿的仍是古典政治经济学的图绘方式，虽然具有斯密和李嘉图式的"国际视野"，但在关键环节上拒绝了自反的唯物辩证法，失去了对资本主义世界体系的把握，使得在流通中更为普遍且与"我们的生活"更为关切的线索则被抹去了。反之，托斯卡诺与金科借米维埃尔的话说，我们需要认识到或至少被提示"在伦敦大街买到的每一根普利特黏合棒都是热熔胶的。在多伦多郊区合法购买的每卷卫生纸都是包含冲突的卫生纸。在纽约星巴克里售卖的每一份麦麸早餐都是该死的带血玛芬"①。

在这一前提下，作者们将目光再次投回作为"奇点"的"集装箱"，集装箱以其极端的规整性压缩而装载了极端的复杂性。如果说由新的管理科学实践的资本逻辑体现出某种"集装箱化"，它是"对一个由劳动（活与死）、资本（固定的和可变的）、法律、政治、能源和地理组成的复杂聚合体的一个简称"②，它也就成为理解全球资本与个人

①［英］阿尔伯特·托斯卡诺、［美］杰夫·金科：《"绝对"的制图学：图绘资本主义》，张艳译，长江文艺出版社 2021 年版，第 288 页。
②［英］阿尔伯特·托斯卡诺、［美］杰夫·金科：《"绝对"的制图学：图绘资本主义》，张艳译，长江文艺出版社 2021 年版，第 290 页。

和集体关系的"典型"的艺术装置，从而获得了一种表层意义上莱布尼茨的"单子"的位置。围绕着具有艺术"典型性"的集装箱意象，《绝对》提供了三个作为范本的"物流艺术"——《格莫拉》（同时作为文学与电影）、电视剧《火线》以及推理文本《幽灵国度》。首先，"在《格莫拉》和《火线》中，港口因为劳动力外流，并且从那不勒斯或巴尔的摩的城市肌理中被剥离出来，成了一个监控权力、利润和生产变化的特权观察站"[①]。港口作为"集装箱化"实践性的象征成为演绎物流艺术的舞台，而影像的场面调度与景深变换则不断延展着这一动态过程。"集装箱化"在"生产关系的再生产"意义上同时作为生产和消费场所，而在艺术再现的"器官学"意义上，港口则既是一个视窗或者说眼睛，又"不仅是排泄的地方，同时还是分娩的地方"[②]，对器官的多重隐喻还暗示了斯蒂格勒意义上的作为人的类本质的技术美学，对此物流艺术也在形式上再现着自身作为全球工业生产技术的异化品质。

作者们有一个精辟的阐发，集装箱汇聚的港口与其说是"拥有空间"不如说是"发明空间"。而向纵深处理解，这一发明者并非作为物流学"景观"的港口自身而是资本的物化逻辑，这也说明了资本的抽象能力。具象的组织过程被抽象为物流学概念，对空间的生产正是

[①] ［英］阿尔伯特·托斯卡诺、［美］杰夫·金科：《"绝对"的制图学：图绘资本主义》，张艳译，长江文艺出版社 2021 年版，第 293 页。

[②] ［英］阿尔伯特·托斯卡诺、［美］杰夫·金科：《"绝对"的制图学：图绘资本主义》，张艳译，长江文艺出版社 2021 年版，第 295 页。

通过一个个物质性空间的发明而实现的，其本质是劳动分工的无限拓展，生产与消费循环的无限剥离。也正是在这个意义上，作者们指出《幽灵国度》是一部表现了"集装箱的抽象力量的电影"①，其中虚拟现实和定位艺术（locative art）等便是集装箱的赛博形态，在这里它们仍发挥着"集装箱化"相同的功能，尤其对于叙事艺术而言它成为导引但虚幻的"麦格芬"（MacGuffin）。所以作者们强调"集装箱化"之于"物流艺术"具有某种本质性，这一认识与两方面的隐喻有关：第一，集装箱具有一种简洁的"无缝不透明性"；第二，它不仅本身是一个整体的象征而且将整个系统的象征联动起来。两相综合，集装箱的"无缝不透明性"象征着整个资本主义生产空间的"无缝不透明性"。故而，物流艺术的实践方式又体现出布莱希特式的"自我异化"②，它更是朗西埃从镜头的拉伸中所批判的物化的"不可见性"与媒介的"可见性"之间的悖论美学。③ 正是将这些视为詹姆逊认知图绘在艺术实践方面的可能性，《绝对》将"物流艺术"的理论和批评基础称为一

---

① ［英］阿尔伯特·托斯卡诺、［美］杰夫·金科：《"绝对"的制图学：图绘资本主义》，张艳译，长江文艺出版社 2021 年版，第 297 页。

② 与其寓言批评和辩证批评的思路一脉相承的是，詹姆逊在对布莱希特"间离效果"的再解读中看到了间离作为一种艺术内部异化的象征性力量。See Fredric Jameson, *Brecht and Method*, New York: Verso, 1998.

③ 参见［英］阿尔伯特·托斯卡诺、［美］杰夫·金科《"绝对"的制图学：图绘资本主义》，张艳译，长江文艺出版社 2021 年版，第 307 页。

种"认知图绘美学"①。

四、余论

在《战争与电影》英文版的导言里，维利里奥提到了"知觉后勤学"与"制图学"的关联，甚至，后者是作为军事的战略与战术层面整体的对空间把握的一部分。②但即使不以制图学为基础，图像仍旧通过技术占据了维利里奥后勤学的核心。而技术所造成的现象学意义上的不可见性仍然无法逃离政治经济学造成的意识形态的不可见性，当维利里奥的视线掠过物流装置之时，他说道："从真实空间的基础设施（港口、车站、航空港）的安置，到真实时间中由互动的远程技术学（如电信设施……）导致的对环境的控制，技术学的这一突然转移，在今天更新着临界的维。"③一方面，维利里奥可以使我们随着技术的变革理解速度的变化，以知觉现象学透视新技术的现实困境；另一方面，其理论中的非辩证法成分使其没能看到集装箱、光电信号与数据包之间的连通性。

---

① [英] 阿尔伯特·托斯卡诺、[美] 杰夫·金科：《"绝对"的制图学：图绘资本主义》，张艳译，长江文艺出版社 2021 年版，第 17—22 页。
② Paul Virilio, *War and Cinema: The Logistics of Perception*, trans. Patrick Camiller, London & New York: Verso, 1989, p. 1.
③ [法] 保罗·维利里奥：《解放的速度》，陆元昶译，江苏人民出版社 2004 年版，第 14 页。

　　此外，维利里奥的"后勤学"对"物流学"的美学思考同样具有许多洞见。维利里奥强调具象的地理位置的战略价值已经不复存在，"唯一重要的是移动物体的速度和路径的不可测性"[1]。尽管同样对测量能力表示怀疑，詹姆逊的位置感的缺失与维利里奥的"消失的位置"之间的龃龉构成了我们以"认知图绘"在艺术批评意义上修正"后勤学"的机会，我们在结论中将回到这一问题上来。

---

[1] Paul Virilio, *Speed and Politics*, trans. Mark Polizzotti, Los Angeles: Semiotext（e）, 2006, p. 151.

第四节 "电影何以是战争"

在前文"后勤学"通向"物流学"的过程中，维利里奥的电影理论仍未得到足够的阐发，而它同样可以提供某种辩证扬弃的基础。同样地，在维利里奥思想的几个核心关键词——如速度、战争、电影、光——的综合操演中，其战争电影理论应该被理解为一种技术决定论中的电影本体论，其理论内涵对分析艺术再现问题和社会主义电影的内容与形式辩证法均有借鉴意义。但正因为其技术决定论的根基使之可能远离社会历史现实，甚至在后现代理论的极端变形中走向自我消解，故而，对这一理论本身做出批判将为我们扬弃其盲视而又保持其洞见提供帮助。

一、"电影即战争"

在对战争和电影的双重观照中，维利里奥曾尝试通过战争来解释一种电影本体论，在相当程度上，这一解释以战争与电影的同一化为路径，故此这一电影理论又可被称为"战争—电影理论"。

　　首先，战争在维利里奥这个"战争婴儿"的思想脉络中处于本源性的地位，他根据孙子"兵不厌诈"说等参照系抬高了战争中精神性的维度，并通过梅洛－庞蒂将知觉效果摆置台前，"战争不可能脱离魔术性的景观（spectacle），因为制造这种景观正是战争的目的所在：打败敌手，这与其说是要把其抓获住，不如说是要把其诱惑住，是在将其致死之前，先用死亡的恐怖折磨他"[①]。举例而言，美国在"二战"中实施的核爆炸同时也是一种"信息的爆炸"[②]，这种信息的爆炸首先是指一种围绕武器的运用而实现的精神效果，但它同样也意味着武器自身的精神性意义。作为战争的"生产资料"——武器拥有了"二重性"，"世上没有不带表演（représentation）的战争，没有一种高精武器不披挂着心理层面的神秘性，武器不仅是毁灭的工具，也是感知（perception）的工具"。[③]

　　因此，战争信息场提供了另一层效果，它在冷战时期已家喻户晓，双方竞争的与其说是武器不如说是关于武器的信息。此外，信息的不对等与力量的不平衡构成纠缠，因恐惧源于未知，威慑的对立面便是揭露，后勤学与侦查学相辅相成，两者共同构成了战争战场信息

---

① ［法］保罗·维利里奥：《战争与电影：知觉的后勤学》，孟晖译，南京大学出版社2011 年版，第 2—3 页。

② 参见 ［法］保罗·维利里奥《战争与电影：知觉的后勤学》，孟晖译，南京大学出版社 2011 年版，第 4 页。

③ ［法］保罗·维利里奥：《战争与电影：知觉的后勤学》，孟晖译，南京大学出版社2011 年版，第 3 页。

论的两翼，这正是前文提到的"知觉后勤学"的生成逻辑，也就是在这里，战争与电影获得了逻辑和历史的联结，维利里奥相信正是军事使未知显影的需求催生了电影。[①]"从一开始，战争的沙场即是一个感知的场域，那么，对于军事首领来说，战争的装备也是一种再现（représentation）的工具，堪与画家的画笔和画板相比"[②]。像"武器的功能也就是瞳眸的功能"这样的表述换句话说即"作为技术的武器实现着作为观看的艺术"，由此，武器即电影技术，战争即电影艺术。所以，当维利里奥将战争的物质性历史理解为向终极性的普遍战争的发展，上述"战争—电影理论"的关联也随之拥有了一般意义，换言之，通过与战争的同一性，作为艺术形式的电影也拥有了外在的普遍性。由此，维利里奥明确指出创作《战争与电影》的初衷就是试图建立一种本体论意义上的电影理论，其"战争—电影理论"的构建是将其思想中的"战争本体论"向电影艺术做出了"横的移植"，质言之，"电影是以其他方式进行的战争"。[③]

其次，如上文所示，技术（武器）是维利里奥"战争—电影理论"的中介物，《战争与电影》的第一句话说道："本书所展开的，是

---

① 参见［法］保罗·维利里奥《战争与电影：知觉的后勤学》，孟晖译，南京大学出版社 2011 年版，第 63 页。

② ［法］保罗·维利里奥：《战争与电影：知觉的后勤学》，孟晖译，南京大学出版社 2011 年版，第 45 页。

③ Paul Virilio, *Pure War*, trans. Mark Polizzotti, New York: Autonomedia, 2008, p. 96.

战争在二十世纪当中对于电影技术的系统性运用。"① 但与一般的作为战争武器（工具）的"战争电影史"梳理不同，在《战争与电影》中，维利里奥通过对电影史的分析逐渐形成了类似其"战争本体论"的一种经验性崇拜，甚至在某一层面，他还试图将战争的历史性重任交给电影，"面对着新样的作战部署形式，远距离射击之间的交火，以及阵地被摧毁的程度，唯有连续性摄影能够抵消从事着同样是连发性的毁灭武器的能力"②。

具体而言，维利里奥将电影视为战争的"替身"，是通过将武器视为战争的义肢而实现的（斯蒂格勒），而当这一技术由其"速度哲学"所推动，战争与电影的联结也就被整合进同一个时空观之中。"快速旅行的义肢致使趋近的效果消失，这就需要创造一个彻底拟真的外表，需要将信息的整体在三维空间中建构起来，亦即由军事决策者传导给观众的惰性的义肢，这一义肢此番乃是全系形式的，以持续不断的片刻闪烁的方式，将唯其独有的目光在时间与空间中加以繁生，这里、那里，现在以及昨天，以及我们不再在场的场所与时刻……闪回，以及不久后出现的反馈，已经很明显地表明，这种时间历程层面上的微观化乃是一种军事技术学的直接结果，在这种军事技术学里，从一开始，事件就总是在一种理论性的时间当中展开，正如后来在电影中

① [法] 保罗·维利里奥：《战争与电影：知觉的后勤学》"前言"，孟晖译，南京大学出版社 2011 年版，第 1 页。
② [法] 保罗·维利里奥：《战争与电影：知觉的后勤学》，孟晖译，南京大学出版社 2011 年版，第 219 页。

那样……"① 在这一阐释中，"战争—电影理论"可以改写成"战争—（技术）—电影"三位一体的本体论方案。

而从维利里奥"技术事故理论"的视角，速度是其技术美学的主要构成和向度。② 当电影不是"看"而是"飞"时，航空飞行既是一种脱离了军事背景的专门技术又是一种携带这一背景的军事武器。在这种矛盾统一中，飞行作为一种"视觉武器"塑造了新的"观看之道"，而当"它甚至还是观看的最终方式"③，它便与电影的"观看之道"构成了互文，不同之处在于前者是观看（者）运动，后者是（观看）对象运动。而如果在维利里奥的速度本体论中加以理解，这种不同只是为相对速度提供的参照者的差异，也即没有本质差异，不仅电影是飞，飞便是电影，这是战争与电影构成同一性的另一种变形。当军事飞行构成了对观看的塑造，观看（电影）又使得航空侦察"采用了电影摄制的方式"④，军事飞行中的电影摄制也就成了这种对立混合体的物质形式，一种"连续记录／摄影／飞机／武器"的"技术混合

---

① [法] 保罗·维利里奥：《战争与电影：知觉的后勤学》，孟晖译，南京大学出版社2011 年版，第 188—189 页。

② John Armitage ed., *Virilio Live: Selected Interviews*, London: Sage, 2001, p. 113.

③ [法] 保罗·维利里奥：《战争与电影：知觉的后勤学》，孟晖译，南京大学出版社2011 年版，第 37 页。

④ [法] 保罗·维利里奥：《战争与电影：知觉的后勤学》，孟晖译，南京大学出版社2011 年版，第 38 页。

体"。① 最后，在维利里奥的设计中，需要区别战争和电影"合二为一"的"战争—电影理论"与以战争为文本内容的"战争电影"（以无连接符作为区别）的理论，因为前者的本原性呼应着詹姆逊的"理论上的元理论"（meta-theory on theory），是在艺术、技术、社会等几个层面的辩证综合的意义上的一种形式化理论，借用《"绝对"的制图学：图绘资本主义》中的精妙比喻，"它不是一场观众观看的海难，而是观众自身的海难"②。对维利里奥而言，关键处正在于电影不是讲述一场战争，而是一场战争本身。

而反过来，识别一般意义上的"战争电影"在维利里奥"战争—电影理论"中的位置有助于我们理解两者的区别。一方面，"战争电影"作为一种"内外宣传"工具拥有了武器的身份。对此，维利里奥以大量篇幅进行了战争电影史的梳理和论述，他指出一直存在着"军队电影部"和"影像的军事部"，前者"负责完成对于平民人群的宣传"。后者"把对一场场战事的战术上的再现与战略上的再现二者整体地提供给战士"。③ 故此，我们确乎可以将两者视为军事性的"内外宣传"。但另一方面，如果前者是将军事信息向电影输送，后者则是通过

① ［法］保罗·维利里奥：《战争与电影：知觉的后勤学》，孟晖译，南京大学出版社 2011 年版，第 44 页。
② ［英］阿尔伯特·托斯卡诺、［美］杰夫·金科：《"绝对"的制图学：图绘资本主义》，张艳译，长江文艺出版社 2021 年版，第 65 页。
③ ［法］保罗·维利里奥：《战争与电影：知觉的后勤学》"前言"，孟晖译，南京大学出版社 2011 年版，第 3 页。

电影构建军事，也就是说，两种运动形式具有向度和主体上的差异。但"战争电影"及其理论不仅不能构成维利里奥"战争—电影理论"的内核，甚至是他有意避免的方面。以战争为文本（再现）内容的电影实际为维利里奥的思辨提供了另一种效果，当知觉的场域在战争中变得更加重要，"真正的战争电影并不非要表现战争或哪一场战斗，原因在于，当电影有意于制造意外震撼的那一刻起，它在事实上就已经成了武器簿中的一种"①。

在阿贝尔·冈斯（Abel Gance）对电影做出的定义中，维利里奥看到了一个完整的战争机器，"魔术般的，魅惑的，可以在每一秒的每一瞬间都带给观众这种在一个第四维度中的化身无数的新异感觉，取消了空间和时间"②。但维利里奥指出，刚刚下定决心的冈斯已经在战争机器的速度和效率面前力不从心；电影与战争的同一性是历史性的，并且转瞬即逝，这是维利里奥"战争—电影理论"的一个关键的内部断裂；某种电影作为"战争—电影理论"得以生成的理论装置（很快便）被抛弃了，"从此，电影只不过是一个退化的物种，是军工集团的一个穷亲戚"③。这里的后半句为我们理解维利里奥理论的实质提供了

①［法］保罗·维利里奥：《战争与电影：知觉的后勤学》，孟晖译，南京大学出版社2011年版，第9页。
②［法］保罗·维利里奥：《战争与电影：知觉的后勤学》，孟晖译，南京大学出版社2011年版，第65页。
③［法］保罗·维利里奥：《战争与电影：知觉的后勤学》，孟晖译，南京大学出版社2011年版，第66页。

帮助，"就这样，一种曾经很像是运动学的前卫艺术的东西，艺术的电影，遭遇了毁灭"[①]，可以说理解"战争—电影"的生成正是以艺术电影的消失为起点。正是脱离了艺术再现效果的电影获得了它作为"一种新式几何学的隐喻"的地位，电影通过将自己化身为战争而获得了永生，因为后者以对速度的绝对内化而获得了普遍性的地位。

综上，维利里奥的"战争—电影理论"首先意味着一个逻辑上的"生成"过程，其中"信息的自由流动"[②]是保证这种生成的基础，我们能从中看到德勒兹的影子。其次，艺术与现实关系的二元论认识因为这种流动而被打破，电影诞生为战争的一部分，而随着战争物质性的普遍化，电影也拥有了同一个乌托邦。最后，如果从一种艺术再现的视角来看，维利里奥的电影本体论确已远离了反映论模式，在战争与电影的同一性中，"再现"的问题是随着"再现"自身的消解而取消的。简言之，维利里奥的"战争—电影理论"是一元论的艺术理论，在边界的彻底模糊中，电影通过战争的最终形态"纯粹战争"（pure war）而生成为"纯粹电影"。事实上，维利里奥通过技术为中介所形成的电影本体论为我们提供了一种艺术理论的形式基础，那么对"再现问题"的理解才是其真正能够提供可操作性电影理论的内容。因为说到底，维利里奥的思想内核体现为一种美学思想而非战争理论。由

---

① [法] 保罗·维利里奥:《战争与电影: 知觉的后勤学》，孟晖译，南京大学出版社 2011 年版，第 66 页。

② Verena Andermatt Conley, "The Passenger: Paul Virilio and Feminism", *Theory, Culture & Society*, Vol.16,No.5-6, 1999.

此，我们要将"战争—电影理论"在艺术理论史中加以考察，围绕"再现"的问题域实现对这一"电影本体论"的扬弃，一方面理解"维利里奥路径"所可能发生的偏颇，另一方面尝试绘制针对性的综合之道。为此，维利里奥的同时代人们进入考察的视野，首先是鲍德里亚为我们进一步理解这一电影本体论提供了反面例证。

二、"海湾战争没有发生"

后来我们知道，维利里奥所预测的"纯粹战争"尚未到来，世界历史便迎来了"海湾战争"。这一特殊的战争案例在鲍德里亚的拟像（simulacrum）批判中获得了更为直接的特异性（singularity），在文化理论中造成了甚至比战争自身而更为著名的名为"海湾战争没有发生"的"超真实"，而这一"没有发生"以"不会发生""不在发生"和"没发生过"构成了一组奇特的"战地报道"，以对传媒体系最为彻底的释放（消解）为表征。这一发生在战争的将来时、进行时和完成时的三份个人化的理论申明最后结集出版，名为《海湾战争没有发生》（*The Gulf War did not Take Place*）。

鲍德里亚开宗明义，申明了一种近乎唯物论的"知识型断裂"，他将战争分为了"热战"（冲突的暴力）、"冷战"（恐怖的平衡）以及海湾战争所代表的"死战"。"死战"是一种解冻了的冷战，只剩下战争自身的尸体。而"死战"的意义即各方不过是在对付已经死去的战争尸骸，战争的全部意义已被对意义的追求消解，可以将之理解为仿真对真相缺席本身的掩盖。此外，这也是对尼采和福柯的"后理论"的戏仿。但当尼采讲述"上帝之死"，福柯指向"人之死"时，获得的是理论的解构性而非历史的断裂性，而如伊格尔顿所解释的那样，"对尼采来说，用人来代替上帝没有意义……上帝之死必然导致人类的死亡，人类是上帝在地球上的化身"[1]，战争本身的死亡并不能提供终结性，战争"既不能让人放心，也不能让人安心，因为它陷入了无休止的悬念之中。从这个意义上说，海湾地区无事件的严重性甚至大于战争事件：它对应着影响腐尸的剧毒阶段，会引起恶心和无比的麻木"[2]。所以实际上，这一死亡判断是功能性的，它反而在理论前提上将对象抬升至本体论乃至神性的高度，是先明确了一个超验的"活"才有必要和能力写下死亡判决。正如马库斯·庞德（Marcus Pound）指出，"拟像的先行（precession）相当于上帝的第二次死亡"，被社会化了的（在费尔巴哈的意义上）上帝的谓词（predicates）再次因为拟像的先行而失去了最后的避难所。[3] 如果我们在世俗化的意义上理解上帝的"人化"，那么上帝的第二次死亡便连通起了"人之死"。由此，上帝之死、人之死到战争之死的联结便形成一致性的向度，而主

---

① [英] 特里·伊格尔顿:《理论之后》，商正译，商务印书馆 2009 年版，第 190 页。

② Jean Baudrillard, *The Gulf War did not Take Place*, trans. Paulpatton, Bloomington: Indiana University Press, 1995, p. 24.

③ Marcus Pound, "Baudrillard, Žižek, and the Seduction of Christ", *International Journal of Žižek Studies*, Vol.10,No.1, 2016.

导这一向度的仍是后结构主义主体性解构的目的论。此外，在方法论上与维利里奥相仿，鲍德里亚在战争纪实中践行其媒介理论，深受麦克卢汉的影响，信息在鲍德里亚的论证中以"内爆"实现了"以不了了之"，也即以信息意义的最大化实现了信息的无意义，通过战争的热向冷、暴力向恐怖的极端化表明死战并不是战争本体的死亡，而是通过信息普遍化的战争消弭了其历史现实，这是信息爆炸后的"后真相"形态，以超现实的面目示人。在维利里奥想象极限意义上"纯粹战争"与"普遍战争"的同时，鲍德里亚已经将这一极限现实化了。

鲍德里亚的超现实批判不仅是由信息对战争实体的僭越形成的，其也在上述极限的意义上体现为"战争—信息理论"，并且它同样以技术为中介，因此在修辞上鲍德里亚与维利里奥处于同一轨道。实际上，鲍德里亚的许多理论话语都可以直接署名维利里奥，"想想飞毛腿导弹：它们的战略效力为零，它们唯一的（心理）效应取决于萨达姆成功地发射它们。事实上，诱饵的生产已经成为战争工业的一个重要分支，正如安慰剂的生产已经成为医疗工业的一个重要分支……"[1]也正是在这个意义上，鲍德里亚的诗性表述——"从未开始的事情还未发生过就结束了"[2]——才不会显得多么玄妙不可解，它不过是在重复一个投射进欲望主体的"无"，其奇诡处并不在空间性的特异性，而

---

[1] Jean Baudrillard, *The Gulf War did not Take Place*, Bloomington: Indiana University Press, 1995, pp. 42-43.

[2] Jean Baudrillard, *The Gulf War did not Take Place*, Bloomington: Indiana University Press, 1995, p. 36.

在于时间性的断裂性、在于"奇点"的意义。归根结底，鲍德里亚
代表着一种晚期资本主义的文化逻辑。这是拟像的全新阶段，仿真
（simulation）的社会，鲍德里亚最初在《象征交换与死亡》和《仿真》
中阐释其拟像及仿真理论，而尽管迪士尼乐园等例证更为通俗。最使
其理论见解深入人心的却是他对海湾战争的"否决"，这一反直觉的论
断遭到了无数谴责，最著名的便是萨义德"送他上前线"的嘲讽。

　　对于维利里奥来说，如果战争的普遍性使其完成了对现实的"脱
嵌"（波兰尼），或者说战争成为唯一现实，那么对于鲍德里亚来说，
"现在，图像不再能想象真实，因为它就是真实。它不能再梦想它，因
为它是它的虚拟现实。就好像事物吞下了它们自己的镜子，对它们自
己来说变得透明了，在无情的抄写中完全呈现在它们自己面前，完全
在光线中和真实的时间中。它们不是在幻觉中离开自己，而是被迫在
数以千计的屏幕上登记，在这些屏幕的视野中，不仅真实已经消失，
而且图像也消失了。现实已经被赶出了现实。也许只有技术仍然将现
实的零散碎片结合在一起"[1]。现实已经在现实的虚拟化中让出了实际
位置，正如《拟像与仿真》开篇那个杜撰的箴言所示，"拟像从来不
是掩藏真相的东西——是真相掩藏了其自身不存在的事实。拟像即真
相"[2]，真实的再现先于真实本身，甚至仿真将真实挤走的方式属于这

---

[1] Jean Baudrillard, *The Perfect Crime*, London & New York: Verso, 1996, p. 5.

[2] Jean Baudrillard, *Simulacra and Simulation*, trans. Chris Turmer, Ann Arbor: University of Michigan Press, 1994, p. 1.

样一种语法，"不存在真实，如果非要有一个，虚幻就是真实"。因为
仿真的意义"旨在与现实竞争，而非复制现实"[1]，这便是鲍德里亚对
"再现的危机"的极端答案，它与维利里奥具有明显的连通性，但走得
更远。而最为有趣的是，技术成为最后的主体。

　　鲍德里亚相对于维利里奥的极端判断还有诸多具体表现。比如首
先在知觉现象学意义上，维利里奥以速度为核心的技术论美学使其战
争的"爆炸"更体现出方向性，而鲍德里亚的内爆则否定了作为发展
的速度，暴露了反本质主义所可能蕴含的虚无主义。其次，当鲍德里
亚把超真实视为一种对真实的填补，虚假就走向了自己的反面，这正
是鲍德里亚得以连篇累牍地发表"无意义"论述的原因。事实上，仅
就海湾战争问题，鲍德里业曾阐发过两人的分歧，"保罗·维利里奥的
观点与我们截然相反，我们一个押注于世界末日的升级，另一个投注
在威慑与战争的无限虚拟性，我们得出结论，这场极其奇怪的战争同
时向两个方向发展"[2]。这一差别在两人共同的批评者凯尔纳那里显露
出更为本质的原理，凯尔纳指出，"比起常常表达自己政治和宗教激情
的维利里奥，鲍德里亚更中立地描述、接受甚至肯定了政治和历史在
'现代性灾难'中的终结。相比之下，维利里奥则希望保持和扩大反对
纯粹战争和军事的社会和政治，反对否认现代政治持续相关性的超政

---

① Robrecht Vanderbeeken, "The Screen as an In-between", *Foundations of Science*,
　　Vol.16, 2011.
② John Armitage ed., *Paul Virilio: From Modernism to Hypermodernism and Beyond*,
　　London: SAGE. 2000, p. 98.

治学"①。维利里奥的技术理论并未完全消解政治维度，只不过如前文所述这种政治性属于保守主义意识形态。与之相反，正是对主体与实体的去本质化理解，使得麦克卢汉和鲍德里亚等人形成了对信息的膜拜，实际表现为对后者的本质化理解。鲍德里亚的"内爆"形态因此以其普遍化否定了信息的方向性，信息都是没有智能的导弹，没有自己的目标，甚至连作为自我否定性的"反导弹"都失去，最终只是无用的垃圾在宇宙间不断地生成、飘散。② 没有方向性的信息意味着"去历史化"的过程，作为"后现代的大祭司"从时间上彻底粉碎"自然之镜"，将主客体投射与反射的过程基础消解了，这正是极端反本质主义对历史目的论消解的方式之一。没有时间向度，没有目的动力，没有方向也就没有为方向服务的准备，故此，没有后勤的必要性。作为表征的战争武器都只有在他们发射的那一刹那的影像拥有意义，③ 这时，没有目的地的发射与超光速的出发拥有了同样虚无的结论，过程消失了，空间与空间的组织都只剩下了瞬时的心理效果。在这里，鲍德里亚显示出维利里奥"电影—战争理论"的极端化形态，而至少从我们所需要的文艺理论的效果上，经过无数理论家的批驳，它体现出

① John Armitage ed., *Paul Virilio: From Modernism to Hypermodernism and Beyond*, London: SAGE. 2000, p. 115.

② Jean Baudrillard, *The Gulf War did not Take Place*, Bloomington: Indiana University Press, 1995, p. 42.

③ Jean Baudrillard, *The Gulf War did not Take Place*, Bloomington: Indiana University Press, 1995, p. 42.

粉碎了建构可能性的"坏"的形态。那么，如果要解决掉这种体现极端技术决定论的"鲍德里亚式的维利里奥"，又保存维利里奥的洞见，是否有"好"的解决办法呢？对此，齐泽克或许是一个潜在中介。

三、"实在界的大荒漠"

当时间到了 21 世纪，"普遍战争"的进程中出现了又一个标志性事件——"9·11"，对此，韦尔索出版社（Verso）邀请了三位"必然有话要说"的理论家进行有针对性的理论思辨。当鲍德里亚以其一贯的极端话语来描绘这又一个历史顶点时，他提供给评论者们以假象，似乎"9·11"带来了某个新的历史性断裂，但实际上在鲍德里亚的拟像历史中，"9·11"与海湾战争没有什么不同。[①]《恐怖主义的精神》依旧凸显着"虚拟现实"的崇高性，图像作为消费社会的信息化身是硝烟中唯一留下来的实存，"是图像消费事件，在吸收事件并将事件供给消费的意义上。诚然，图像给予事件前所未有的影响，但却是作为一个图像—事件（image-event）"[②]。所以一方面，如果有了"内爆"的前提，有了"海湾战争不存在"的先例，即使恐怖主义造成的动静再大，在鲍德里亚这里也无济于事，似乎"9·11"带给我们非真实

---

① Jean Baudrillard, *The Spirit of Terrorism*, trans. Chris Turner, London & New York: Verso Books, 2013, p. 34.

② Jean Baudrillard, *The Spirit of Terrorism*, London & New York: Verso Books, 2013, p. 27.

性，但我们周身唯一的现实——虚拟现实早已将一切都赋予了这一属性，恐怖也早已在这一内爆中不断地在"所有地方"再生产了自己；[1]所以，"如果意图回归真理，攻击拟像（simulacra）毫无意义；如果意图回到现实，攻击虚拟毫无意义"[2]。另一方面，维利里奥同样对具体事件自身的特殊性失去了兴趣，与其说把"9·11"视为人类社会自省的一次机会，他更愿意将之看作其速度哲学或"事故"理论迎来的又一个现实高潮。维利里奥认为自己早已通过对技术的分析预料到了这一可能，更何况他确实早已对 1993 年的那次美国世界贸易中心遇袭做出了评说。[3]

　　尽管与维利里奥一样，齐泽克也捕捉到了那个吊诡的时刻，"当我们在 9 月 11 日紧盯着电视屏幕时，我们向自己提出的问题应该是：我们在什么地方，三番五次地目睹过同样的景象？"[4]但从这一点出发，齐泽克却走向了对维利里奥和鲍德里亚的超越，凭借的是作为中介的"实在界"。

　　首先，齐泽克同样指出，我们的似曾相识源于袭击本身早已经是

① Jean Baudrillard, *The Spirit of Terrorism*, London & New York: Verso Books, 2013, p. 59.

② Jean Baudrillard, *The Spirit of Terrorism*, London & New York: Verso Books, 2013, p. 72.

③ Paul Virilio, *A Landscape of Events*, Cambridge: MIT Press, 2000.

④ [斯洛文尼亚] 斯拉沃热·齐泽克：《欢迎来到实在界这个大荒漠》，季广茂译，译林出版社 2015 年版，第 16 页。

"流行幻象"（popular fantasies）的原料（stuff）了。① 但作为美国集体无意识精神分析师的齐泽克的理由在于"'现实'是幻象建构，它使我们能够遮蔽我们的欲望这一实在界"②，它要求将爆炸视为"实在界的入侵"的对标准解读的颠倒，"9 月 11 日发生的灾难只是表明，一直出没于屏幕的幻象性幽灵进入了我们的现实。不是现实进入了我们的意象（image），而是意象进入并粉碎了我们的现实"。作为构成我们"需要的"现实，幻象正是以屏蔽真正的现实（实在界）为目的的。换言之，通过以集体心理的无意识为意识形态的显影，"9·11"作为战争中"苦难"的一部分反而是美国人"梦寐以求"的结果。

其次，这一"梦的解析"指出重要的不在于对幻象的揭露，或者将之视为一种军事化的需要，而在于实现拉康意义上的"穿越幻象"（traversing the fantasy）。在《意识形态的崇高客体》中，齐泽克通过对马克思的意识形态表述的再解读说明了重心已从"认知"端转向"现实"端，意识形态作为某种推动"明知故犯"的蒙蔽效果，重点在于"犯"的行为。③ 但因为指出了意识形态的实践性，对待幻象的方式不是"拨开迷雾"，作为一种"揭示"的阐释，而是直面幻象，采取

---

① 参见［斯洛文尼亚］斯拉沃热·齐泽克《欢迎来到实在界这个大荒漠》，季广茂译，译林出版社 2015 年版，第 16 页。

②［斯洛文尼亚］斯拉沃热·齐泽克：《意识形态的崇高客体》，季广茂译，中央编译出版社 2017 年版，第 46 页。

③ 参见［斯洛文尼亚］斯拉沃热·齐泽克《意识形态的崇高客体》，季广茂译，中央编译出版社 2017 年版，第 30 页。

与"明知故犯"同样的动态形式，以实践本身实现反转，"幻象不能被阐释，只能被'穿越'：我们必须去做的全部工作，就是去亲身体验，何以在幻象'之后'一无所有，幻象又是如何巧妙掩饰这'一无所有'的"①。

因此，从功能性或詹姆逊所谓"有用性"（usefulness）②的意义上，难以触及的"实在界"成为齐泽克理论效果自身的中介，幻象作为构成我们日常现实的东西正是我们与真正现实（实在界）之间断裂的原因，而穿越幻象又是要认识到幻象作为这种构成恰恰使我们无法"沉浸"于日常现实。通过"实在界"的中介，齐泽克将现实到现实感再到现实的意识形态线路打通，从而保留了马克思主义的辩证法，也就使得阶级关系在理论批判中得以保留，政治没有被"信息化"从而被取消。在具体实践中，齐泽克对"9·11"阐释的核心实际是"自我反讽"，他认为"抗议者并没有提出任何具体要求：我们看到的抗议是零度抗议，是不提任何要求的暴力抗议。看到社会学家、知识分子、评论家试图理解和帮助那些抗议者，就会领略其中的反讽意味。这些人不顾一切地把抗议行为转换为他们理解的意义，而且在这个过程中忽略了骚乱提供的关键之谜"③。谜底一言以蔽之，以暴力为表征的意识

---

① ［斯洛文尼亚］斯拉沃热·齐泽克：《意识形态的崇高客体》，季广茂译，中央编译出版社 2017 年版，第 154 页。

② Fredric Jameson, *Brecht and Method*, New York: Verso, 1998, pp. 1-2.

③ ［斯洛文尼亚］斯拉沃热·齐泽克：《欢迎来到实在界这个大荒漠》"中文版前言"，季广茂译，译林出版社 2015 年版，第 6 页。

形态只能靠暴力予以暴露。正因为这一实践论效果，对暴力做出唯心论的解释者甚至无法为暴力添加内容。相反，经由阿兰·巴丢（Alain Badiou）的"无世界"（worldless），齐泽克揭露的是作为世界历史的现实，"抗议能够采取的唯一的形式，就是无意义的暴力"①。而当齐格蒙特·鲍曼（Zygmunt Bauman）将之解释为消费主义的狂欢，这种暴力因其应激性实际表现为"无力"，"无意义的暴力"的问题也就不在于暴力，而在于无意义的外化。②

至此，齐泽克实现了对维利里奥——尤其是体现出一种鲍德里亚可能性的维利里奥——的超越，简言之，建立在战争与电影（媒介）的同一性上实现的艺术与现实的一元论实际上是将技术（信息）抬升到了决定性的高度，无论是艺术与现实的彻底同一，还是虚拟现实对现实的根本取代，否定"现实的现实性"的正是一种技术决定的意识形态。由此，齐泽克实际同时批判了虚拟现实及其批判者自身的意识形态意味，后者更典型地表现出对资本逻辑话语形式的臣服，仍然具有"犬儒主义"的效果。在这个意义上，齐泽克的总结仿佛就是对着维利里奥说一样，"不能把表象与实在界的辩证简化为这样一个基本事实：我们的日常生活已经虚拟化，我们日甚一日地置身于人工建构起来的世界，于是产生了不可抗拒的冲动，要'回到实在界'，踏踏实

---

① [斯洛文尼亚] 斯拉沃热·齐泽克：《欢迎来到实在界这个大荒漠》"中文版前言"，季广茂译，译林出版社 2015 年版，第 7 页。
② 参见 [斯洛文尼亚] 斯拉沃热·齐泽克《欢迎来到实在界这个大荒漠》"中文版前言"，季广茂译，译林出版社 2015 年版，第 10 页。

实地扎根于某种'真正的现实'。我们要回归的'实在界'已经成为（另）一种表象：恰恰因为它是真实的，这就是说，恰恰因为它具有创伤性／过度之特征、我们无法使其融入现实，或者说，我们无法使其融入被我们体验为现实的东西，因此，我们被迫将其体验为噩梦般的鬼怪"①。这是虚拟现实的功劳，其后果不在自己身上，而是对主体欲望自身的虚假性的再现，归根结底，作为"实在界"存身的欲望法则决定于资本逻辑。这从而也指向了对鲍德里亚的破解，"拟像从来不是掩藏真相的东西——是真相掩藏了其自身不存在的事实。拟像即真相"。鲍德里亚这一看似穿透真相的表述也就不过是齐泽克批判下的一种意识形态效果，它使得"我们开始把'真正的现实'体验为虚拟的现实"②。

齐泽克通过精神分析的中介为我们重修了辩证法的通路，它保留了维利里奥整体性的洞见又揭示了其中的盲视，更重要的是，它保存了马克思主义的文艺理论的决定性基础。格林·达利（Glyn Daly）曾经指出如果在齐泽克早期的作品中"实在界"往往呈现为一种否定性的力量，那么在其后期的作品③中"实在界"更多地体现出其构成性的

①［斯洛文尼亚］斯拉沃热·齐泽克：《欢迎来到实在界这个大荒漠》，季广茂译，译林出版社2015年版，第18页。
②［斯洛文尼亚］斯拉沃热·齐泽克：《欢迎来到实在界这个大荒漠》，季广茂译，译林出版社2015年版，第9页。
③作者为这一后期著作所举实例为 The Ticklish Subject（1999），The Fragile Absolute（2000）和 On Belief（2001），那么《欢迎来到实在界这个大荒漠》（2002）显然属于这一阶段。

意义，"实在界不仅仅是意义（signification）的外部（硬）限制，它还发挥着更无形的作用，提供某种无形的内在扭曲，赋予现实（reality）形状和质感"[1]。正是通过作为中介的实在界，维利里奥朝向某种鲍德里亚式虚无主义的"战争—电影理论"得以保留其作为现实辩证法的革命性维度。

四、结论

在鲍德里亚过度化而由齐泽克所"纠正"的维利里奥的"战争—电影理论"中，对"电影何以是战争"的回答至少在两方面为我们提供了理论参考：一方面，它为理解一种特殊的电影本体论提供了契机；另一方面，它指向了马克思主义美学的技术认知对维利里奥的批判和保留。

齐泽克将"实在界"确定在"视差之间"，"更确切地说，'真实'最终是视角从第一视角到第二视角的转变"，它现身的方式是"失真图像"（anamorphosis）。[2]由此，"实在界"的意义不仅说明了图像失真的本体性原理，更重要的是它通过"主体间性"在集体心理学意义上的

---

① Glyn Daly, *Conversations with Žižek*, Cambridge: Polity Press, 2004, p. 8.
② [斯洛文尼亚] 斯拉沃热·齐泽克：《视差之见》，季广茂译，浙江大学出版社 2014 年版，第 42 页。

症候将意识形态的对立因素召回。[①] 那么不论是维利里奥以光（技术）的"普照"意味而打开的虚拟影像的普遍化，还是鲍德里亚以信息的均质化而描画的更为悲观的技术主义前景，都忽略了哲学作为"理论上的阶级斗争"的一个差异性基础，即不平等关系不允许表面上超前的"去主体化"思想抹杀现实世界"不可见"的根本逻辑——资本的逻辑。齐泽克通过拉康的精神分析沟通了黑格尔的精神现象学，当真实的虚拟化是通过对真实的"去存在"的方式实现的，即"虚拟真实被体验为没有存有的现实"，这种虚拟主要关乎再现"现实感"，而非现实。正因如此，相对于鲍德里亚将媒介献祭式的极端化与维利里奥技术决定论的历史主义，齐泽克对电影和现实的辩证法反倒更为积极地保存和更新影像再现的意义。

更进一步，如果说维利里奥的"战争—电影理论"的中介是"技术"，那么超越维利里奥（鲍德里亚）的技术决定论的一个有效方案便是马克思主义的技术美学，后者在根本上不考虑单纯的技术或工具，而总是要将之与生产方式所决定的社会发生联系。以往在理解维利里奥的电影理论时往往存在两方面的不足：其一是弱化维利里奥电影理论的本体论意义，其二便是缺乏明确其技术决定论的程度。对于维利里奥而言，与绘画和雕塑等"呈现的美学"（Aesthetics of Appearance）

---

① 这并不是说视差之见是主体差异造成的，但此处的主体身份在"人格化"的意义上确实将作为视角的时差的基础再现了出来。

对应的是电影的"消失的美学"（Aesthetics of Disappearance）[①]。而如依安·詹姆斯（Ian James）所言，两种不同美学间的区别还不仅关乎艺术门类，也关乎审美类型。因此，电影的美学意味着一个全新时代的到来，它不只是一种新的艺术门类的生成，而是艺术本体论的更新，且在维利里奥看来这种更新是由技术决定的。消失的美学作为电影的本质，使得我们对光"照亮"世界的需求通过一种虚像解决了，电影"提供了一种间接照亮的可见形式，这种形式是由于其不存在而存在的，其出现取决于其消失"[②]，并且电影作为一个根本性的技术美学断裂事件，囊括了其后衍生的不同的以光影为媒介的艺术形式。从直接视觉（自然的）到间接视觉（技术的），维利里奥的视觉文化史发生了根本的转变，"战争本身变成了一种奇观"。在采访中，维利里奥解释他将战争与电影联系起来的意义所在，从"一战"结束后，图像和信息便成为一种新的弹药（武器）进入了后勤补给线，一般的地图在更为先进的武器面前已经不能显示实际情况，寓意着军事意义上的"消失的美学"，而"只有电影或摄影才能保留了对景观的记忆，因为它不断地被重塑着"[③]，一边是制造合成影像的"主动性光学"，一边是伽利

---

① Ian James, *Paul Virilio*, London & New York: Routledge, 2007, p. 49.

② Ian James, *Paul Virilio*, London & New York: Routledge, 2007, p. 49.

③ John Armitage ed., *Paul Virilio: From Modernism to Hypermodernism and Beyond*, London: SAGE. 2000, p. 46.

略的望远镜镜片的"被动型光学"①。维利里奥的整个由技术主导的电影本体论都浓缩于《战争与电影》的这句话里,"既然制造原始胶片的硝化纤维同样也用于制造炸药,那么,炮手的座右铭难道不也正是电影摄影师的座右铭——凡物被照亮之刻,即其被揭露之时……?"②

凭借齐泽克的意识形态批判,维利里奥技术论美学自身的辩证法原理得以显露,他认为当作为发现的视觉武器突飞猛进时,"一旦被发觉也就意味着落败"。因此,作为一种"反视觉武器","隐形武器"变成了战争技术的新的发展方向,由此,作为物质技术背后根本着眼点的权力关系也为之发生了改变,"威慑原则发生了逆转:本来,各种武器是非被人熟知不可,这样才能具有威慑性。然而,与之截然相反的是,隐形装备只能通过测不准,通过隐藏其存在才能发挥作用。测不准,先是把一种令人不安的猜谜活动带入各军事阵营之间的游戏里,然后让核威慑的性质本身也逐渐遭到质疑,驱使它让位于一种'战略防御的革命'。'战略防御的革命'并非如里根总统声称的那样,以开发太空中的新式武器为根基,而是以不定性原则为根基,以一个武器系统的不被了解为根基——这一武器系统在可靠度上之不明朗,一如

---

① [法]保罗·维利里奥:《战争与电影:知觉的后勤学》"前言",孟晖译,南京大学出版社 2011 年版,第 6—7 页。

② [法]保罗·维利里奥:《战争与电影:知觉的后勤学》,孟晖译,南京大学出版社 2011 年版,第 30 页。

其可见度之不明朗"①。这种表述仍是维利里奥的技术决定论的直接再现,"一旦被发觉也就意味着落败"的绝对论忽视了"即使被发觉也不一定意味着落败"的可能性,这并非指战争故事的其他可能性,而是非战争状态的可能性,或者说攻击的发生也可能在完全非军事的层面获得释放,使得"即使被发觉也不一定被攻击",也就不存在落败的可能。这一忽视并非无关紧要的,它说明了维利里奥在其一定程度的辩证法表象中所蕴含的非辩证法的程度,即他整体性的乌托邦实际是将历史与总体局限为阶段和局部,其根本在于不论是战争还是电影本体论,赋予其理论建构的决定性力量是技术。在这个意义上,维利里奥需要考虑的是重回"知觉现象学",反思"隐形"究竟是"看到"的对立面还是互为补充乃至前提,这也指向了"盲视与洞见"在理论和现实之间的双生意味。

对于我们而言,齐泽克的"拉康化马克思"是一个装置,它使得马克思主义的意识形态批判得以延续,其优势仍然在于延续着马克思主义的"战争是政治的延续"的理念。所以相对于另外两人,在整体层面上,齐泽克对技术决定论的超越与其对政治经济学批判的理解相统一,并得以将全球尺度的技术理论落实为国际劳动分工的现实性,才使得齐泽克对"9·11"的批判能够得出更为深刻也更具整体性的结论,比如"数字化的第一世界与作为'实在界荒漠'的第三世界不

①[法]保罗·维利里奥:《战争与电影:知觉的后勤学》"前言",孟晖译,南京大学出版社 2011 年版,第 10 页。

可相提并论"①。对于齐泽克而言,"拉康区分现实和实在界的目的就在于此:我们从来得不到一个完整的、无所不包的现实感——总有某些部分受到'现实丧失'的沾染,被剥夺了'真正现实'的特点,而这种虚构化元素正是创伤性实在界"②。仅就"9·11"而言,齐泽克的拉康正是在西方理论语境中将马克思主义重新请回桌面的方案。巴丢在《主体理论》中发表了实在界的辩证法,"实在界是形式化的死路(impass);形式化是实在界强制传达的所在"③,"我们需要一个关于实在界通过的理论,在形式化开辟的缺口中。在这里,实在界不再仅仅是从其位置上缺失之物,而是通过武力传达的东西"④。"消失的美学"实际为电影呈现赋予了另一种全新的"灵韵"(Aura),但我们终究是通过电影去认识、理解或想象这个世界,当鲍德里亚在维利里奥的极端化中欢呼表象自身的扩大再生产之时,海湾战争并非真的不存在,而我们所做的是通过思考海湾战争的这种"非存在性"思考真正的不可再现之物。詹姆逊面对后现代图景时同样要求理解"不可见性",并

---

① [斯洛文尼亚] 斯拉沃热·齐泽克:《欢迎来到实在界这个大荒漠》,季广茂译,译林出版社 2015 年版,第 36 页。

② [斯洛文尼亚] 斯拉沃热·齐泽克:《真实眼泪之可怖:基耶斯洛夫斯基的电影》,穆青译,武汉大学出版社 2018 年版,第 89 页。

③ "强制通过"(passe en force)与"并非没有武力"(pas sans force)之间属于"严格的同音异义词"(strict homonym),这一文字游戏是巴丢期望超越拉康之处,See Alan Badiou, *Theory of the Subject*, Translated and with an introduction, by Bruno Bosteels, London & New York: Continuum, 2009, p. 342.

④ Alan Badiou, *Theory of the Subject*. Translated and with an introduction, by Bruno Bosteels, London & New York: Continuum, 2009, pp. 22-23.

试图以某种不确定的同构性恢复阶级意识。也是在这个意义上，维利里奥对光的拜物教仅仅停留在一种普罗米修斯主义之中，作为一种照亮而将事实遮蔽，而马克思主义的政治经济学批判才是将光芒刺入了资本主义的黑暗深渊。

第三章

『技术决定论批判』与『认知图绘美学』

第一节 "文学绘图"与"认知图绘"

现在，让我们再回到本书的另一个核心人物莫莱蒂的身上，这个学术生涯前半程几乎是以经典文学研究为己任的批评家何以将科学技术作为后半程的主攻方向，并且连接起了"新世界文学"和数字人文这两个重要的人文学科的学术生长点？同为西方马克思主义文论的发扬者，詹姆逊与莫莱蒂在诸多场合被相提并论。在《马克思主义与文化的阐释》(*Marxism and the Interpretation of Culture*)的"现代性与后现代性的政治"一章中，编者将莫莱蒂的《非决定的咒语》(*The Spell of Indecision*)与詹姆逊的名篇《认知图绘》收录在一起。以不同的马克思主义学者在技术认知的问题域中的抵牾为对象，能够更为有效和深刻地揭开西方技术主义文论背后技术决定论迷思的根由，这样的"比较研究"也是我们逐步走向研究整体结论的路径。

事实上，在相近的认识论立场之外，莫莱蒂还与詹姆逊在另一个问题上有着紧密的关联，那就是他们同样对某种"文学绘图"问题发表了重要论述，并存在着相互影响。不过，"文学绘图"概念本身并非莫莱蒂和詹姆逊任意一人的术语，一般情况下，它指向小罗伯特·塔利（Robert T. Tally Jr.）的"literary cartography"，所以这一概念也常被译为"文学制图学"①。得以将莫莱蒂和詹姆逊的文学绘图理论联系起来正源自塔利的文学空间批判，"接着"且"对着"塔利言说，一方面须进一步分析詹姆逊和莫莱蒂文学绘图理论的关系，另一方面要在比较中把握矛盾，以使辩证认识得以发展。而作为论证的前提，仍须对莫莱蒂和詹姆逊的文学绘图理论做简要回顾。

一、莫莱蒂与詹姆逊文学绘图理论之要义

如前文所提到的，对莫莱蒂的文学绘图理论的探讨在我国学界已取得一定程度的成果，不过过往讨论往往并没有聚焦于"文学绘图"理论的框架内加以分析。尽管文学绘图理论不是莫莱蒂更为宏大的"世界文学"理论的全部甚至核心，但给予莫莱蒂理论界地位的"世界文学猜想"却在很大程度上由这一旨趣所启动。初步展现这种旨趣的文本是其 1998 年的论著《欧洲小说地图集》(*Atlas of the European Novel 1800—1900*)，著作本身被评价为"一幅描绘欧洲小说两百年环球旅行的比较形态学的绝妙插图"②。受其推动，莫莱蒂产生了将"文

---

① 本文使用的是方英的翻译，参见方英《空间转向之后的存在、写作与批评——评塔利的〈处所意识：地方、叙事与空间想象〉》,《外国文学》2021 年第 3 期。

② Debjani Ganguly, "Global literary Refractions: Reading Pascale Casanova's The World Republic of Letters in the Post - Cold War Era", *English Academy Review*, Vol.25, No.1, 2008.

学绘图"进一步抽象化的想法，2003 年至 2004 年，莫莱蒂在《新左派评论》连续发表三篇《图表、地图、树图》(*Graphs, Maps, Trees*)，并于 2005 年结集出版。在这部《图表，地图，树图：文学史的抽象模型》(*Graphs, Maps, Trees: Abstract Models for Literary History*) 的最开始，作者开宗明义，宣称其目标是实现文学研究的范式转变，即"从对单个文本的细读转向对抽象模型的建构"，在这种转变中，图表、地图和树图分别对应了三个分支学科或理论——量化历史、地理学和进化论——的模型。[1]

　　相对于原本的单篇文字，莫莱蒂更为明确地指出了推动其文学绘图理论建构背后的动机，"它深受加尔瓦诺·德拉 – 沃尔佩（Galvano Della-Volpe）的影响"[2]。在关于图表的第一部分，莫莱蒂指出传统的文学研究在尺度上是不足的，亟须有着能够理解"数万部"规模的"实际出版物"(actually published) 的方法，对此，传统的文学批评方法（如细读）便毫无助益。此外，这一新范式还表现出一种认知转变，尺度的增大不是对大量文本的简单"求和"，而是将之理解为一个"集体系统"(collective system) 加以把握。[3] 莫莱蒂指出对这一宏大尺度

① Franco Moretti, *Graphs, Maps, Trees: Abstract Models for a Literary History*, London: Verso, 2005, pp. 1-2.

② Franco Moretti, *Graphs, Maps, Trees: Abstract Models for a Literary History*, London: Verso, 2005, p. 2.

③ Franco Moretti, *Graphs, Maps, Trees: Abstract Models for a Literary History*, London: Verso, 2005, p. 4.

和巨大数量的文本分析受到了布罗代尔年鉴学派"长时段历史"的启发。如此一来，莫莱蒂对"量化文学史"的设计就并非简单的另类选择，而是对"文学史史观"的更新，他企图创造"一个更为理性的文学史"。这也正是布罗代尔的理念，"当其研究群体与反复，它的程序与结果都更为理性"。①

整体性的史观转变以三种形式有策略地落实和展开。与"量化史学"对应的第一种"图表"实际主要指向"平面直角坐标系"（笛卡尔坐标系）中的曲线，其水平坐标以时间发展为基准，而垂直坐标则有待选择。在肯定图表所具有的表意功能的同时，莫莱蒂也指出了其局限性，"它提供数据，但不提供解释"②。第二种文学绘图是"地图"。如上文所述，文学地图研究是莫莱蒂"文学绘图"理论的起点，而作为一种学科主题的"文学地图学"则由来已久，莫莱蒂的独特之处在于进一步强调了主观判断和史实细节的重要性。第三种图形为"树"。众所周知莫莱蒂的"世界文学猜想"有两个重要的理论资源，一个是马克思主义的世界体系理论，另一个是达尔文的进化论思想，并且前者在其思想整体构成中占据主要地位，进化论思想则可视为"发展环

---

① Franco Moretti, *Graphs, Maps, Trees: Abstract Models for a Literary History*, London: Verso, 2005, p. 4.

② Franco Moretti, *Graphs, Maps, Trees: Abstract Models for a Literary History*, London: Verso, 2005, p. 9.

节",而对"树"的关注便是这一阶段性价值的落脚点。[①]莫莱蒂声明他所关注的"树"直接引自《物种起源》,且与前两种绘图存在形态上的异同,他指出,"在第一章的数量图和第二章的空间图之后,进化树构成了形态图(morphological diagrams),在形态图中历史与形态系统地联系在一起"[②]。如果说数量图(图表)表现了历史的量的变化,空间图(地图)暗示了历史的力的冲突,那么形态图(树)则更为直接地表现了历史的形态演化,简言之,历史和形态便是"一棵树的两个维度"。实际上,进化论的树呈现的便是线索历时性地不断发展与分化的过程。

以上是对莫莱蒂文学绘图理论核心的概览。而如果说莫莱蒂的这三种图形理论可以称为其文学绘图学的"纵轴",那么他所研究的问题或领域又可形成三条横轴,塔利将之阐释为"三种不同的文学批评活动",分别是"叙事与'真实'空间的相互作用",各文学"形式本身如何在空间中流通",以及最后的"以图表的形式,或在实际的地图上

① 《阅读〈图表、地图和树〉:回应弗兰克·莫莱蒂》(Reading Graphs, Maps & Trees: Responses to Franco Moretti) 一书的编者乔纳森·古德温(Jonathan Goodwin) 认为,在莫莱蒂新版本的《被视为奇迹的符号》(Signs Taken for Wonders) 中没有收录的文章《论文学的进化》(On Literary Evolution) 是《图表、地图和树图》的先声,不过,尽管《被视为奇迹的符号》最早在 1983 年由沃索(Verso) 出版,但其对文学进化论的讨论中并没有明确的树图的痕迹。See Jonathan Goodwin and John Holbo, eds., Reading Graphs, Maps & Trees: Responses to Franco Moretti, Anderson, SC: Parlor Press, 2011, p. ix.

② Franco Moretti, Graphs, Maps, Trees: Abstract Models for a Literary History , London: Verso, 2005, p.69.

绘制出文本中相互独立的元素"。对最后一点所做出的判断，正依赖于塔利这样的认识，"绘图本身就成为一种文学批评实践，同时也为进一步分析提供了工具"①。文学绘图在塔利这里得到了工具与目的意义上的辩证统一，但这种塔利"授予"莫莱蒂的辩证法，稍后我们就会看到在莫莱蒂那里没有得到很好的保持。

现在来看"认知图绘"作为"詹姆逊学"的重要概念。一方面，自这一概念引入我国之初便获得了持续不断的讨论；而另一方面，对这一概念内涵的把握始终有所不足。"认知图绘"作为"隐在的概念"始终支撑着詹姆逊对后现代世界的实践性把握，②而詹姆逊却"从来也没有就'认知图绘'本身来系统展开过一个周祥说明"③，恐怕这是讨论其始终不足的一个"客观原因"。

一个基本的判断是，"认知图绘"是詹姆逊面对后现代语境的一个基本理论工具。在《晚期资本主义的文化逻辑》一文中，詹姆逊指出其"所勾勒后现代主义，乃是从历史的角度出发，而非把它纯粹作为一种风格潮流来描述"④。对后现代文化的定位与辨析的前提是历史化，詹姆逊借用了厄内斯特·曼德尔（Ernest Mandel）等人的资本主义分期论，在一种连续性中理解历史的具体化。从某种角度来看，在

① ［美］罗伯特·塔利：《空间性》，方英译，北京大学出版社 2021 年版，第 127 页。
② ［美］罗伯特·塔利：《空间性》，方英译，北京大学出版社 2021 年版，第 86 页。
③ 陆扬：《詹姆逊的认知图绘及其现实意义》，《人民论坛学术前沿》2020 年第 21 期。
④ ［美］詹明信：《晚期资本主义的文化逻辑：詹明信批评理论文选》，张旭东编，陈清侨、严锋等译，生活·读书·新知三联书店 1997 年版，第 500 页。

提出"认知图绘"之前詹姆逊已在理论史中为时间的空间化做出了规定，并对这一具体的"时代性文化"进行了辩证剖析，其结论为，后现代是历史中的一个"真实时刻"，其空间特殊性在于它"属于当前这个崭新的全球性空间"①，其时间特殊性在于"它是资本主义全球性发展史上的第三次大规模扩张"②。而另一方面，我们难以确定或亟须重新理解的是对这一空间现实的经验及再现的方式，因为"所谓现实本身，乃是一个未经理论架构吸纳的全新空间，这一种空间，散布于跨国性晚期资本主义崭新的'世界系统'里"③。齐泽克认为提出问题（而非回答问题）正是面对资本主义新状况的应对之法，空间性再现（表征）问题就是詹姆逊对现时代问题本身的叙述形式。

对于上述问题的解决方案便是"认知图绘"。如果说在"市场资本主义"时期，尚可以以固定的"坐标逻辑"来分析空间，这时的空间相对易于把握，它与"现实主义"的再现特征相关联，而在向下一个阶段的过渡中情况却发生了变化。在市场资本主义时期"个人的直接和有限经验仍然能够包容支配那个经验的真正的经济和社会形式，并与之相一致，而在下一个时刻，这两个层面进一步分离开来，真正

---

① [美] 詹明信：《晚期资本主义的文化逻辑》，张旭东编，陈清侨、严锋译，生活·读书·新知三联书店 1997 年版，第 506 页。

② [美] 詹明信：《晚期资本主义的文化逻辑》，张旭东编，陈清侨、严锋译，生活·读书·新知三联书店 1997 年版，第 506—507 页。

③ [美] 詹明信：《晚期资本主义的文化逻辑》，张旭东编，陈清侨、严锋译，生活·读书·新知三联书店 1997 年版，第 507 页。

地开始构成了经典辩证法所说的本质与现象、结构与生活经验之间的那种对立"①。因为生活的真实性由更为复杂和远距离的事物所决定，并非坐标失去了意义，而是坐标更为错综与彼此联系（超越了笛卡尔坐标系），"对于大多数人来说往往是无法加以概念化的了"②。这同样是资本主义对总体性破坏的表征，詹姆逊总结道："此时，出现了这样一种环境，我们可以说，在这种环境中，个体经验如果是可靠的，就不可能是真实的；如果同一内容的科学或认知模式是真实的，那它就是个体经验所无法捕捉的。"③ 现代主义便是为了应对这一新的空间体验而产生的形式策略。最后，在"晚期资本主义"的空间中最极端的情况出现了，其核心特征是"对距离（本雅明所说的辉光）的压制，和对仅存的空无和空地的无情渗透，以至于后现代身体……现在都暴露给一种感知的直接攻击，一切掩藏的层面和介入的中介都被这种攻击摧毁了"④，即晚期资本主义空间的最大特征是对于主体而言的"无方位性"⑤，也即众所周知的那样，再现（表征）遇到了空前的危机。

---

① ［美］弗雷德里克·詹姆逊：《新马克思主义》，陈永国、胡亚敏等译，中国人民大学出版社 2016 年版，第 296 页。

② ［美］弗雷德里克·詹姆逊：《新马克思主义》，陈永国、胡亚敏等译，中国人民大学出版社 2016 年版，第 296 页。

③ ［美］弗雷德里克·詹姆逊：《新马克思主义》，陈永国、胡亚敏等译，中国人民大学出版社 2016 年版，第 297 页。

④ ［美］弗雷德里克·詹姆逊：《新马克思主义》，陈永国、胡亚敏等译，中国人民大学出版社 2016 年版，第 298 页。

⑤ ［美］弗雷德里克·詹姆逊：《新马克思主义》，陈永国、胡亚敏等译，中国人民大学出版社 2016 年版，第 299 页。

正是在这一历时性与共时性、普遍与特殊的辩证判断中，詹姆逊才一边要求不能对后现代采取一种简单的道德批判将之抹去，一边指出对这一新空间的理解有许多新问题要回答，新难题要解决，并据此初步提出了"认知图绘"的方法。所以，这一文学绘图理论不仅意义重大且尺度宏大。这个方法在理论生成上有两个直接影响，一方面来自城市规划学，凯文·林奇（Kevin Lynch）在《城市意象》（The Image of the City）中指出"所谓疏离的都市，归根到底，乃是一个偌大的空间，人处其中，无法（脑海里）把他们在都市整体中的位置绘制出来，无法为自己定位，找到自我"[①]。这一说法在体验上呼应詹姆逊的认识，但后者的化用并非基于简单的模拟（analogy）。詹姆逊解释道，"我对该书（《城市意象》）的利用是象征性的，因为林奇探讨的城市空间的精神地图可以外推到以各种篡改了的形式存留在我们大家头脑里的关于社会和全球总体性的精神地图"[②]，另一方面詹姆逊要将林奇对城市的"认知图绘"扩大到全球的尺度上，不过这种形态上的"外扩"仅仅是其象征性利用的基础层面，在哲学上从局部向整体的演绎才是詹姆逊发挥其辩证法的地方。詹姆逊创造性地将林奇"认知图绘"的理论功用与阿尔都塞意识形态的物质性原理相比附，由于"阿尔都塞把意识形态重新界定为一种再现，它表达了'主体及其真实存在境况之

---

① [美]詹明信：《晚期资本主义的文化逻辑》，张旭东编，陈清侨、严锋译，生活·读书·新知三联书店 1997 年版，第 509 页。

② [美]弗雷德里克·詹姆逊：《新马克思主义》，陈永国、胡亚敏等译，中国人民大学出版社 2015 年版，第 302 页。

间的想象关系'"①，两相综合，"认知图绘"又实现了从空间分析向社会结构领域的演绎。最后，詹姆逊又进一步通过拉康的三重结构对阿尔都塞的二元理论加以"扬弃"。如果说阿尔都塞结构中的意识形态与科学分别对应拉康理论中的"想象界"（The Imaginary）和"实在界"（The Real），那么"认知图绘"所要提供的功能则关乎"象征界"（The Symbolic），②它是让我们在意识中重新建立秩序的机会。

从描述问题到提出解决问题的设想，在后现代空间的整体文本中詹姆逊已经"进进出出"（萨义德语）了几个来回，而这绝不仅是一个拓扑学意义上的路径轨迹，其背后起决定性作用的还是经过了阿尔都塞重解后的政治经济学因果律。正如简奈特·沃尔夫（Janet Wolff）所言，"认知图绘"应被视为把握住后现代社会本质的一个隐喻，在詹姆逊所诊断的造成"失位感"的后现代语境中，"社会主体（尤其是社会学家和文化批评家）必须诉诸新的定位和分析策略。已经沉浸在晚期资本主义社会的混乱和无组织的流动中，唯一的策略就是从内部'图绘'社会"③。正因如此，作者给了詹姆逊一个略显"悲壮"的定位，后者是清晰地阐明了后现代不可把握的极端本质（不论这种把握是否

---

① ［美］詹明信：《晚期资本主义的文化逻辑》，陈清侨、严锋译，生活·读书·新知三联书店 1997 年版，第 510 页。

② 参见 ［美］詹明信《晚期资本主义的文化逻辑》，陈清侨、严锋译，生活·读书·新知三联书店 1997 年版，第 514 页。

③ Janet Wolff, "On the Road Again: Metaphors of Travel in Cultural Criticism", *Cultural Studies*, Vol.7,No.2, 1993.

正确），而仍然没有放弃总体性的西方马克思主义文艺理论家。

二、莫莱蒂与詹姆逊文学绘图理论之异同

至此，我们可以对莫莱蒂与詹姆逊文学绘图理论的异同稍作总结。

在相似性方面，首先，莫莱蒂与詹姆逊互有借鉴，其根源在于两者共同的马克思主义美学基础。在这个意义上，不论莫莱蒂主要基于"世界体系理论"的"世界文学猜想"，抑或詹姆逊延续"阿尔都塞主义"的马克思主义辩证法的设计，均奠基于政治经济学批判。其次，莫莱蒂与詹姆逊的绘图学共享同一个空间想象维度。换言之，尽管詹姆逊从林奇的城市想象出发，但其蕴含的马克思主义的意识形态分析却本身从属于具有"全球视野"的唯物史观，而莫莱蒂与"世界文学猜想"和"远读"方法相关联的绘图学同样具有其"世界主义"背景。所以，既可以说两者的绘图理论均具有全球性的"映射"关系，又可以说在生产方式理论的历史脉络中，两者在空间问题上呈现一致性的发展向度。最后，不论是莫莱蒂的图形学冲动还是詹姆逊的乌托邦假设，两位马克思主义理论家的文学绘图计划都是对"作为任务"的批评（伊格尔顿）的自觉"发明"。托斯卡诺与金科认为在一个全球资本主义的尺度上践行文学绘图的整体性任务时"文化生产者在很大程度上并不会真的去图绘关于全新关联性的全球现实的地图，他们甚至都

不会去直面解决这个问题"，而与之相对应的，"批评家的任务是要同时梳理出两种症状——资本主义的一种全球关联式（planetary nexus）的巩固，以及各种想象它的尝试"。① 正如佩里·安德森所指出的，"认知图绘"就是詹姆逊对后现代文化进行总体化的一种动作（act），究其实，是詹姆逊将经济与美学在理论上进行联姻的后果。② 那么，莫莱蒂的文学绘图学试图解决的是什么问题呢？须知《世界文学猜想》的第一节标题为"世界文学：一和不平等"，这里的"一和不平等"呼应了詹姆逊的"单一的现代性"，而这一认识显然可以上溯至沃勒斯坦的"世界体系理论"、托洛茨基的"联合和不平衡发展"及至马克思的世界资本整体观。

但我们重点要关注的是两者间的差异。

当我们对《图表，地图，树图：文学史的抽象模型》中莫莱蒂"三合一"的绘图理论进行梳理时会产生一种错觉，似乎他具体化于"数学模型"对文学绘图的探讨完全出自其图形学趣味，但这可能仍然有违事实，正如莫莱蒂在其"世界文学"理论中所体现的那样，他源于马克思主义的美学建构不是一种简单的方法论探索，而是带有基本而深刻的实践论旨趣。其文学绘图理论的初衷同样如是，在"地图"章最开始，莫莱蒂自问自答，如果要使用文学地图，一定要问的是

---

① ［英］阿尔伯特·托斯卡诺、［美］杰夫·金科：《"绝对"的制图学：图绘资本主义》，张艳译，长江文艺出版社 2021 年版，第 18—19 页。

② Perry Anderson, *The Origins of Postmodernity*, London: Verso, 1998, pp.132-133.

它具有什么样的特殊性，有什么是它能够体现而文学本身不行的？因为即使是关于空间，文字未必比图像做得更差，提供的信息更少，一些经典的理论和批评文本便是个中代表，比如巴赫金关于"时空体"（chronotope）的研究，卡洛·迪奥尼索蒂（Carlo Dionisotti）的《意大利文学的历史与地理》（*Geografia e Storia della Ietteratura Italiana*），雷蒙·威廉斯的《乡村与城市》以及亨利·拉丰（Henri Lafon）的《十八世纪的浪漫空间》（*Espaces romanesques du XVIIIe siècle*）①。也就是说，在最开始，莫莱蒂往往表现出对"工具"僭越"目的"的警惕，由此，他对文学绘图的要求是苛刻的，如他所问："地图对我们的文学知识有什么帮助吗？"②

　　又比如，在"图表"一章，主要文字并非用以解释图表的效用及其使用方法，而是根据图表所代表的历史维度，并进一步借鉴年鉴学派对文学史进行反思。在分析图书出版在历史上的突变情况时，莫莱蒂将问题归结于文本的外部因素而非内部因素，即起限定作用的是历史现实而非文学流派的文本特征。正是在对此类问题的追问中，莫莱蒂意识到了文学史同样关涉着布罗代尔在《论历史》（*On History*）中所阐发的三种不同尺度的历史及其相互关系。这三种不同的历史尺度即"事件"（event）、"周期"（cycle）以及布罗代尔最重要的概念"长

---

① Franco Moretti, *Graphs, Maps, Trees: Abstract Models for a Literary History*, London: Verso, 2005, p.35.

② Franco Moretti, *Graphs, Maps, Trees: Abstract Models for a Literary History*, London: Verso, 2005, p.35.

时段"（longue durée）。而莫莱蒂则认为这三种时间架构（time frames）
在文学研究中的重量是很不均等的。[1] 对莫莱蒂而言，大部分批评家
关注的是作为历史事件的文学，而文学理论家则更倾向于从长时段来
理解文学史，往往被两者都忽略的则是在时点与尺度上都介于中位的
"周期"。仿效布罗代尔，莫莱蒂试图提升"周期"的重要性，作为衔
接转瞬即逝、变动不居的"事件"与"尘埃落定"的长时段的中间环
节，诸多周期共同构成了那些关于文学史演变的重要概念，如风格、
流派和体裁的隐现与兴衰。甚至莫莱蒂仍觉不足，当他拿出了一个满
载44种小说流派在历史上由起兴到沉寂的线段错落而成的长时段文学
史的坐标图时发出了更为深刻的疑问："在小说史中，周期和流派可以
解释一切吗？"[2] 小说并非一个单一的整体，不存在一成不变地居于客
体位置的现成的"小说"概念，它就是由周期性产生的一个个的流派
接力而成的，但莫莱蒂仍然要求具体地观照"事件"，这些都意味着莫
莱蒂对文学史表征的理解同样体现了辩证法的维度。

　　就在莫莱蒂集中展示其绘图学旨趣之后，他甚至直接将一个面向
他的尖锐批判纳入了视野，不仅提到了意大利地理学家克劳迪奥·塞
雷蒂（Claudio Cerreti）对《欧洲小说地图集》的批判，还肯定了批评
者的智慧。塞雷蒂的质疑是，莫莱蒂绘图学中的"模式"意味着对空

---

① Franco Moretti, *Graphs, Maps, Trees: Abstract Models for a Literary History*,
London: Verso, 2005, p.14.

② Franco Moretti, *Graphs, Maps, Trees: Abstract Models for a Literary History*,
London: Verso, 2005, p.29.

间的笛卡尔主义还原，简言之，如果只考虑物体之间的相互位置和距离，这不是真正意义上的地理学，而是一种几何学。这一对空间具体内容的数学还原使得莫莱蒂的地图实际上不过仍是一些数学图形，它们只是看上去像是绘图（地图）罢了，这种几何学丢掉的是具体坐标背后所蕴含的人文地理信息。面对批评，莫莱蒂也谦逊地回应道："当然，他是对的，我之所以一直为几何学而'忘记'地理学，首先是无知：为了编写《地图集》，我学习了一些制图学，但只学到了皮毛，所以犯了错误。"① 但是，莫莱蒂话锋一转接着指出，他并非没有认识到其文学地图的几何学特征，并且无意将之停留在更多地理学信息的意义上，如果它们实际上是数学图形，那也符合其本意，因为莫莱蒂反而认为这种几何学还原能提供更多的东西。

莫莱蒂的某种笃定与自信延续到了章节尾声，他说："就像在一次实验中一样，大型的国家进程的'来自外部'的力量将最初的叙事结构改变得面目全非，并揭示了社会冲突和文学形式之间直接的、近乎有形的关系。揭示了形式是一种力的图示；甚或，只是一种力而已。"② 在这里，莫莱蒂已经站在更高的层次"俯视"诸如塞雷蒂那样的质疑。如果说从笛卡尔空间的抽象性角度来批判莫莱蒂地图学的抽象，意味着批判后者对文学具体性与复杂性的抽离，那么当这一抽象

---

① Franco Moretti, *Graphs, Maps, Trees: Abstract Models for a Literary History*, London: Verso, 2005, pp.55-56.

② Franco Moretti, *Graphs, Maps, Trees: Abstract Models for a Literary History*, London: Verso, 2005, p.64.

本身意味着莫莱蒂所致力于实现的本质上的范式转变，塞雷蒂的批驳就显得不得要领了。

也正是在上文的种种对图形工具的"警觉"到潜移默化的"自信"中，莫莱蒂与詹姆逊"同向"的文学绘图理论发生了理论线索的"偏斜"。简言之，莫莱蒂在操演其基于数学逻辑的绘图学时从最初对文学实质和其背后的社会历史现实的观照转向了回避，并反过来将"数学建模"推向更为本质的地位。而这种从文学向数学的转向更为鲜明地体现于其世界文学理论的整体性脉络中，当莫莱蒂以把握"资本主义世界体系"为初衷而将"远读"作为其创新性的基本方法论时，这一路径偏斜的问题就已然内生了。直至在这种数学抽象中，他将统计学和与之相关的计算科学的发展视为文学研究的可观前景，并深刻地影响了"数字人文"这个具体的学科计划的发展[①]，他的文学理论的数学歧路也就一发而不可收拾。尤其如前文提到的，在他最具理论创新张力的《远读》一书的结尾，莫莱蒂甚至将本属于"细读"的"内部研究"的未来方向也献给了"网络分析理论"，其《网络理论、情节

[①] 仅就大陆学界，已有不少学者阐明了莫莱蒂之于数字人文的理论和历史重要性。参见杨玲《远读，文学实验室与数字人文：弗朗哥·莫莱蒂的文学研究路径》，《中外文论》2017 年第 1 期；陈晓辉《世界文学、距离阅读与文学批评的数字人文转型——弗兰克·莫莱蒂的文学理论演进逻辑》，《文艺理论研究》2018 年第 6 期；赵薇《从概念模型到计算批评：数字时代的"世界文学"研究》，《中国比较文学》2019 年第 4 期；刘耘华《远程阅读时代诗学对话的方法论建构》，《华东师范大学学报（哲学社会科学版）》2020 年第 2 期；王军《从人文计算到可视化——数字人文的发展脉络梳理》，《文艺理论与批评》2020 年第 2 期等。

分析》便绝非如一些学者所想象地以"远读"对"细读"进行补充，而是剔除或取代"细读"传统，同时他原本基于唯物史观的实践美学也在受科学技术发展所诱导的"加速"中离题远去。

三、比较的启示

以马克思主义美学为基础的两种文学图绘理论本应是殊途同归的，故此，我们需要细究莫莱蒂与詹姆逊文学绘图理论的差异，并试图理解马克思主义在其中的位置。

首先，莫莱蒂诉诸计算科学的绘图理论忽略了一个简单的事实，"故事本身也往往发挥着地图的功能"[①]，文学本身就能提供"认知图绘"的形式。从最通俗的层面，如果对詹姆逊而言"认知图绘"的目标是重拾方位感，那么文学艺术本身不是也常被称为心灵的"航标"吗？而"寓言批评"便是詹姆逊所信赖的一种实践策略，这一认识体现于其文学的形式和内容与社会的形式和内容的辩证法之中（著名的两两交叉图例）。所以，当与"认知图绘"有着近乎一致的理论初衷，莫莱蒂却最终诉诸"形而下"的具体图绘，甚至不惜调动宏观尺度的世界网络，这至少在客观上表现为一种技术决定论，似乎如果没有全球网络的大数据及分析手段，"沃勒斯坦们"就无从想象和理解资本

[①] [美] 罗伯特·塔利：《空间性》，方英译，北京大学出版社 2021 年版，第 3 页。

主义的世界体系，这便确实可能造成了以工具僭越的目的。塔利在对莫莱蒂的评价中就反复强调了这一点，一方面，在文学绘图的层面，莫莱蒂"希望他的绘图工程积极地构成这个领域，而不仅仅是研究它"[1]，另一方面，在支撑或与绘图工程息息相关的重要理论工具"远读"的层面，远读"并不是细读法（close reading）的补充，而是重写一种全新的文学史"[2]。塔利另有一句没有进一步展开的判断，他指出莫莱蒂实际是"试图用一种文学地理取代文学历史"，这一"空间转向"同样关联起了大卫·哈维的"时空压缩"理论，而在莫莱蒂对世界文学图谱的具体绘制中，与其说是文学时间让位于空间，不如说是文学让位于图形和数据。

其次，莫莱蒂需要理解其用以解决问题的绘图方法本身可能正是问题的一部分。在《"绝对"的制图学：图绘资本主义》的开头有一段振聋发聩的申明，作者们指出"将我们的社会世界想象成无缝连续体的观念，是受到了全球定位系统和谷歌地图等相关技术的启发。虽然这种观念有着军事上和商业上无可挑剔的便捷性，但它最终被证明是一份极不靠谱的指南。地图会阻碍我们进一步图绘世界，因为它让我们陷入对刻度和精确度拜物教般的执迷，这种执迷抹去了世界上实际存在着的矛盾冲突"[3]。相对而言，詹姆逊始终对此保持着清

---

[1] ［美］罗伯特·塔利：《空间性》，方英译，北京大学出版社 2021 年版，第 128 页。

[2] ［美］罗伯特·塔利：《空间性》，方英译，北京大学出版社 2021 年版，第 134 页。

[3] ［英］阿尔伯特·托斯卡诺、［美］杰夫·金科：《"绝对"的制图学：图绘资本主义》，张艳译，长江文艺出版社 2021 年版，第 8—9 页。

晰的辨识力，他指出"绘图（cartography）不是解决方案，而是问题（problem），至少在其理想的认识论形式下，它是全球范围内的社会认知图绘（cognitive mapping）。地图（map），如果要有的话，必须以某种方式从个人的空间感知的要求和限制中产生；由于英国通常被认为是典型的帝国主义势力，所以从英国的空间经验的样本开始可能是有用的"①。而作为帝国主义主要实践形式的殖民主义与绘图更加脱不了干系，"在现代早期发展起来的欧洲新科学中，绘图可能与殖民实践有着最直接、最无中介的关系。绘图帮助欧洲船只在大洋上航行，到达他们的殖民地目的地。要占有、管理或征税的领土要服从于测量和图绘制度"②。"绘图"一词也成了后殖民理论的一个重要概念，在比尔·阿什克罗夫特（Bill Ashcroft）等人编著的《后殖民研究的关键概念》（Post-colonial Studies Key Concepts）中，作者们指出"绘图"是殖民主义和后殖民主义者的重要实践，它作为殖民话语的一部分参与了殖民主义的历史与现实。③

　　反过来说，詹姆逊的"认知图绘"因为对这两方面的深刻警醒

① Fredric Jameson, *Modernism and Imperialism,* in Terry Eagleton, Fredric Jameson, and Edward W. Said, *Nationalism, Colonialism, and Literature*, Minnesota: U of Minnesota Press, 1988.

② Ania Loomba, Suvir Kaul, Matti Bunzl, Antoinette Burton, and Jed Esty, eds., *Postcolonial Studies and Beyond*, Durham & London: Duke University Press, 2020, p.48.

③ Bill Ashcroft, Gareth Griffiths and Helen Tiffin, eds., *Key Concepts in Post-colonial Studies*, London: Psychology Press, 1998, p.31.

而拥有一个更为辩证的认识。为了理解的方便，我们姑且也将之进行某种角度的三分，而这恰好又与其在《政治无意识》中所"绘制"的"三个同心圆"一脉相承。第一，作为起点的地图和作为核心的绘图本身当然是"认知图绘"的组成部分，但只有我们将之视为詹姆逊理论生成的"启发性工具"才能对"认知图绘"本身实现"认知图绘"。第二，技术性的绘图只是作为这一"启发性工具"的认识起点，心理学意义上的"图绘"是"认知图绘"真正的理论起点和它的第二个理论维度。塔利对詹姆逊"认知图绘"这一核心的总结非常准确，"'在事物之间'，我们常常感到迷失了方向，感到一种绘制地图的焦虑，一种空间性困惑"[①]。焦虑和困惑的后现代心理境遇是詹姆逊对晚期资本主义语境的现实病症的描绘，认知图绘在心理学层面的投射便是詹姆逊为之开出的处方。

最后，在"认知图绘"中，认知的基础主要在于对"不可见性"的洞察，以托斯卡诺和金科的总结，即"资本的范围广大，超越了个体或集体认知的力量，它最基本的形式是不可见性"[②]，"这就是为什么表征资本主义提出了一个美学问题，因为它要求我们把介于生产、消费和分配领域中那些复杂和动态的关系呈现出来，并把不可见变得可

---

① [美] 罗伯特·塔利:《空间性》，方英译，北京大学出版社 2021 年版，第 1 页。

② [英] 阿尔伯特·托斯卡诺、[美] 杰夫·金科:《"绝对"的制图学：图绘资本主义》，张艳译，长江文艺出版社 2021 年版，第 65 页。

见"①。这也就是为什么在说明"寓言"的表征意义时，作者们再次提到了本雅明所引用的波德莱尔的名言："这些东西，正因为它们是虚假的，所以才无限接近于真实。"②这一真实正是"艺术真实"与"现实真实"的辩证统一，就是埋藏在"无边的现实主义"之中不变的东西，而遵循计算逻辑去投入数字组成的数学真实，反而是一种对现实的背道而驰，它是虚假的正是因为"它只看到真"。当莫莱蒂在他的数学绘图学的路上越走越远，他犯了与"拉图尔的那种以'扁平化方法论伦理'之名，将全球本地化的做法"③一样的毛病，忽视了貌似客观的尺规与二进制背后的政治经济学，而处理其中的权力（福柯）、政治（伊格尔顿）或辩证法（詹姆逊）的办法是获得唯物辩证法的批判意识，这一意识便是掌握历史科学的无产阶级意识。

只有在这一层面，才能理解"认知图绘"是以认知路径对总体性的再造，在对卢卡奇思想的辩证延续中，我们就可以说"认知图绘"即"阶级意识"，至少如托斯卡诺和金科所言，是"阶级意识"的同义词④，或用詹姆逊本人所认可的一种描述，是"阶级意识"的一个代名

① [英]阿尔伯特·托斯卡诺、[美]杰夫·金科:《"绝对"的制图学:图绘资本主义》，张艳译，长江文艺出版社2021年版，第87页。
② [英]阿尔伯特·托斯卡诺、[美]杰夫·金科:《"绝对"的制图学:图绘资本主义》，张艳译，长江文艺出版社2021年版，第91页。
③ [英]阿尔伯特·托斯卡诺、[美]杰夫·金科:《"绝对"的制图学:图绘资本主义》，张艳译，长江文艺出版社2021年版，第89页。
④ 参见[英]阿尔伯特·托斯卡诺、[美]杰夫·金科《"绝对"的制图学:图绘资本主义》，张艳译，长江文艺出版社2021年版，第38页。

词（a code word）^①。这时，"认知图绘"又"不仅是阶级意识的同义词，它还和辩证批判的思想、马克思主义和形式的问题、萨特的总体性思想密切相关"^②，简言之，它扬弃地发展了卢卡奇以降西方马克思主义以总体性恢复马克思主义实践价值、革命潜能和解放前景的整体脉络。

在《马克思主义与形式》"走向辩证批评"的结论处，有一件事是很清楚的，"阶级意识本身——在那些它作为存在事实而存在的社会中——是一种寓言式的（allegorical）思维模式，在这种意义上，个人被视为他们所属的社会群体的类型和表现"，詹姆逊紧接着说道，如果说左拉的《家常琐事》是寓言式的，那（根本上）是因为"阶级意识仍然在社会中结构性地发挥作用：它作为整个社会的一种地图或图表，作为一种差异化的感觉，人们据此将自己与其他阶级相联系"^③。换言之，我们可以说在马克思主义实践论的层面，詹姆逊的总体性认识是其"认知图绘"三个层面的其中之一，我们也可以说总体性是这三个层面的辩证统一，这也与詹姆逊所反复引用的阿尔都塞的"结构性因果律"相适应。托斯卡诺和金科回忆道："在一次火药味很浓的会议上，詹姆逊呼吁认知图绘美学的诞生。他的这一呼吁与一种更广泛的

---

① Fredric Jameson, "Marxism and Postmodernism", *New Left Review*, Vol. 176, 1989, pp.31-45.

② [英]阿尔伯特·托斯卡诺、[美]杰夫·金科:《"绝对"的制图学：图绘资本主义》，张艳译，长江文艺出版社2021年版，第38页。

③ Fredric Jameson, *Marxism and Form: Twentieth-Century Dialectical Theories of Literature*, Princeton: Princeton University Press, 1974, p.347.

努力交织在一起——对抗当时普遍反对作为文化批判指南的马克思主义的辩证法的风潮。"[①] 又或者如布伦南所描述的那样,认知图绘和辩证批评就是詹姆逊学术事业的一体两面。[②]

由此,一个直接的结论是,詹姆逊或许对空间及其表征投入了足够的热情,但认为其"认知图绘"仅仅或必然需求某种具体的图形作为实践形式是可疑的,而认为它只是一种绘图理论则是错误的。仅就"认知图绘"这个能指本身,詹姆逊深刻地理解其内在意蕴和本来面目,在某种程度上尚可以说心理学层面的"认知图绘"与地图的绘制存在单纯关联,而詹姆逊的"认知图绘"则不是心理学"认知图绘"的直接挪用甚至比附,因为它"绝不是传统的反映摹仿说可以概括的,而要掌握其观点,则非旧有的'再现的意识形态'所能代替的"[③]。詹姆逊从林奇与阿尔都塞的比较中所提取并超越的相似点是一个"全新的形式"。

关于上述"认知图绘"的三个层面从另一个角度也可以做出说明,在召唤阿尔都塞的集体性理论时,詹姆逊指出"阿尔都塞的方程式标志着实际经验跟科学知识之间的一个隙缝、一种断裂。如此,意识形

---

① [英] 阿尔伯特·托斯卡诺、[美] 杰夫·金科:《"绝对"的制图学:图绘资本主义》,张艳译,长江文艺出版社 2021 年版,第 13 页。

② Timothy Brennan, *Borrowed Light: Vico, Hegel, and the Colonies*, Stanford: Stanford University Press, 2014, p.112.

③ [美] 詹明信:《晚期资本主义的文化逻辑》,陈清侨、严锋译,生活·读书·新知三联书店 1997 年版,第 510 页。

态实际上发挥了特别的功能，利用全新的方法把经验和知识两个截然不同面向的范畴连结在一起"①。如果我们用其中的实际经验与图像将科学知识和概念联系起来，我们也就看到了詹姆逊的解释中阿尔都塞与康德认识论的联系。② 所以从另一个层面的模拟性来说，"认知图绘"直接关乎康德的图式（schema）理论，作为连接经验现象与知性范畴的中介，这一认识论模型实际提供了三组不同层面范畴的理性综合。而詹姆逊的"认知图绘"脱胎于心理学框架，恰恰是因为"图式"与心理学认知理论存在着紧密的理论相关性。③

四、余论

在詹姆逊看来，意识形态不是指对世界的虚假认识而是对虚假认识的掩藏，因为它"通过一个为人们所不知道的过程而作用于人"，因为"即使意识形态以一种深思熟虑的形式出现（如马克思以前的哲学），它也是十分无意识的"④。这正是詹姆逊所理解的一种阿尔都塞主

---

① [美]詹明信：《晚期资本主义的文化逻辑》，陈清侨、严锋译，生活·读书·新知三联书店 1997 年版，第 514 页。
② 关于詹姆逊与康德美学的关联可参见《红色康德，或阿多诺与詹姆逊对第三批判的延续》，Robert Kaufman, "Red Kant, or the Persistence of the Third 'Critique' in Adorno and Jameson", *Critical Inquiry*, Vol.26, No.4, 2000。
③ 对图式在哲学与心理学意义的关系可参见刘涛《图式论：图像思维与视觉修辞分析》，《南京社会科学》2020 年第 2 期。
④ [法]路易·阿尔都塞：《保卫马克思》，顾良译，商务印书馆 2016 年版，第 200 页。

义对马克思主义的意识形态理论的基本延续，那么莫莱蒂对科学技术的迷恋在一定程度上可以被纳入詹姆逊的意识形态批判之中，被视为晚期资本主义文化逻辑的某种代表。也就是说，如果确如上文所说莫莱蒂的文学绘图理论呈现出了某种意识形态性，那也就意味着对之加以理解便是践行詹姆逊的认知图绘。

首先，莫莱蒂在缺失了马克思主义对技术的辩证理解的内容后又义无反顾地投身于技术新浪潮，很难避免一种技术决定论上的偏颇。上文提到莫莱蒂声称其绘图学冲动承继自德拉沃尔佩，当学界时常把这一点也视为莫莱蒂对马克思主义的继承（仅仅因为德拉沃尔佩的某种马克思主义身份），却往往忽视了德拉沃尔佩自身的"科学主义"偏颇。作为一种辅助手段的科学技术运用于人文学科原本无可厚非，尤其当这种人文学科研究具有某种社会科学素养（马克思主义）。但是，当科学性僭越了文学性，实质就发生了改变，正如《何为远读》一文所说，"问题是莫莱蒂并非在研究一门科学。文学是一个人造的宇宙，书面语不像自然界，不能指望它遵守一套规律。事实上，莫莱蒂经常把隐喻误认为事实"。比如，当莫莱蒂大谈文学的进化论，甚至直接从达尔文的意义上引入"树图"来对文学史进行数据模型的分析，他仿佛完全忽视了"与生物进化不同，所谓的文学进化论在很大程度上只是打一个比方"。[1] 这是一种对科学技术普遍主义的信仰，其背后的驱

---

① Kathryn Schulz, "What is Distant Reading", *The New York Times*, Vol. 24, 2011.

力是"技术拜物教"以及更具时代性的"数字拜物教"。① 就像蓝江认

为的，"我们今天面对的资本主义，就是数字和数据成为支配性力量的

时代，这是数字拜物教和数据拜物教的时代，也是数字资本主义时代

来临的号角"②。如果莫莱蒂无法构建批判性主体超越这种"政治无意

识"的"支配性力量"，"数字异化"的效果已然显著。

在上文中，我们也曾看到莫莱蒂和詹姆逊都能认识到绘图作为问

题本身的意义。但是在具体的实践层面，莫莱蒂忽视了"数字资本主

义"③对技术的限定性，换言之，对数学方法简单或过分的信任很可能

使得用于批判全球资本主义的话语形式陷入作茧自缚的境地。"资本倾

向于阻挠任何对主体独特性和内在性的再肯定（reaffirmation），它不

是一场观众观看的海难，而是观众自身的海难。"④ 这时爱米丽·阿普

特（Emily Apter）发出的批评便极为切中肯綮。当莫莱蒂在《对世界

文学的猜想》中宣布"我们现在的文学，毫无疑问已然是一种全球性

① 参见袁立国《数字资本主义批判：历史唯物主义走向当代》，《社会科学》2018 年第
    11 期；徐英瑾《数字拜物教："内卷化"的本质》，《探索与争鸣》2021 年第 3 期。
② 蓝江：《数字异化与一般数据：数字资本主义批判序曲》，《山东社会科学》2017 年第
    8 期。
③ 对数字资本主义的批判可以参见蓝江晚近的集中研究，如蓝江：《数字异化与一般数
    据：数字资本主义批判序曲》，《山东社会科学》2017 年第 8 期；蓝江：《一般数据、
    虚体、数字资本——数字资本主义的三重逻辑》，《哲学研究》2018 年第 3 期等。
④ ［英］阿尔伯特·托斯卡诺、［美］杰夫·金科：《"绝对"的制图学：图绘资本主义》，
    张艳译，长江文艺出版社 2021 年版，第 65 页。

的系统。问题不是我们应该做什么,而是应该怎么去做"①。那么,莫莱蒂是否提供了方法?阿普特说:"是也不是。他提出了一个很有前景的想法,把远读作为一种新的认识论的基础,但这一想法有可能在一个数字之城(a city of bits)陷入困境,在那里,微观和宏观的文学单位被淹没在一个没有明显分类装置的全球系统中。"②

所以,将绘图的工具性超越其目的之上是问题的一个方面,另一方面,技术本身便是问题。詹姆逊指出"绘图不是解决方案,而是问题,至少在其作为全球范围的社会认知图绘的理想认识论形式中是如此"③。那么反过来,对绘图"问题性"的辩证理解正是詹姆逊文学绘图理论的基础。在"认知图绘"中,绘图是作为"问题"本身与作为问题的"资本主义世界"以"寓言"的形式相互投射、交错、解释的。在某种程度上,我们可以将莫莱蒂"着相"的文学绘图以及林奇的"认知图绘"比作托斯卡诺和金科所说的"一般的制图学(绘图)"与"作为认识论形式的制图学"。那么,两位学者所倡导的"绝对的制图学"则呼应詹姆逊的"认知图绘"。"绝对的制图学"是以一个本身矛盾的概念对应作为矛盾体的资本主义现实的,"它会引导我们去认识

---

① [美]弗兰科·莫莱蒂:《对世界文学的猜想》,诗怡译,《中国比较文学》2010 年第2 期。

② Emily Apter, "Global Translation: the 'Invention' of Comparative Literature, Istanbul, 1933", *Critical Inquiry,* Vol.29,No.2, 2003.

③ Fredric Jameson, *Modernism and Imperialism*, in Terry Eagleton, Fredric Jameson, and Edward W. Said, *Nationalism, Colonialism, and Literature,* Minnesota: U of Minnesota Press, 1988.

到，描绘我们的社会和经济世界既是一个技术困境，同时也可以说是
一个哲学困境"①。这是扬弃了莫莱蒂技术版本的文学绘图并通过心理
学上升至詹姆逊文学绘图理论的辩证综合。

在以对斯坦利·罗宾逊的"火星三部曲"的论述作结的《未来考
古学》里，詹姆逊认为，如果整个火星被视为一个独特的实验室，则
"其中的变量永远不能以普通的方式被隔离出来，而总是以一种多重性
的方式共存，几乎无法用方程来掌握，更不用说是通过方程。方程式
所能掌握的，更不用说计算机本身了"，而这意味着我们需要面对阿尔
都塞所说的"复杂的多元决定的具体情况"。②正是这种对庸俗决定论
的超越使得詹姆逊从阿尔都塞那里继承了对意识形态图绘的实践方案，
从这一角度，莫莱蒂自诉对马克思主义的发展，甚至对创建新的文学
研究范式的企图，因为把信心寄托于"量"，不啻为一种向简单化与平
庸化的倒退。

而文学的空间性问题毫无疑问是文学理论的"母题"之一，且在
其悠长的论说史中均鲜见一种"毕达哥拉斯主义"的方案，这一点再
次说明恐怕不完全是莫莱蒂自主选择了一种数学基础的绘图理论，而
是科技的时代性"询唤"了这种方案的生成。有趣的是，恰有数字人
文学者对文学理论既有的空间性理论做出过梳理，作者指出在人们关

---

① [英]阿尔伯特·托斯卡诺、[美]杰夫·金科:《"绝对"的制图学:图绘资本主义》，
  张艳译，长江文艺出版社 2021 年版，第 39 页。

② Fredric Jameson, *Archaeologies of the Future: The Desire Called Utopia and Other
  Science Fictions*, London & New York: Verso, 2005, p.395.

注 GIS（地理信息系统）和地理可视化技术的文化生产意义之前，"一些关于空间文化生产的最重要的理论是由人文学者提出的，比如弗雷德里克·詹姆逊与洛杉矶有关的'认知图绘'概念，米歇尔·德赛都关于纽约的'日常生活'概念，以及大卫·哈维关于巴黎和伦敦的资本主义现代性研究。此外，在爱德华·萨义德的著作基础上，跨国和后殖民研究已经做了很多工作来研究文化生产和权力的'空间层级'（spatial strata）。我们只需想到诸如保罗·吉尔罗伊的'黑色大西洋'、阿尔君·阿帕杜莱的'全球民族景观'、霍米·巴巴的'文化的位置'、詹姆斯·克利福德的'路径'人类学研究，以及斯蒂芬·格林布拉特对'流动性研究'的呼吁，以关注散居地的问题。在文学和语言研究中，流散和流离失所的问题，以及呼吁重新关注心理地理、想象的景观，以及植根于城市参与和认知失调的情境主义思想的异轨（détournement）实践"①。作者的总结显然将其中诸理论话语在"陈述"（福柯）层面的差异忽略了，但却历史性地说明了人文学者由来已久且丰富多彩的空间性研究。而在这一梳理的最后，作者指出最为晚近的发展即莫莱蒂的《欧洲小说地图集》和《图形、地图、树》以及塔利的"地理批评"。如果数字人文的从业者尚且将莫莱蒂与上述人文传统连接起来，将之与数字人文的数量、计算和计量研究加以区隔，我们

---

① Todd Presner and David Shepard, "Mapping the Geospatial Turn", in Susan Schreibman, R. Siemens, and J. Unsworth, *A New Companion to Digital Humanities*, Hoboken: John Wiley & Sons, 2015.

就能看到莫莱蒂的"偏斜"实际意味着怎样的弯路，而吸引这一弯路的力量则与数字资本主义在当下愈加全球化甚至"加速"的基本事实密不可分。

这时我们对沃尔夫所说的从内部"图绘"社会就有了更为深层的理解，此处的"mapping"用其另一个翻译"映射"更能说明问题，在后现代总体性想象的拓扑学中，詹姆逊所追求的不是试图把握巨大的量，而是坚持文学、文化批评的"本位"，通过"批评的功能"，通过内外辩证法在一个个局部投射出整体图像，并在整体的立场里映照每个上升后的具体。

第二节 威廉斯"技术决定论批判"的当代性

在两位西方马克思主义文论家的比较研究中，西方技术主义文论的资本逻辑背景得以显露，成为我们在整体上进一步理解马克思主义对技术决定论批判的前提。对此，雷蒙·威廉斯（Raymond Williams）具体的技术决定论批判话语在马克思主义文论发展史中始终占有重要的地位和经典性的参考价值，"移动的私有化"（mobile privatisation）是理解这一技术决定论批判的核心关键词，它也是威廉斯媒介理论中最具原创性的概念之一，[1] 其重要性在 20 世纪的文化研究领域不亚于许多"明星术语"。然而至少从国内学界来看不仅这一关键范畴在"威廉斯学"中并未得到应有的重视，其理论效果也未得到足够的阐发和实践。更重要的，也是对于本书最为重要的，是这一概念在数字资本主义时代面对新的文艺媒介形式所呈现的马克思主义的"非技术决定论"的技术认知，并以此实现对西方技术主义文论的超越。"移动的私有化"诞生于《电视：技术与文化形式》（*Television: Technology and*

---

[1] Jim McGuigan, "Mobile Privatisation and the Neoliberal Self", *Key Words: A Journal of Cultural Materialism*, Vol. 11, 2013.

Cultural Form）一书中，威廉斯以对当时的新（技术）媒介——电视的历史化阐述申明了生产方式的决定性力量，为反拨"技术决定论"的技术认知起到了重要作用。而通过本雅明以其基于历史哲学的空间文化批评和维利里奥基于"光速"美学的建筑理论，"移动的私有化"的阐释性得以在时空体系中推向前沿。在批判性分析中，我们可以认识到所有对新的艺术媒介形式的理解，均须以马克思主义政治经济学批判作为基石和试金石，无论它是移动通信、互联网、人工智能抑或是元宇宙。践行一种马克思主义的"非技术定论"就是要理解技术的核心性决定于生产方式的核心性，这一认识可使我们一方面穿越作为"技术拜物教"的意识形态幻象[1]，另一方面进一步理解社会主义现代性的技术认知。

一、电视的"二重性"——"移动的私有化"的生成

"移动的私有化"不是或至少不应是附着于某一特殊（艺术）媒介上的范畴，但它的发生学内涵确实历史性地从属于威廉斯对电视的

---

[1] 国内学界对新时代资本主义语境中"技术拜物教"的批判性分析可参见汪怀君《技术恐惧与技术拜物教——人工智能时代的迷思》，《学术界》2021 年第 1 期；付文军《〈资本论〉与马克思的技术批判》，《社会科学辑刊》2019 年第 6 期；黄在忠《智能互联与数据记忆——论一种技术拜物教的产生》，《吉首大学学报（社会科学版）》2021 年第 5 期；张以哲《数据资本权力：数字现代性批判的重要维度》，《西南大学学报（社会科学版）》2021 年第 1 期。

批评，这一批评本身又体现为对媒介的历史化，它是一个对电视超越其广播内核过程的文化唯物主义描绘。

对于威廉斯而言，电视的最初身份是对电影的模拟，且在核心使用价值——视觉效果上是相对劣质的媒介，电视获得其交换价值或者说进入普遍的流通领域首先倚靠了其"先驱"音频广播的传播价值。音频广播作为"前理解"使得消费者将电视想象成一个"系统级媒介"，它可以提供音乐、新闻和体育等多方面的社会内容，同时，它又更新了感觉的接受方式，简单来说，电视是其时最富于"共知感性"（polysensoriality）[1]的媒介。相对而言，同样连通视觉的电影在这个意义上只是实现"社交定义"（social definition）的初级水平——"提供一种一般类型的具体而离散的作品。"[2] 威廉斯将这一基本评价作为理论辨析的起点，这承袭了《资本论》的论说风格，"移动的私有化"的概念生成始自对电视的"广播性"与"共感知性"二重属性的辩证综合，就像"政治经济学批判"由"商品的二重性（二因素）"出发。

一方面，大众对电视广播属性的期待在威廉斯看来根本上源自一种"社会情结"（social complex），它历史性地承继自音频广播，具体

---

① 晚近国内学界对"共感知性"的讨论可参见赵奎英《当代跨媒介艺术的复杂共感知与具身空时性》，《文艺研究》2021 年第 8 期；但汉松《跨媒介性》，《外国文学》2023 年第 6 期。

② Raymond Williams, *Television: Technology and Cultural Form*, London & New York: Routledge, 2004, p.22.

表现为一种"私有化家庭"(the privatized home)的社会情结。[①] 正是
这一情结的欲望法则,使作为睁开了"眼睛"的广播——电视的社会
优势掩盖了它的技术劣势。所以,尽管受到战争的影响,(在西方社
会)电视仍然实现了高速发展。

另一方面,社会情结的决定性再现为电视的"共知感性",尤其
当"对私有化家庭的投资明显增加,而这些家庭与社会中具有决定意
义的政治和生产中心之间的社会和物理距离也变得更远"[②]。这种物理
和社会距离在空间性上的扩张被转化为心理学意义上所亟须的时间性
的缩短,而电视作为"共感知媒介"所能提供的内容的复杂性不仅满
足了此类心理需求而且与之相辅相成、相互促进。这一由空间性所
"再现"的时间性的缩短也表现在资本循环中,如电视的技术基础决定
其在生产内容方面较传统广播更为困难,但反过来,在控制销售领域,
电视有其不可比拟的优势,它可以选择它的消费者,控制它的销售额,
由此,它的生产和销售领域的联结将在经济层面更为紧密。"当对一种
特定的社会交流模式进行如此大量的投资时,就会出现一种金融机构、
文化期望和具体技术发展的限制性复合体,虽然从表面上看,这种复
合体可以被视为一种技术的效果,但实际上是一种新的和核心类型的

---

① Raymond Williams, *Television: Technology and Cultural Form*, London & New York:
   Routledge, 2004, p.22.
② Raymond Williams, *Television: Technology and Cultural Form*, London & New York:
   Routledge, 2004, p.23.

社会复合体。"① 换言之，应对社会需要与生产的综合效应而发展的技术反过来影响社会需要和生产，其中一个重要的表征是，"由于获得了垄断权和出售许可证所带来的资金保障，作为监管的副产品，（电视）广播公司获得了必要的连续性和资源，以此成为广播节目的制作者，而不仅仅是传播者"②。在这一资本再生产的物质性要求中，产生了英国式的"民族国家利益导向"和美国式的"商业广告"两种解决方案，也由此逐步造成了种种社会组织形式的更新，新的意识形态形式（而非新的意识形态）也由此生成。

以上便是"移动的私有化"的基本理论内涵及效果，作为广播媒介，电视实现了（社会）内容传播的私人占有，而作为"共感知媒介"，威廉斯所处的资本主义社会现实获得再现，由此，制度性的私有化，即"私有制"的表象通过广播获得再生产（复制），从而实现了普遍性的移动形态，因此，电视在再现的意义上历史性地实现了资本主义语境中生产力和生产关系的生产和再生产的辩证统一。而在这种自我生成性的发展中，移动所加剧、增强和提升的私有化进一步推动了对"移动的私有化"占有的需求。换言之，"移动的私有化"自身进入生产和消费循环，电视造成了作为使用价值的"移动"得以私有化，体现其交换价值，而"私有制"作为资产阶级的使用价值得以出

---

① Raymond Williams, *Television: Technology and Cultural Form*, London & New York: Routledge, 2004, pp.24-25.

② Raymond Williams, *Television: Technology and Cultural Form*, London & New York: Routledge, 2004, p. 28.

售。自此，由电视的使用价值和交换价值的双重性所决定的"移动"和"私有化"的两方面不断相互激发和促进以至无穷，作为一种新的技术媒介表现出一种（反向的）许煜所宣称的递归形态①。从这个意义上说，电视为"移动的私有化"的概念生成提供了一种趋势和乌托邦前景，前者蕴含在其由音频广播的（相对）单一感知性向"共感知性"的发展中，而后者则决定于这种发展从而蕴含着向更完满的"全感知性"媒介发展的前景。

综上，因为拥有共感知性的生成性与传播的广延性的辩证综合，威廉斯的"移动的私有化"一开始就同时意味着它的对立面"私有化的移动"（privatised mobile），而这一对立统一也正是这一概念得以超越其历史寓意的核心原因。粗略地说，威廉斯实际上从马克思主义美学的形式和内容两方面对电视媒介进行了理论拆解，而其中的关联节点或理论产品便是"移动的私有化"，这种对立统一提供了作为理论史的意识发展的动力，从而在逻辑与历史发展了的时空综合中对理解当下与未来的新媒体不断提供阐释学视角。而为了实现这一点，由本雅明和维利里奥作为"旧的"与"新的"新媒体的代言人的技术论美学可为推动这一发展提供阶段性注脚②。

---

① 参见许煜《递归与偶然》，苏子滢译，华东师范大学出版社 2020 年版。

② 马诺维奇在其著名的《新媒体的语言》中给予了本雅明和维利里奥这一"代言人"身份，是从技术论美学视角提供媒介历史化（考古学）的一种理论方案。参见 Lev Manovich, *The Language of New Media*, Cambridge: MIT Press, 2002, p.171。

二、移动的空间——"移动的私有化"的历史哲学

威廉斯从"私有化家庭"情结阐发出资本主义集体无意识的时空原理，而在"家庭建设之初"，从更为本源的现代时空形态上考察"移动的私有化"的理论家首推本雅明。在其现代性批判的整体性中，本雅明检视出两个"处所"的"美学间性"，他指出"对于私人而言，生活居所第一次与工作场所对立起来。前者成为室内。办公室是对它的补充。私人在办公室里不得不面对现实，因此需要在居室通过幻觉获得滋养。由于他不想让他的商业考虑干扰他的社会考虑，这种需要就越发显得紧迫。在建构他的私人环境时，他把这二者都排除在外。由此产生了居室的种种幻境——对于私人来说，居室的幻境就是整个世界。在居室里，他把遥远的和久远的东西聚合在一起。他的起居室就是世界大剧院的一个包厢"[1]。同样是将资产阶级私有化的某种美学意味与艺术媒介（幻境和剧院）联系起来，本雅明对社会（心理）时空的描绘更为细腻。

正是因为工作场所与居室的对立，现实和幻觉有了自己的配套居所，且更进一步，通过跻身"世界大剧院"居室从生活场所上升为"艺术场所"。居住是具身性的，它是对作为幻觉（意识形态幻象）的"商业考虑"与"社会考虑"二分法的超越，也可以说是在符号界和象

---

[1] ［德］瓦尔特·本雅明：《巴黎，19世纪的首都》，刘北成译，上海人民出版社2006年版，第17页。

征界之外，幻境作为实在界在场的证明提供了艺术灵韵（Aura）的自反性①，故此，可以将之视为拉康式的三元结构对二元关系超越的辩证意义。当然，这对我们理解本雅明仅仅是启发性的。"居室是艺术的避难所。收藏家是居室的真正居民。他以美化物品为己任。他身上负有西西弗式的任务：不断地通过占有物品来剥去它们的商品性质。"②本雅明为此提供了一个更为关键的艺术品的消费辩证法，这一占有的幻象"再现"为对幻象的占有，而这一占有正是通过感知实现的私有化。所以，与威廉斯的政治经济学批判相仿，本雅明对"占有的幻象"和"对幻象的占有"的辨析正对应着"移动的私有化"和"私有化的移动"。"居室不仅仅是一个世界，而且是私人的小宝盒"③，"小宝盒"之所以同构起了整个世界，又是因为它将资本逻辑的首要趣味——对使用价值的否定和对交换价值的推崇以资本积累的形式私有化了，"他只赋予它们鉴赏价值，而不是使用价值"④，从这个角度看，收藏家们为私人居室收集进来的并非具象的物质抑或商品，而是资本主义的生产

---

① 齐泽克在《少于无》中强调了拉康的实在界辩证法对理解灵韵的意义，在这个意义上灵韵有着与"幻象"（fantasy）相近的心理效果。参见 Slavoj Žižek, *Less Than Nothing: Hegel and the Shadow of Dialectical Materialism*, London: Verso Books, 2012, p.697。

② [德] 瓦尔特·本雅明：《巴黎，19世纪的首都》，刘北成译，上海人民出版社2006年版，第18—19页。

③ [德] 瓦尔特·本雅明：《巴黎，19世纪的首都》，刘北成译，上海人民出版社2006年版，第19页。

④ [德] 瓦尔特·本雅明：《巴黎，19世纪的首都》，刘北成译，上海人民出版社2006年版，第19页。

关系，这也对应着"技术可复制时代的艺术作品"这一经典表述中的再生产意味。当收藏家们在意的是物品的经典性（唯一性），却实际购买了"灵韵"的消散，私人藏品上的展示价值与电视界面中的大众文化没有本质区别，电视作为一种承载和传递"物流艺术"的集装箱码头，为观众提供着来自世界各地的"盲盒"。由此，从"辩证意象"的角度，电视进一步体现出其批评效果，居室幻境的吊诡性被进一步揭示出来。当本雅明指出"对于私人来说，居室的幻境就是整个世界"，这看似提供了开放性，实际却指向封闭性，因为办公室和居室的统一不过是资本逻辑抽象效果的一种幻象，电视使观众在居室中观看自己在办公室中所创造的"没有我们的世界"①，这一坐拥世界的幻象恰是资本逻辑所施舍的。勾连起办公室和居室的私有化——"移动的私有化"——如同其背后的资本逻辑一样，是不可抑制、不会停止的"熵增"，由此，私有化世界的冲动将空间逻辑再颠倒过来，作为私有化具象形态的居室要再向外延伸，而未完成的"拱廊街计划"便指向这一延伸的历史形态，以其水晶般的外观实现其"时间晶体"的理论效果。

　　本雅明的"星丛"以其"通感"式的隐喻描绘抽象的整体性，作为幻境的"多"是"一"的投影，它也可以被历史地视作从"解辖域化"到"再辖域化"的不断更迭，而引导主体意识到这一点的是"拱

---

① ［英］阿尔伯特·托斯卡诺、［美］杰夫·金科：《"绝对"的制图学：图绘资本主义》，张艳译，长江文艺出版社 2021 年版，第 177 页。

廊街"。它扮演着"分数维的"① 线索作用，"它们（基于新经济和新技术的创造物）表现为各种幻境。由此就出现了拱廊——钢铁建筑领域里的第一项；出现了展览世界——它与娱乐业的联系意味深长。在这类现象里还包括闲逛者的经验——他让自己沉溺于市场的幻境。在市场幻境里，人们只是作为类型出现的。与市场幻境相对应的是居室幻境。居室幻境的产生缘于人们迫不及待地需要把自己私人的个体存在的印记留在他所居住的房间里。至于文明本身的幻境，奥斯曼成为它的代言人，奥斯曼对巴黎的改建成为它最明显的表现"②。换言之，不同的幻境叠合为统一的幻境，表象上模拟着莱布尼兹"单子"的形态。借由"1852 年的一份巴黎导游图"的讲述，本雅明将物和物化联系了起来并明确了问题的根本，"导游图上说：'拱廊是新近发明的工业化奢侈品。这些通道用玻璃作顶，用大理石铺地，穿越一片片房屋。房主联合投资经营它们。光亮从上面投射下来，通道两侧排列着高雅华丽的商店，因此这种拱廊就是一座城市，甚至可以说是一个微型世界'"③。其中隐藏着本雅明真正需要的判断，即"拱廊便是整个世界"，拱廊与居室首先表现为一种连通性，其次意味着同构性。而在

---

① 根据分数维几何的定义，对拱廊街的轨迹进行抽象后的弯折曲线可视为处于一维与二维之间，类似的图形有皮亚诺曲线等。

② ［德］瓦尔特·本雅明：《巴黎，19 世纪的首都》，刘北成译，上海人民出版社 2006 年版，第 33—34 页。

③ ［德］瓦尔特·本雅明：《巴黎，19 世纪的首都》，刘北成译，上海人民出版社 2006 年版，第 96 页。

"转喻轴"转向"隐喻轴"的过程中，本雅明做出了更为"诗意"的物质批判，"对于闲逛者来说，街道变成了居所；他在商店包围的拱廊上，就像公民在私人住宅里那样自在。对于他来说，闪亮的商家珐琅标志至少也是一种漂亮的墙上装饰，正如资产阶级市民看着自家客厅挂的一幅油画。墙壁就是他用来垫笔记本的书桌。报摊就是他的图书馆。咖啡馆的露台就是他工作之余从那里俯视他的庭院的阳台"[1]。连通性由同构性支撑，资本逻辑所开启的运动根本上是总体性的"变动不居"的全息影像。而作为辩证意象的"拱廊街"除了"连廊"的交通作用外，更要紧处在于其作为视觉界面的橱窗作用，如果前者主要影响了城市规划或空间生产理论，那么后者才意味着这一概念不断生成新的"视觉文化"的价值所在；前者决定于钢铁在建筑业中的应用[2]，后者决定于纺织品贸易的兴起[3]。因为人们要不断看到时髦的服饰，玻璃赋予拱廊街的决定性价值恰如可视化电讯号之于电视。在《经验与贫乏》中，本雅明道出了玻璃的真相，"玻璃是秘密的死敌，也是占有的死敌"[4]。这种开放与封闭之间的辩证法具有鲜明的阶级属

---

[1] [德] 瓦尔特·本雅明：《巴黎，19世纪的首都》，刘北成译，上海人民出版社2006年版，第96页。

[2] 参见 [德] 瓦尔特·本雅明《巴黎，19世纪的首都》，刘北成译，上海人民出版社2006年版，第4页。

[3] 参见 [德] 瓦尔特·本雅明《巴黎，19世纪的首都》，刘北成译，上海人民出版社2006年版，第3页。

[4] [德] 瓦尔特·本雅明：《经验与贫乏》，王炳钧译，百花文艺出版社1999年版，第256页。

性，或许是受到了道尔夫·斯滕贝尔格（Dolf Sternberger）的影响[①]，本雅明不过是将《十九世纪全景》中玻璃窗承载的矛盾情感加以转述。

换言之，从居室与办公室的幻象辩证法到"拱廊街计划"意味着"移动的私有化"的时空批判从第一阶段进入第二阶段，历史性地描述即"从路易·菲利浦的时代起，资产阶级就表现出一种倾向，即要对大城市缺乏私人生活痕迹加以弥补"[②]。如果说占据意味着一种空间性的扩张，那么本雅明深刻地阐释出除了资本逻辑所决定的幻象的吊诡性以外，它在私人空间中实现了对公共空间的想象性扩张后将再次具象性地向公共空间拓展。

迈克尔·布尔（Michael Bull）追忆了或许是第一位认真分析技术发展与"私人空间"关系的理论家西美尔（Georg Simmel）。在后者看来，随着技术的不断发展，城市日益显示出"感官超载、人群、陌生人和喧闹的城市旋涡"对"私人空间"的侵害[③]，这时，一种新颖的"移动的私有化"的物化形态——"移动泡泡"（mobile bubble），试图再次包裹住始自启蒙运动开始的个体私密空间，并使其免受"流动的现代性"的物理制约。首先，移动由私有化决定，"移动泡泡"首先是

---

① See Dolf Sternberger, *Panorama of the Nineteenth Century*, Oxford: Basil Blackwell, 1977, pp.144-146.

② [德] 瓦尔特·本雅明：《巴黎，19世纪的首都》，刘北成译，上海人民出版社2006年版，第45页。

③ Michael Bull, "'To Each Their Own Bubble': Mobile Spaces of Sound in the City", in Nick Couldry and Anna McCarthy, *MediaSpace: Place, Scale and Culture in a Media Age*, London: Routledge, 2004.

"私人泡泡",其历史可上溯至 19 世纪中产阶级在火车旅途中的阅读行为。这时,一个既关乎"知识型"又关乎"情感结构"的历史化显露出来,布尔指出对于上述这一早先的"私人泡泡",制度化(规训)的沉默(比如公共场合禁止大声喧哗)是其中的首要因素,有趣的是随着技术的不断跃升,个人行为发生了翻转,人们开始不再借由安静来实现"私人泡泡",取而代之的是"他们自己的、非常个性化的噪音或声境(sound space)"①。当这种生存方式越发成熟之时,出现了一个极端的悖论,布尔使用感叹号指出,"我们渴望的不是安静,而是噪音!我们需要自己的空间,却越来越不在乎别人的空间"②。它也最终指向这样一个现实困境,当人们"通过使用移动通信技术来表达对亲近和沟通的需求越大,日常生活的公共空间就越疏远"③。通过"移动的私有化",在公共空间中,"泡泡"作为一种私人空间的占有与生成提供的正是"共感知性"的发生空间,而它在几何上则直接表现为"对公

---

① Michael Bull, "'To Each Their Own Bubble': Mobile Spaces of Sound in the City", in Nick Couldry and Anna McCarthy, *MediaSpace: Place, Scale and Culture in a Media Age*, London: Routledge, 2004.

② Michael Bull, "'To Each Their Own Bubble': Mobile Spaces of Sound in the City", in Nick Couldry and Anna McCarthy, *MediaSpace: Place, Scale and Culture in a Media Age*, London: Routledge, 2004.

③ Michael Bull, "'To Each Their Own Bubble': Mobile Spaces of Sound in the City", in Nick Couldry and Anna McCarthy, *MediaSpace: Place, Scale and Culture in a Media Age*, London: Routledge, 2004.

共空间的私有化"①。因此，这一新媒体同样表现出对威廉斯和本雅明逻辑的延续，个人既要在家中拥有世界又要在世界中获得居室体验，新媒体时代的技术认知，如信息论与控制论所张扬的信息的延展效果均呼应了这一资本逻辑必然的心理效果。

在从固定的电视向移动设备的变化中，史蒂芬·格罗宁（Stephen Groening）关注到了某种仍然属于马克思主义空间批判的形式问题，他说："威廉斯在其关于电视的书中对移动的私有化的处理将人们描述为移动的，而私有化的空间和设备（家庭、电视机、无线电接收器）是固定的。这导致林恩·斯皮格尔（Lynn Spigel）在她关于便携式电视的文章中呼吁将这个词改为'私有化的移动'。"②斯皮格尔在分析 20 世纪 60 年代的便携式电视机时，认为这一随身携带的"移动的私有化"颠覆了威廉斯的想象，电视从把世界带进室内变成把室内带入世界，故此，她认为威廉斯的概念需要相应做出颠倒。然而，不论是斯皮格尔还是引述她的格罗宁，都因为局限于空间的物理学解释而落入了形而下的圈套，如果根据"移动的私有化"将"私有化的移动"提升至一种方法论位置，这一表面上的"上升的具体"反而将威廉斯

---

① Michael Bull, "'To Each Their Own Bubble': Mobile Spaces of Sound in the City", in Nick Couldry and Anna McCarthy, *MediaSpace: Place, Scale and Culture in a Media Age*, London: Routledge, 2004.

② Stephen Groening, "From 'A Box in the Theater of the World' to 'The World as Your Living Room': Cellular Phones, Television and Mobile Privatization", *New Media & Society*, Vol.12,No.8, 2010.

的"文化唯物主义"庸俗化了。如上文所说,从根本上,"移动"是由"私有化"所决定的,而在讨论任意一种倾向于同时实现"广播性"与"共感知性"的媒介时,两个概念不仅相互决定而且综合为这一"多元决定"的概念的理论史意义。

通过这一反思再回到"拱廊街"中,如果说以"物质批评"实现"物化批判"的本雅明的"拱廊街计划"在某种程度上已然体现出"主体性的客体转化",那么,在这一方向上更为"去主体化"的后人类理论家维利里奥则将客体翻转为新的神,他的基于"光学拜物教"的艺术本体论将同时推进和限制"移动的私有化"在新媒体时代的显影。在本雅明的空间变化中,人作为移动的"单子"拥有"非具身"的主体性,它的私人与公共空间的交换法则制造的不是一种视觉意义上的"主奴辩证法",而是"光学无意识"[1]。维利里奥的"光学拜物教"正是这种无意识表征的极端理论形态。

三、光的私有化——"移动的私有化"的加速

历史还在展开,本雅明认为"如果说闲逛者把街道视为'室内',拱廊是'室内'的古典形式,那么百货商店体现的是'室内'的败落。市场是闲逛者最后的去处。如果说最初他把街道变成了室内,那么现

---

① Anthony Vidler, *Warped Space: Art, Architecture, and Anxiety in Modern Culture*, MIT press, 2000, p. 80.

在这个室内变成了街道"①。这既可以说是上文所说的空间逻辑的颠倒，又可以说是"移动的私有化"的第三次时空转换，而之所以本雅明能实现这一转换，正在于"拱廊街计划"中主体的位移由光线主导，比如闲逛者与物和人群的目光的遭遇，而玻璃屋顶投下的阳光、街灯或移形换影中的"景观"则具有新的灵韵（光晕），说到底本雅明在居室和城市中的迷宫般的造景强调的并非牛顿空间的变换或累加，亦不是数学意义上"非欧几何"的视角乃至范式变换，而是欲望心理中的相对位移。这还不仅关乎拱廊街的透明性和人群对光的阻挡与传播，在本雅明自己的描绘中，"工业越发展，它抛向市场的仿造品就越完美。商品沐浴在一种粗俗的光亮中。这种光亮与造成'神学的怪诞'的光亮毫无共同之处，但是它对于社会具有某种重要性"②。巧合的是，格罗宁凭借"移动的私有化"为威廉斯的电视美学提供了新的隐喻，并同样将问题导向光学领域，他认为在物象层面上，尽管电视所提供的内容有关公共性，但"看电视是一项私人活动"③。对此，格罗宁将电

---

① [德] 瓦尔特·本雅明：《巴黎，19世纪的首都》，刘北成译，上海人民出版社2006年版，第117页。

② [德] 瓦尔特·本雅明：《巴黎，19世纪的首都》，刘北成译，上海人民出版社2006年版，第178页。

③ Stephen Groening, "From 'A Box in the Theater of the World' to 'The World as Your Living Room': Cellular Phones, Television and Mobile Privatization", *New Media & Society*, Vol.12, No.8, 2010.

视比喻为公共与私人之间的一个"膜"(membrane)[1],这一比喻具有典型性,它寓意渗透且区隔的介质特征,不仅使威廉斯的电视史论与本雅明的空间批评进一步连通起来,而且将理论视野导向维利里奥。在著名的《新媒体的语言》中,马诺维奇将本雅明和维利里奥确认为旧的和新的"新媒体"的两位代表性理论家,并且,对光学之于技术媒介的认识将两者连通起来,而其中决定性的分殊在于本雅明和维利里奥美学思想所凭据的技术时代之间存在根本的断裂性,后者以"大光学"超越了"小光学"[2],这种"大光学"直接指向了由更为新颖的技术时代的新媒体所决定的"光学拜物教"的发生。简言之,正是量子力学对光的波粒二象性的理解和阐发形成了某种新的宇宙观,使得包括维利里奥在内的一批技术论美学家将光和信息联系乃至等同,从而不仅进入了由技术奇点所引发的美学奇点,也将偏狭推向极致。据此,"移动的私有化"也经由维利里奥式的更新迎来自身的理论奇点,其赖以存身并加以解析的时空辩证法将遭遇时空的置换、对立的消弭乃至二重性的同一。

简单来说,在艺术理论的意义上,维利里奥从根本上用"光速"

---

[1] Stephen Groening, "From 'A Box in the Theater of the World' to 'The World as Your Living Room' : Cellular Phones, Television and Mobile Privatization", *New Media & Society*, Vol.12, No.8, 2010.

[2] Lev Manovich, *The Language of New Media*, Cambridge: MIT Press, 2002, pp.170-175.

替换（统一）了传统的时空理论，[1] 其认识论显现出一种"光学拜物教"，光的存在方式也就决定了艺术的存在形式，由此在更具艺术本体论的意义上将"移动的私有化"写入了控制论时期的新媒体中，这一点也以"人体解剖是猴体解剖的一把钥匙"的意义将历史中的"旧媒体"连通起来。这一连通性决定于光学，比如维利里奥指出，电影与建筑在视觉上的连通性说明"表面"（surface）与"面对面"（face-to-face）的重要性让位于"界面"（interface），[2] 它们分别关于光的反射、干涉和衍射；又比如建筑作为光的路径规划者造成了"一系列的拓扑扭曲"，那么"拱廊街"也可以被视为这种拓扑扭曲在城市规划尺度中的反应。在这一（系列的）形态学发展中，维利里奥阐发出"窗户"这一媒介喻体的历史变形记，认为它作为一种几何和光学范畴历时性地拥有三种表现形式，第一个阶段的窗户是门，因为最早一批的住房中还没有特别设置专门性的"照明开口"（the illuminating opening）；第二个阶段是窗本身（它的出现很晚）；第三个阶段便是电视屏幕，"它是一个可拆卸的便携式窗户，打开它就能看到光速发射的虚假日

---

① Douglas Kellner, "Virilio, War and Technology: Some Critical Reflections", *Theory, Culture & Society*,Vol.16,No.5-6, 1999.

② Paul Virilio, *The Lost Dimension*, trans. Daniel Moshenberg, New York: Semiotext（e）, 1991, p.69.

子"。① 其中第三个窗户拥有两个重要的物理特性，第一，电视屏幕是一扇"向内的"（introverted）的窗户，它并不是一个临近空间的连通器，而是朝向"可感知视界"（perceptible horizon）之外，这也意味着观众在通往共同体的想象中可能越发远离邻人而形成"原子化"。也由此，（相对于通过性）电视屏幕的第二个特性是选择性，它不会允许所有的事物无差别地通过自己。"选择"占据了"通过"的部分生成空间，意味着"光的介质"的"半通过性"，将格罗宁的比喻赋予其中，通过维利里奥，电视媒介亦可被视为一种"半透膜"。

然而，从阿尔都塞的角度选择的主动性可能正是"询唤的"，由此"半透膜"不仅意味着主体对客体的选择性，同时意味着主体自我生成的选择性，它再次首先涉及意识形态幻象。斯科特·麦奎尔（Scott McQuire）引用西美尔与拉康对所谓"双向窗"进行的辨析，西美尔强调窗户的知觉单向性，以"从内向外看"来否决"由外向内"。这一批判同样阐发出窗户作为"移动的私有化"的媒介特征，它使得拥有私人房屋的主人同时拥有了向外看世界的特权。但拉康指出了其中的问题，"这种看他人而不被他人看到的幻想是否定凝视（gaze）的

① 维利里奥以光学理论介入其"电影—战争"问题域的重要概念，因为光电信号的效应，在不断发展的光学媒介如电视或电影屏幕上人们将遭遇电子性的时光（虚假日子），斯蒂格勒曾将之解释为关于时间性的宇宙条件（程序化）的悬置之际，See Bernard Stiegler, *Technics and Time, 2: Disorientation*, Stanford: Stanford University Press, 1998, p.124; Paul Virilio, *The Lost Dimension*, trans. Daniel Moshenberg, New York: Semiotext（e）, 1991, p. 79.

症状"①，他的精神分析学强调的既是幻象的可逆性又是主体权力的相互性。但麦奎尔所没有看到的是，拉康的回答不仅具有解构性，而且具有根本上的超物理性，它并不在维利里奥的几种窗户的发展史中等待"属人"的技术生成史不断接近它的奇点。更重要的是，如果凝视才是"界面"背后的心理机制，那么人类意识生成的第一次向外的投射不是为建筑物装配玻璃或打开窗户，而是面对镜子（或看向水面）。换言之，人类的第一个窗户不是建筑物上的作为其现代所指的透光体，而是自己的眼睛，这也正是齐泽克以历史哲学重写拉康镜像理论的价值所在。在齐泽克的解释中，"幻象—凝视"构成了纯粹的"我思"，"在其中，我发现自己被还原为一个非存在的凝视，换言之，在失去了对我的所有有效的称谓之后，我所剩下的仅仅是一个充满矛盾的凝视，观察着一个没有我存在的世界"②，这种对凝视与幻象的互文是对笛卡尔式"我思"的拆除。而从结构的角度来看，这种幻象体现了"凝视的自我双重化"，"这就如同我们正在观察一个我们无法看到的'原初场景'，我们并不能马上认同于我们的'看'，因为我们其实是站在'其后'的某个角落"③。因此，不论是麦奎尔还是齐泽克在论述窗户的

① Scott Mc Quire, *The Media City: Media, Architecture and Urban Space*, Los Angeles: Sage, 2008, p. 176.

②［斯洛文尼亚］斯拉沃热·齐泽克:《延迟的否定：康德、黑格尔与意识形态批判》，夏莹译，南京大学出版社 2016 年版，第 89 页。

③［斯洛文尼亚］斯拉沃热·齐泽克:《延迟的否定：康德、黑格尔与意识形态批判》，夏莹译，南京大学出版社 2016 年版，第 90 页。

非单向度，乃至非向度的构成性时都提到了希区柯克的《后窗》，它以电影的时间性叙事的自我空间化将窗户的空间性构成的自我时间化同时凝结在一个整体性的幻象之中。这一幻象也便更新了本雅明的"辩证意象"，它清晰地说明了窗户作为一种物理性的"遮蔽中的敞开"（洞穿墙体）实则指向了对人体器官（眼睛）和欲望机器（心灵之镜）的双重模拟，"在墙上总是有一只巨大的眼睛，通常是一个雕塑，然而突然之间，我们意识到确实有某个人躲藏在这双眼睛的背后观察着正在进行的一切。此处的矛盾在于凝视被这双眼睛，换言之，被用以凝视的器官本身所掩盖"[①]。电影作为一种媒介艺术，倚靠自身的"视差之见"为维利里奥等人在媒介阶段论之上的迷思提供了爆破点，窗户也总是双向性的，比如电视作为我们看世界的窗户，也是供人观看的奇观。[②]

从齐泽克所更新的维利里奥的"半透膜"视角，移动互联的问题也可随之更新。而格罗宁试图说明"在手机上引入电视风格的节目表明，电视在公共/私人二分法中的角色正在发生变化"[③]，其中的第一层逻辑在于电视与广告的绑定造成了对"传统"移动通信工具的改造，

①[斯洛文尼亚]斯拉沃热·齐泽克：《延迟的否定：康德、黑格尔与意识形态批判》，夏莹译，南京大学出版社 2016 年版，第 90 页。

② Scott Mc Quire, *The Media City: Media, Architecture and Urban Space*, Los Angeles: Sage, 2008, p. 186.

③ Stephen Groening, "From 'A Box in the Theater of the World' to 'The World as Your Living Room': Cellular Phones, Television and Mobile Privatization", *New Media & Society*, Vol. 12,No.8, 2010.

广告所创造的幻想性控制旨在让接受者从社会交往中抽离而沉浸在
"私人泡泡"之中。但从技术本身的特征来说，手机总是使人们相信
必须永久携带这一设备而得以实现"永久联系"[1]。两相综合，移动通
信技术与传统商业的"生产关系的再生产"互相融合。简言之，手机
等移动通信技术从实现人与人之间交往的工具"转变为商业产品的手
持接收器"[2]，它仍然延续着"移动的私有化"。因此，格罗宁指出，在
手机上看电视意味着"电视是移动的这一事实并非简单地提升公共性，
而是制造了一个小型的移动私人空间，公共性的互动仍与家中的电视
机无异。事实上，围绕这些技术的宣传和广告话语将移动的电视视为
一种田园诗般的隐私形式，并试图说服消费者，移动电视可以让我们
在家庭空间之外随身携带家"[3]。如果在后工业社会任何对"田园牧歌"
的自然化表征都带有鲜明的意识形态效果，那么让电视机本身动起来
的事件为我们理解意识形态幻象提供了新的阐释学。格罗宁同样认为，
私人空间与公共空间混合的物象化便是拱廊街，它是"介于街道和室

① See James Everett Katz and Mark Aakhus, eds., *Perpetual Contact: Mobile Communication, Private Talk, Public Performance*, Cambridge: Cambridge University Press, 2002.

② Stephen Groening, "From 'A Box in the Theater of the World' to 'The World as Your Living Room': Cellular Phones, Television and Mobile Privatization", *New Media & Society*, Vol.12,No.8, 2010.

③ Stephen Groening, "From 'A Box in the Theater of the World' to 'The World as Your Living Room': Cellular Phones, Television and Mobile Privatization", *New Media & Society*, Vol.12,No.8, 2010.

内之间的东西"①。而这一物象也并非凭空出现,本雅明通过剧院包厢到隐匿于市的变化历史性地阐发了"一条清晰的线索,从社会关系的变化—私人向隐居的撤退—观察和观看的补偿行为"②。本雅明基于历史哲学的文化批评正是对"移动的私有化"的一种形式化,而现在"手机让使用者能够随身带着家,甚至进入工作场所,创造了一条全天不间断的移动私人空间之路,即使在通勤期间,也能在不受社会义务影响的情况下融入社会"③。这一方面关乎手机作为一种传播设备在技术属性上的进一步革新,另一方面关乎批评者在阶级意识上的进一步觉醒。新的移动通信设备使得威廉斯、本雅明和维利里奥等人试图阐发的一种作为模糊界面的中介形式进一步"清晰"起来,在一个具有物理移动能力的技术物身上,私人和公共之间的连通与隔绝均发展到了"上层建筑"的层面,以"不受社会义务影响"的方式融入社会是将公共空间景观化而加以收藏的更高和更隐蔽的形态。对此似乎又可借用鲍德里亚的视角,在仿真作为唯一真实的拟像社会中,不是真实

---

① Stephen Groening, "From 'A Box in the Theater of the World' to 'The World as Your Living Room': Cellular Phones, Television and Mobile Privatization", *New Media & Society*, Vol.12,No.8, 2010.

② Stephen Groening, "From 'A Box in the Theater of the World' to 'The World as Your Living Room': Cellular Phones, Television and Mobile Privatization", *New Media & Society*, Vol.12,No.8, 2010.

③ Stephen Groening, "From 'A Box in the Theater of the World' to 'The World as Your Living Room': Cellular Phones, Television and Mobile Privatization", *New Media & Society*, Vol.12,No.8, 2010.

被遮蔽了，而是真实被遮蔽的这一事实被遮蔽了，这也呼应着维利里奥的"消失的美学"[①]。但这样笼统的看法看似是历史化的，实际却可能相反，因为消失的不是现象学意义上的光的"痕迹"或视觉的"动线"，而是政治经济学批判的历史维度，这当然也是遵循某种"知觉现象学"的维利里奥的问题。而新媒体的唯物主义批判者如格罗宁则不断实践性地证明着"移动的私有化"范畴的普遍性价值，它能够直面不同阶段的新媒介，如广播、电视、手机及至人工智能时代的元宇宙，并提供总体性的阐释力。

四、结论

综上所述，至少有以下几个方面是"移动的私有化"为我们在现在和未来理解新媒体所提供的参考。

第一，要始终在生产方式理论中理解新媒体的"私有化的移动"。通过维利里奥的"预言"，数字资本主义中信息、数据与信息化的光无异，是统治当下和未来社会的单纯的量。对于这一点，德勒兹显然是更为深刻的思辨者，在对信息流的探索中，《千高原》正是以电视与人的"人—机"关系来比喻民族国家在资本流动中的地位的。作者们指出，"比如：人被电视所征服，当他使用或消耗它的时候，在这

---

① 国内论述维利里奥"消失美学"的文章可参见李三达《现实何以消失：论维利里奥的后人类主义视觉理论》，《文艺研究》2022 年第 3 期。

个极为特殊的情形之中，一个陈述的主体或多或少误将自身当作一个表述的主体（'您，亲爱的电视观众，是您造就了电视……'）；技术性的机器是两个主体之间的媒介。然而，人被（作为人—机的）电视所役使，当电视观众不再是消费者或使用者，甚至也不被认为是'造就'了它的主体，而是被当作内在的构件，是'输入'和'输出'，是回授（feedback）或循环，所有这些方式都与机器相关，但却不是生产或使用的意义上"①。就像在《反俄狄浦斯》中作为机器的资本生成于解码与解辖域的流动，资本如同信息在解辖域化和再辖域化的空间流变中循环往复一般，由此，作为隐喻体的"人—机"关系在德勒兹的视角中无关乎生产和使用是可以理解的。但这同样也是德勒兹等人与马克思主义的根本分歧所在，至少在威廉斯的电视理论的视角下，最后一句应改写为"所有这些方式都与机器相关，正是在生产或使用的意义上"。德勒兹希望摆脱主体性的幻象，试图以流动性重解资本逻辑，但不论是对于空间性（作为民族国家的一种拓扑学）还是在葛兰西的意义上理解"实践一元论"，观众与电视的信息交互中的生成性关系仍然是一种生产关系；不论是作为生产力还是生产工具，观众仍然跨越性地参与着生产与消费环节，这便是电视的"二重性"所决定的观众的"二重性"。也正是在这个意义上，被德勒兹放逐的属于马克思主义的"阶级性"才能被追回，观众仍需在阿尔都塞的意义上做出选

---

① [法] 德勒兹、加塔利：《资本主义与精神分裂（卷2）：千高原》，姜宇辉译，上海书店出版社 2010 年版，第 661—662 页。

择，或者说通过"自我革命"实现"自我生产"。"晚期资本主义的文化逻辑"决定于晚期资本主义的生产方式，缺乏自反性是后现代主义与唯物辩证法的根本区别。

第二，理解"移动的私有化"要求进一步理解公共与私人领域的辩证法。这同样要求主体性不能被放逐，正如哈贝马斯在《公共领域的结构转型》中所说："封建社会里不存在古典（或现代）意义上的'公共领域'和'私人领域'的对立模式"[①]。在这一历史前提下，哈贝马斯提供了一个私人与公共颠倒的悖论，"大众传媒充当了个人疾苦与困难的倾诉对象，生活忠告的权威人士：它们提供了充分的认同机会——在公共鼓励和咨询服务的广泛基础上，私人领域获得了再生"[②]。私人空间通过向公共的延展确保且提升了其私人性，由此，"私有化的移动"从来不是形而下的移动，更不是具身性移动，在资本的抽象逻辑中，它从一开始指的就是资本的移动，是抽象化的移动和移动的抽象化，是具体劳动向抽象劳动的生成过程与使用价值被交换价值（乃至象征价值）掩盖过程的统一。本雅明也曾区分过"闲逛者"与"人群中的人"，指出"波德莱尔认为，'人群中的人'，即艾伦·坡笔下的叙述者在伦敦夜晚的茫茫人海中所追踪的人，与闲逛者很适合等量齐观。我们很难接受这种观点。人群中的人不是闲逛者。在他身上，

---

① [德]哈贝马斯：《公共领域的结构转型》，曹卫东等译，学林出版社 1999 年版，第 5 页。

② [德]哈贝马斯：《公共领域的结构转型》，曹卫东等译，学林出版社 1999 年版，第 198 页。

泰然自若让位给躁动不安。因此，毋宁说他体现的是，一旦闲逛者被迫脱离了他自己所依附的环境他会变成什么样子"[1]。但是当闲逛者和"人群中的人"都是拿着手机的人时，这种区分还有可能吗？本雅明这句话中的"躁动不安"呼应着《共产党宣言》中的名言："生产的不断变革，一切社会状况不停的动荡，永远的不安定和变动，这就是资产阶级时代不同于过去一切时代的地方。"[2] "移动的私有化"正在于明确私有化就是移动的，而这"移动"是绝对的，不论它是呈现于固定的电视中还是运动的手机上。资本主义社会中的传播媒介在"归根到底"的意义上决定于资本主义的生产方式，因为"媒体行业不能被单单视为一个行业"，它所生产的具有"商品"和"公共产品"的二重性，[3]而"移动的私有化"的概念始终提醒我们注意"家庭消费私有化的做法本身就表明了西方民主制度中明显的原子主义和非政治化进程"[4]。

第三，如果说前两点构成了威廉斯电视批判的逻辑起点，那么基于对"二重性"对立统一的理解，两相综合后所指向的根本便是马克

---

[1] [德] 瓦尔特·本雅明：《巴黎，19世纪的首都》，刘北成译，上海人民出版社2006年版，第205页。

[2] 中共中央马克思恩格斯列宁斯大林著作编译局编译：《马克思恩格斯文集》(第二卷)，人民出版社2009年版，第34页。

[3] Andreas Wittel, "Digital Marx: Toward a Political Economy of Distributed Media", in Christian Fuchs, and Vincent Mosco, eds., *Marx in the Age of Digital Capitalism*, Leiden: Brill, 2016, p. 69.

[4] Nick Stevenson, *Understanding Media Cultures: Social Theory and Mass Communication*, London: SAGE, 2002, p. 220.

思主义的技术认知。后者简言之是指始终将政治经济学批判作为一切理论与现实批判的技术（technics），从而也实现了对"技术决定论"的扬弃。通过"光学拜物教"，维利里奥实现了对空间阻隔与媒介延伸意义的统一（其电影学的消失术也由此而来），而从技术认识的角度，这不过是因为其光学认知与新技术时代的信息认知共享着同一个知识型。从控制论开始，将信息提升至本体论高度，根本上改变的不是认识世界的材料或标准而是方式，是基于不同世界观的技术认知。在这个意义上，信息、数字和光拥有的是同一种质地的技术美学形式。在维利里奥们所推崇的这种"光学拜物教"中，光首先不是可供观测的波和粒子，也不是物理学上的离散物质，而是想象性的信息，与本研究所观察到的诸多类型的"技术决定论"一样，这类认知共享着对技术的"去历史化"和"非社会化"，其背后的根源仍是资本逻辑对社会形式的"自然化"。而从马克思主义的视角来看，在最根本的意义上起决定性作用的并非单纯的物、科学甚或技术，而是历史的生产方式，是与之相关并勾连起整个政治经济学基础的人类改造自然和形成自身社会属性的过程。

　　我们不能忘记威廉斯电视批判的初衷正是为了批判麦克卢汉式的技术决定论。在《电视》的开篇，威廉斯清晰地表明对电视的历史性分析是一个特殊的批评实践，或者系统性分析的具体阶段。而这个一

般或总体性的事业则是对技术与社会、文化之间关系的探索，① 作为
《电视》总前提的这一视角决定了威廉斯的电视批判的超越性价值。在
对技术与社会关系的常见观念中，威廉斯拆解出九种表述，并指出其
中一部分将电视技术的出现视为偶然事件，而另一部分则将电视视为
一个技术的社会性事故，它出现的意义源自某种特定的社会需要。对
此威廉斯分析到，前一类观点体现为"技术决定论"，因为在这类观点
看来"新技术的发现，本质上是一个内部的研究和发展过程，然后为
社会变革和进步创造条件"②，同时，尽管第二类观点表面上看起来不
那么"技术决定论"，因为它们往往强调社会变革中的其他的因果关
系，"然后将特定的技术或技术的复合体视为其他类型变化的症状。由
此，任何特定的技术都是社会进程的副产品，而社会进程则是由其他
方式决定的"③。威廉斯将这第二类型的"技术—社会认知"称为"症
候技术"（symptomatic technology）观点，它实质上与前一类型并无根
本差异，两者都将技术抽象化了，从其所生成的和进一步参与构成的
社会语境中抽象了出来，"在技术决定论中，研究和开发被认为是自
我生成的。新技术是在一个独立的领域发明的，然后创造新的社会或

① Raymond Williams, *Television: Technology and Cultural Form*, London & New York: Routledge, 2004, p.2.

② Raymond Williams, *Television: Technology and Cultural Form*, London & New York: Routledge, 2004, p.5.

③ Raymond Williams, *Television: Technology and Cultural Form*, London & New York: Routledge, 2004, p.6.

新的人类条件。同样，症候技术的观点认为，研究和开发是自我产生的，不过以一种更为边缘的方式。然后，在边缘发现的东西被吸收和利用"[①]。

威廉斯的批判试图超越这两种主流观点，从而理解新技术（电视）并不处于某种边缘位置，与其决定者间接相关。恰恰相反，决定新技术生成的某种社会性意图正是技术生成的核心，也决定了新技术的核心地位，"作为已知的社会需求、目的和实践，技术不是边缘的，而是核心的"[②]。威廉斯的整体论证基于对电视技术生成的历史化和社会化，对应的正是抽象的化约论。通过对 19 世纪末到 20 世纪初的媒介技术发展史的梳理，威廉斯说明直到第一个公共电视体系出现，技术发展的每个阶段都在为了最终的目标努力，这一"努力"是社会意图和实践的形式。而在广播阶段，工业资本主义的矛盾压力确实在一定程度上得到了缓解，"因为流动性在某种程度上只是一种独立的好奇心的冲动：希望走出去看看新的地方"[③]。威廉斯的技术决定论批判已经接近一种马克思主义的技术认知，它既不是决定论的也不是简单的反决定论，因为后者很可能轻易地陷入一种"否定的决定论"陷阱。

① Raymond Williams, *Television: Technology and Cultural Form*, London & New York: Routledge, 2004, p.6.
② Raymond Williams, *Television: Technology and Cultural Form*, London & New York: Routledge, 2004, p.7.
③ Raymond Williams, *Television: Technology and Cultural Form*, London & New York: Routledge, 2004, p.20.

借用弗里德曼的说法,"社会主义批判必须避免这种否定的决定论,而应推动新技术的另类结构与使用"①。这一另类对应着马克思主义学者在批判的意义上所使用的"另类现代性",后者意味着社会主义之于资本主义现代性的辩证扬弃,从根本上体现为"现实的马克思主义"的以实践论为形式的本体论。

《电视》的第一句话是这么说的:"人们常说电视改变了我们的世界。同样地,人们经常谈论一个新的世界,一个新的社会,一个新的历史阶段,被这个或那个新技术所创造——'带来':蒸汽机,汽车,原子弹。我们大多数人都知道这样的话通常意味着什么。但这可能是主要的困难:在我们最普通的讨论中,我们已经如此习惯于这种一般性的发言,以至于我们可能无法认识到它们的具体含义。"② 现在,这句话里的电视可以置换为互联网、人工智能或元宇宙。显而易见的是,音频广播、电影和电视直至元宇宙的发展路径,呈现出"共感知性"向"全感知性"的飞速演进,因此,当我们声称这些新技术"(将)改变我们的世界时",我们需要在威廉斯的启发下更为深刻地理解其内涵。"移动的私有化"批判的要义在于强调从生产方式理论所决定的历史唯物主义的视角来看,技术从来不能单纯地、直接地改变世界,因为最终能够实现世界的根本改变的是掌握了科学观念的无产阶级的具

---

① Des Freedman, "A 'Technological Idiot'? Raymond Williams and Communications Technology", *Information, Communication & Society*, Vol. 5,No.3, 2002.

② Raymond Williams, *Television: Technology and Cultural Form*, London & New York: Routledge, 2004, p.1.

体实践，而不是某种技术。①而这也正是我们深入理解马克思主义的技术论美学的中国化的理论契机。对去历史化的和非社会化的技术认知的扬弃，凸显了"移动的私有化"从时空维度对形式和内容辩证法的分析和综合，这意味着不论新媒体具有怎样的想象性的时空向度，也不论其自身是固定的还是移动的，究竟能够开发或连通起多少新的器官或感知形式，新的技术媒体的两个决定性特征仍然可理解为"移动"和"私有化"，一是生产方式的传播性，二是生产方式的再现性，并始终根植于威廉斯所开掘的电视的二重性中。

---

① 在《未来阶段的种种问题》中威廉斯回顾了"移动的私有化"概念，其中我们可以理解威廉斯寄予了这一范畴怎样的政治期望。参见［英］雷蒙·威廉斯《希望的源泉：文化、民主、社会主义》，祁阿红、吴晓妹译，译林出版社 2014 年版，第 187—191 页。

第三节 从"技术决定论批判"到"人民性"

从马克思主义美学的角度来看，作为一种观念的"技术决定论"表现出意识形态特征，我们已经明确了，在"归根到底"的意义上，马克思主义的决定性是社会历史现实，用詹姆逊的说法即"在马克思主义看来，技术发展是资本发展的结果，而不是其本身的某种最终决定因素"[1]。马克思主义的技术认知不仅具有反技术决定论的能力，而且足以在人类解放事业的意义上贡献独特的马克思主义美学价值，对此，在电视理论之外，威廉斯的电影理论同样具有借鉴意义。一方面，他从艺术媒介视角做出的电影理论的"技术决定论"批判于当下新的技术时代仍有参考价值；另一方面，更重要的是他辩证综合地将"技术决定论"批判从技术主义的话语形式中解放出来，以唯物史观将之解释进了社会主义实践理论之中，构成了一篇传世的"社会主义电影宣言"。这一宣言集中体现于尚未获得国内学界足够重视的《电影与社会主义》（以下简称《电影》）之中。

---

[1] Fredric Jameson, *Postmodernism, or, The Cultural Logic of Late Capitalism*, Durham: Duke University Press, 1991, p. 35.

一、"技术决定论"批判

1985 年，威廉斯在英国国家电影院的演讲[1]被编入了他重要的"遗作"之一《现代主义的政治》中，与威廉斯在学术生涯的大部分时间里的理论追求相一致，这一文本仍然可被视为对"西方马克思主义"的主要论题——"反思决定论"的贡献，由此，其也便与隔海相望的欧洲大陆的西方马克思主义文艺理论，如"批判理论"的艺术形式论争相呼应。威廉斯基于文化唯物主义的激进理论仍然从属于"马克思主义英国化"的文艺理论传统之中，上承考德威尔等人的"红色理论"，而下启文化研究的左翼文化理论的脉络。《电影》正是在这一前提下，从技术美学的视角开始其对电影的理解。

文章伊始便体现出鲜明的历史向度，"电影的第一批观众是工业化世界大城市中的工人阶级。在同一时期，同一群人中，工人运动和社会主义运动也在成长壮大。这些不同性质的发展之间有什么样的关键联系吗？"[2]对于这一总启句，有三个方面的特征值得把握：第一，就像《英国工人阶级状况》等经验性文本之于《共产党宣言》一样，对同时作为历史现实和主体的阶级状况的把握为威廉斯的"电影宣言"提供基调和立场；第二，将阶级与阶级的活动联系起来，理解表面上

---

[1] 参见［美］达纳·伯兰《雷蒙·威廉斯论电影》，潘源译，《世界电影》2014 年第 1 期。

[2] Raymond Williams, *Politics of Modernism: Against the New Conformists*, New York & London: Verso Books, 1989, p. 107.

的"历史偶然时间"是为了打开社会主义美学时间；所以第三，威廉斯旨在提供一种对电影的艺术社会学阐释，并自问自答道："许多人都认为存在联系，但看法却大相径庭。"[1] 这一说法实际意味着威廉斯的阐释是对西方马克思主义美学史的介入。在诸多不同的方法中，威廉斯指出"从早期阶段起，左派普遍认为电影是一种大众艺术，在这个意义上说也是一种民主艺术"[2]。这一论断强调的是，就像阶级作为一种社会关系所具有的历史属性一样，我们对电影阶级性的理解不应停留在本质主义的层面。此外，它也指向了对"技术决定论"的评判，电影的技术主义认识与电影媒介的技术本源相关，两者几乎相伴而生，这种认识一方面认为电影是对戏剧艺术的简单超越，源于现代技术复制艺术对前现代传统艺术的超越，另一方面又为这一媒介寄托了乌托邦理想，"以科学和技术为基础，从根本上说是开放的和流动的，因此，它不仅是一种大众媒介，而且是一种动力媒介，甚至可能是一种革命媒介"[3]。但历史地考察，报纸的出现也曾面对相似的历史语境，而当时的英国左派则对其动力与革命性持怀疑态度，甚至认为应该反对这一新兴媒介。如果相近立场的认识主体对两种新的技术媒介有着

---

[1] Raymond Williams, *Politics of Modernism: Against the New Conformists*, New York & London: Verso Books, 1989, p. 107.

[2] Raymond Williams, *Politics of Modernism: Against the New Conformists*, New York & London: Verso Books, 1989, p. 107.

[3] Raymond Williams, *Politics of Modernism: Against the New Conformists*, New York & London: Verso Books, 1989, p. 107.

截然不同的看法，那么问题出在哪里呢？

对威廉斯而言，不同历史时期英国左派之间的不同观点缘于对技术的"历史性"的忽视。如果在阶级的对立中对这一问题加以审视，问题的症结便会和盘托出，其重点在于这样一个事实，"自始至终，商业企业家、新型资本家在宏大进程中所形成的新技术、新受众中始终能看到他们自己的形式的可能性"①，这一形式的基础便是维护资本增值这一基本形式（生产方式）。换言之，在资本主义生产方式所主导的社会中，资本有能力，或至少有持续和强烈的动力针对不同的新媒介做出自己的反应，比如通过修改法律法规实现管控的变革。而一旦意识到了这一点，将信心或失望简单地赋予新媒介的技术根基，都不同程度地反映了一种"技术决定论"迷思，它既是对技术的去历史化理解又是对阶级主体性的放逐。而它从根本上决定于资本逻辑，不论其讨论的对象是电影还是报纸、电视，抑或是更为前沿的新技术媒体，如互联网、元宇宙。

威廉斯从历史唯物主义视角加以考察，在颠倒上述逻辑的意义上揭示了物质事实，"正因为电影是通俗的，它才在某种程度上在诸多方面仍然受到控制"②，其中体现的正是唯物辩证法的现实效果。由此，我们不能以"技术决定论"来简单阐发电影的通俗性。而更进

---

① Raymond Williams, *Politics of Modernism: Against the New Conformists*, New York & London: Verso Books, 1989, p. 108.

② Raymond Williams, *Politics of Modernism: Against the New Conformists*, New York & London: Verso Books, 1989, p. 108.

一步，事实上，当"通俗"被意识形态裹挟时，其内部已叠加了诸矛盾。比如，其时伦敦各类剧院的舞台早就上演着"海战"与"火车事故"等题材的故事，这也正是在内容的延续性上，电影与外景拍摄诞生的缘由之一。也因此，仅仅从内容而言，电影并没有在通俗的意味上对戏剧做出根本的革新，这也呼应了卢卡奇在电影与戏剧的比较研究中对形式问题的侧重。[①] 而另一方面，电影带来的革新又的确发生了，但它关乎另一件事情。为了说明这一问题，威廉斯举了一个具体案例，"在一些情节剧（尽管绝非所有情节剧）中，男女主人公都是穷人，都是富人或权贵的牺牲品：抵押贷款人或贵族军官则往往是典型的恶棍"[②]。这似乎为这剧情的某种属于左派的激进性定了调子，但威廉斯指出事情没有那么简单，在这类剧情中，故事经过曲折发展，最终"穷苦的（poor）受害者得救了，不幸的（poor）男主人公或女主人公从此幸福地生活着"[③]。这种得以解脱的结果当然能够获得其通俗性，但是如果认为它同时具有激进性，恐怕就会遇到经验上的困难，因为剧情所营造的主体境遇的转变是个别的与具体的，它不具有通向集体性的实践性，不具备"放之四海而皆准"的普遍性和历史的必然

---

① 参见［匈］格奥尔格·卢卡奇《思考电影美学》，谷壮译，载［德］西奥多·阿多诺等著《电影的透明性：欧洲思想家论电影》，河南大学出版社 2017 年版，第 1—10 页。

② Raymond Williams, *Politics of Modernism: Against the New Conformists,* New York & London: Verso Books, 1989, p. 110.

③ Raymond Williams, *Politics of Modernism: Against the New Conformists,* New York & London: Verso Books, 1989, p. 111.

性。威廉斯以一个足够通俗的例子说明了通俗与激进之间的矛盾，如
果受众所处的环境尚且由资本逻辑所决定，其感受中的"合理化"难
免不受制于资产阶级的意识形态幻象，这时批判理论所强调的资本主
义"收编"的故事就变成了主动的"明知故犯"，便模仿着齐泽克所谓
的犬儒主义意识形态。尽管这样的情节表面上实现了艺术的通俗性，
但是"一种社会的怜悯或一种社会的愤怒，立刻被这种诡计的技巧集
中起来，然后被替换了"①。用阿尔都塞的说法，这些"怜悯"或"愤
怒"本应成为造成阶级立场的阶级本能②，但在上述意识形态实践中这
一转化的可能性不仅被遮蔽了，甚至如果这种实践被误以为是激进的
机会，也就将错失真正的机会，而所谓的主动性的通俗也就被异化为
被动的媚俗（Kitsch）了。

　　所以，不能在内容上轻易地将激进性寄望于通俗性。此外，也不
能将之简单地寄望于媒介形式，首先这仍是一种技术决定论。比如，
有一种观点认为"运动性本身——电影最明显的要素——同激进主义
有着必然的联系"③。与运动（速度）的观点成对出现的是所谓电影先
天具有"开放性"的观点，事实上，这些观点的"特异性"均建基于

① Raymond Williams, *Politics of Modernism: Against the New Conformists*, New York &
　London: Verso Books, 1989, p. 111.
② Louis Althusser, "Philosophy as a Revolutionary Weapon", *New Left Review,* Vol.64,
　1970.
③ Raymond Williams, *Politics of Modernism: Against the New Conformists*, New York &
　London: Verso Books, 1989, p. 111.

新生艺术技术的"特异性"。关于"运动",德勒兹和维利里奥的论点可与之比较;而对于"开放性",本雅明则是个中代表。然而仅从最低限度而言,这种对新媒介之"新"的信仰是一厢情愿的,对此,威廉斯指出"在记录运动的新能力中,电影相机既可以成为分析的,也可以成为综合的"[1]。通俗地说,我们可以将"分析"理解为运动的每一个瞬间(帧),将"综合"理解为整体的再现。威廉斯在这一问题中添加了一个"飞矢不动"的极限论答案,简言之,一个运动的影像并不是对静止的排斥。而这一问题反过来说,又意味着将某种静止的艺术视为保守主义(比如电影的史前史)存在偏颇,这又体现了一种非历史主义的认识论。根本上,无论是从形式还是质料而言,技术本身都不具有决定性,"从一开始,媒介的特性就可以被用于产生截然不同甚至相反的效果"[2]。对此,威廉斯又以文本分析作为支撑,指出任意一部19世纪的情节剧都具有在"连续的场景中"将不同空间、不同阶级间的经济学差异呈现、衔接和拼合起来的能力,它也就足以暗示人们在差异中的心理与行为的变化,在共时性的层面上体现出德勒兹式的生成意味,并诠释出一种蒙太奇的心理效果,简言之,它"可以直接

---

[1] Raymond Williams, *Politics of Modernism: Against the New Conformists*, New York & London: Verso Books, 1989, p. 112.

[2] Raymond Williams, *Politics of Modernism: Against the New Conformists*, New York & London: Verso Books, 1989, p. 112.

再现原本在空间上相距甚远或分离的行动的相对同时性"①。但关键在于蒙太奇效果在根本上寓示了其背后起决定性作用的资本的连通性以至于总体性，历时性叙事与共时性呈现的辩证联动作为所谓"纯电影"的新形式，提供了"发现"幻象的更为丰富的可能性，然而是否果真能够"识别"幻象，乃至在拉康的意义上"穿透幻象"则根本上关系着意识形态歧义，在这里，它可以属于"一个特别的社会主义的着重点"，但它本身仅仅是有待展开的潜能。

综上，一方面通俗不能决定艺术的激进性，另一方面可复制技术不能决定艺术的开放性，这两者既体现共时性又构成某种递进关系。如果将两者各自的二律背反，即将"通俗能决定艺术的激进性"和"新技术能决定艺术的开放性"视作一种电影美学的"技术决定论"的神秘统一性，这一神秘化效果便是资本主义意识形态的理论效果，对之进行辩证扬弃的则应是一种马克思主义的"非技术决定论"的技术认知。同时，在威廉斯看来，后者正是"社会主义电影"的认识论前提及物质性基础。威廉斯对电影内容与形式的辩证批评表现为理论上的阶级斗争，因为这一考察最终是为了理解"在资本主义版本的'通俗'的发展中，存在着种种矛盾"②。此类矛盾根源于其生产方式所决定的意识形态，它也就最终是资产阶级与无产阶级对"人的问题"之

---

① Raymond Williams, *Politics of Modernism: Against the New Conformists*, New York & London: Verso Books, 1989, p. 113.

② Raymond Williams, *Politics of Modernism: Against the New Conformists*, New York & London: Verso Books, 1989, p. 110.

间矛盾观念的外化，其核心便聚焦于"为什么人的问题"。

二、"为什么人的问题"

对此，我们又要回到《电影》的开头。作为问题导向的论述，《电影》要回答的第一个问题明确为"什么是'通俗'（popular）"[①]，如上文所述，这一有关艺术开放性的主题指向了电影的可（机器）复制的特点。而如果说"电影—运动"本体论的偏颇在于将叙事与镜头对立起来，那么复制的问题则忽略了另一个静止的参与者——作为观影主体的观众。"电影比印刷或戏剧中明显可见的机械装置更能再现人们普遍认为的简单再现，真的就像我们亲眼所见一样。"[②] 观看者作为一个生物学镜头本身既是复制的最后一个环节，也是开放性的最终封闭效果，观看之道对于电影的镜头和剪辑而言提供了"人机关系"，复制的效果最终要进入人的意识之中。在这种情况下，电影的可复制性的意义在于人作为个体经由电影达成集体性的可能，如果这个发展的动能能够不断延展，这当然便是社会主义整体事业的机会，而"重要

---

① Raymond Williams, *Politics of Modernism: Against the New Conformists*, New York & London: Verso Books, 1989, p. 107.
② Raymond Williams, *Politics of Modernism: Against the New Conformists*, New York & London: Verso Books, 1989, p. 112.

的是电影作为一种公认的直接再现形式受到了多么广泛的重视"①。

在这个意义上再回到内容层面，威廉斯指出"社会主义电影"应该反映和表现更多"不为我们所熟悉的人"，在威廉斯所身处的社会历史语境中，"这些人"显然指向被资产阶级统治意识形态压抑的被剥削阶级。而通过复制（再现）性将不同的人们联系起来，这一联系以共产主义的集体性理念为根基，是马克思主义对休谟问题的根本解决方式，它与具体的历史实践紧密联结。这也是威廉斯在文中反复引证"自然主义"的个性化内涵，它是曾被扭曲而被否定的概念，但威廉斯试图让它继续服务于社会主义美学。从最基本的层面，它的核心目标符合一种社会主义美学的要求，"作为一种运动和方法，它旨在表明人们与现实的社会和物理环境密不可分"②。这一"自然主义"一方面与"日常生活的审美化"具有潜在的关联，另一方面它为的是在"现实主义"与"现代主义"之间喋喋不休的论争中确保马克思主义的位置，避免"倒洗澡水的同时把孩子倒掉"。

如上文所述，从某种角度而言，戏剧可被视为电影的先河，威廉斯正是在电影与戏剧的比较中解释其"自然主义"电影美学的根本原则。首先戏剧舞台通过其作为复制的布景做出了对"自然主义"的理解，关键在于要像生活本身一样复制，复制的目的是展示不同人群的

---

① Raymond Williams, *Politics of Modernism: Against the New Conformists*, New York & London: Verso Books, 1989, p. 112.

② Raymond Williams, *Politics of Modernism: Against the New Conformists*, New York & London: Verso Books, 1989, p. 113.

行动，它也就印证了本雅明所说的"再生产"的意味，并与"生产关系的再生产"联系起来。但是戏剧的局限性与其优势并存，"它提供的日常现实越多，它就越不可能在选定的地点之外进行无声的思考或活动"①。戏剧需要台词，比任何艺术形式都需要。正是布景的丰富确证了剧场的固定性，越丰富越难以动摇，这不仅在于其某种"尾大不掉"的物质形态，它也就因为场景的时时"在场"而失去了日常生活多元的共时性。但更重要的仍如上文所说，观众有着他们固定的"机位"，"第四面墙"的实际效果是它框定了观众唯一的窗户，而电影有机会超越所有这些局限。对于"无声的思考"，镜头语言与蒙太奇均提供了丰富的表现形式，甚至画外音便可作为一种简单的解决方案。而对于场景的固定性，"摄影机可以带到任何地方架起来"②。

为了避免再次陷入"技术决定论"之中，威廉斯再一次指出这一超越所秉持的一种马克思主义的技术认识论是一种"技术非决定论"③，而不是简单的"反技术决定论"，更不是反对技术本身。一方面它不将技术视为电影的全部；另一方面，马克思主义的技术批判根植于作为整体的政治经济学批判，它意味着认识论与实践论的统一，其

---

① Raymond Williams, *Politics of Modernism: Against the New Conformists*, New York & London: Verso Books, 1989, p. 114.

② Raymond Williams, *Politics of Modernism: Against the New Conformists*, New York & London: Verso Books, 1989, p. 114.

③ Robert C. Scharff and Val Dusek, eds., *Philosophy of Technology: The Technological Condition: An Anthology,* Hoboken: John Wiley & Sons, 2013, pp. 709-710.

中起决定性作用的是接收和实现技术实践的人。威廉斯所判断的电影的整体性不是德勒兹式的"先验经验论"的整体性，而是马克思主义的作为一种艺术生产形式的整体性。而仅就技术而言，马克思主义对技术的判断与技术的操持者紧密相关，资产阶级手中的工具不同于无产阶级手中的工具，正如资本主义社会的技术不同于社会主义社会的技术。对于马克思而言"科技异化的根源并不在于科技本身，而在于科技的资本主义应用"①，真正的问题在于不应使电影技术被"盗用"。

威廉斯强调："因为在所有文化事务中，社会主义的核心观点是，绝大多数人的生活过去和现在都几乎完全被大多数艺术所忽视。对这些有选择性的艺术提出质疑固然重要，但我们的核心任务始终应该是那些迄今为止沉默的、支离破碎的或被有意歪曲的经验领域。"②面对这一事实的实践以社会主义愿景为目标，并反映了威廉斯所身处的资本主义语境的事实，所以威廉斯并不是在现实主义与现代主义之争之外再强调某种个人色彩的马克思主义美学形式，"我并非要说只有自然主义才能做到这一点；在许多情况下，有不同的方法，而且往往是更好的方法"。威廉斯所指称的自然主义就是要求对"人民生活的大量领域"加以观照的艺术，而这同样是现实主义的根基，因为"被认为是一种垄断的东西，在一种经过选择的、为其权利和自由而斗争的'人

---

① 李桂花：《科技异化与科技人化》，《哲学研究》2004 年第 1 期。

② Raymond Williams, *Politics of Modernism: Against the New Conformists*, New York & London: Verso Books, 1989, pp. 115-116.

民'的意义上，被证明了是非常不同的，而且在那些条件下，必定是非常不同的"①。

在这个意义上，无论威廉斯称之为社会主义、自然主义抑或其希望跨越的现实主义，它在"为什么人的问题"上始终有着相似的观照。威廉斯认为这一观照可至少体现为两方面的主题，第一，要观照和审视"我们的人民漫长的各种历史、运动和斗争"②。通过电影理解我们的历史可以从威廉斯在英国的反思中获得呼应，而当他义愤地说出，"我们的历史有很大一部分被敌对的艺术家和制片人，或者被那些将历史变为奇观的冷漠者所盗用和篡改，仅此一点，就足以让几代电影人为之奋斗"③。威廉斯的敏锐性正在于指出有时候"敌对者"所造成的伤害甚至远远不如"不知情"的"中立者"，如果第一点指向过去的历史，作为社会主义发展的"全部历史条件"，体现主体性面向的社会主义实践有着其具体的社会历史语境，那么第二，"在我们自己的时代中，也有着激动人心的紧要关头，存在着各种的胜利与挫折，而一个严肃的社会主义者的特质之一，就是能够如实地看待它们"④。

---

① Raymond Williams, *Politics of Modernism: Against the New Conformists*, New York & London: Verso Books, 1989, p. 116.

② Raymond Williams, *Politics of Modernism: Against the New Conformists*, New York & London: Verso Books, 1989, p. 116.

③ Raymond Williams, *Politics of Modernism: Against the New Conformists*, New York & London: Verso Books, 1989, p. 116.

④ Raymond Williams, *Politics of Modernism: Against the New Conformists*, New York & London: Verso Books, 1989, p. 116.

　　除此之外"还有一个重要领域",威廉斯在实践论中再次引入了内容与形式的辩证法,如果再现历史和现实是社会主义电影内容方面的本质要求,那么关于形式也有一个基本问题需要面对,即社会主义电影必须致力于纠正对人民及其生活形象的扭曲。而为了成为真实的社会环境的再现者,作者必须首先是一个认真的调查者,因为"任何认真的调查者都会发现自己既是理想的观察者,也是参与者"①,只有这样的身份认同才能有机会生产出真正的社会主义电影,从而再生产出社会主义的生产关系,简言之,人民性的电影须由具有人民性的主体实现。

三、余论

　　习近平总书记在文艺工作座谈会上的重要讲话中指出"社会主义文艺,从本质上讲,就是人民的文艺"②,这是对毛泽东"为什么人的问题,是一个根本的问题,原则的问题"③的重申与强调,并赋予了其新时代的内涵,即从根本的和原则的意义上,社会主义事业是人民的事业,社会主义电影是人民的电影。在"对位阅读"的镜鉴意义

① Raymond Williams, *Politics of Modernism: Against the New Conformists*, New York & London: Verso Books, 1989, p. 118.
② 中共中央宣传部编:《习近平总书记在文艺工作座谈会上的重要讲话学习读本》,学习出版社 2015 年版,第 14 页。
③ 中共中央文献研究室编:《毛泽东文艺论集》,中央文献出版社 2002 年版,第 60 页。

上，我们阅读的是一位怀有社会主义理想的马克思主义文艺理论家在资本主义社会的语境中对"人民性"的理解与眺望。威廉斯将对电影艺术的"技术决定论"的批判与社会主义电影实践的超越性和终极意义上的解放性联结了起来，这一论说形式能使我们联想到另一经典文本——《共产党宣言》，后者正是在整体性的视野中将资本主义制度和它自身所生产出的"掘墓人"的历史必然性统一起来，并且暗含了对"技术决定论"的批判。① 从这个意义上，《电影》实际上可以被视为一部"社会主义电影宣言"，这一认定的理由是文章涉及了三个方面的深刻而有待进一步阐发的理论内涵，分别是历史条件的观照、主体性的挖掘以及实践论的考察。后者即"如何拍摄社会主义电影"，所以尽管篇幅不长，《电影》实际涉及了威廉斯所设想的社会主义电影理论的诸多方面。

---

① Richard Miller, "Social and Political Theory: Class, State, Revolution", Terrell Carver ed., *The Cambridge Companion to Marx*, Cambridge: Cambridge University Press, 1991.

第四节　对"技术决定论"的超越
——一种"认知图绘美学"

　　如果通过威廉斯对关于电视和电影的技术决定论的批判使我们初步探讨了马克思主义美学对西方技术主义文论的某种批判性形式，那么前文反复提到的詹姆逊的"认知图绘"或许可以从建构性方面提供某种佐证，或也可作为今后研究的一个起点。

　　在某种意义上，马克思主义文论的任务是理解"文本是如何由其（有意或无意）对资本主义和／或阶级的表征所塑造的"[1]，毫无疑问，表征资本主义是对之批判的前提性环节。正是在这个意义上，晚近西方学界的马克思主义美学热衷于讨论作为一种文学艺术类型或叙事形式的"政治经济学批判"。而作为既有的"西方马克思主义美学"传统的发展，詹姆逊的"认知图绘"是在高度的辩证法意涵上对晚期资本主义"表征"问题的理解形式。然而，由于詹姆逊本人概念阐释的某种含混以及话语建构的矜持，对这一概念的理解出现了不同版本的误

---

[1] Lois Tyson, *Critical Theory Today: A User-Friendly Guide*, London & New York: Routledge, 2006, p.451.

读，在前文的例证中我们看到，莫莱蒂所试图开发的一整套"文学绘图"理论，其最初以马克思主义的世界历史为旨归的"世界文学猜想"逐渐在建构中把数字技术当作了理论秘钥，甚至其个人理论的开展联结起了"新世界文学"论争与数字人文计划两个理论热点。莫莱蒂对"远读"的迷恋，对征服"大数据"的迷思，使其在"计算理性"的询唤中将詹姆逊的"历史化"要求抛诸脑后，将以"离散数学"为基础的计算科学对文学艺术的收编作为绘制资本主义世界体系的未来方向，甚至获得了"后认知图绘"时代的理论地位，塔利在其"文学绘图理论史"中对莫莱蒂的评价便是例证。

前文反复提到的阿尔伯特·托斯卡诺与杰夫·金科合作的《"绝对"的制图学：图绘资本主义》以其对"认知图绘"的正确理解阐发了这一处理后现代语境的马克思主义美学关键词的时代性和现实性，而更关键的是，它也正是对数字资本主义时代的西方技术主义文论中技术决定论倾向的一种有效纠偏。这一文本再次展示了具体艺术生产的现实主义效果，表现了人文艺术领域"质"对"量"的不妥协性，从而可以使我们不仅坚持相信辩证批评、寓言批评或现实主义批评的持久魅力，而且坚持"艺术本位"的判断力优先法则。

一、"认知图绘"再解读

在著作伊始，作者们便将其讨论的"对立面"描绘出来。凭借技术的迅猛发展，绘制世界的方法越发多样、越发精密，比如，应用于商业与军事的卫星、分子生物学等方面的尖端科技。这些技术性绘图的一个基本前提始终是把世界想象为一个"无缝连续体"，但是，首先这已经在科学发展内部遇到了来自"复杂性"科学的阻力，使得对某些前沿的绘图技术的迷恋本身是技术导向的，且往往"被证明是一份极不靠谱的指南"。而对于人文艺术而言，其中的启示在于"地图会阻碍我们进一步图绘世界，因为它让我们陷入对刻度和精确度拜物教般的执迷，这种执迷抹去了世界上实际存在着的矛盾冲突"①。而这种执迷在马克思主义的政治经济学批判中便实际指向"技术拜物教"。

如上文所述，莫莱蒂以其 1998 年的论著《欧洲小说地图集》（*Atlas of the European Novel 1800—1900*）作为文学绘图冲动的表现，经由《图表，地图，树图：文学史的抽象模型》（*Graphs, Maps, Trees: Abstract Models for Literary History*）的系统性理论阐发，在家喻户晓的《远读》（*Distant Reading*）的终章《网络理论、情节分析》中以世界尺度中的量化研究对文学艺术具体文本内部的"再殖民"为高峰展现，最终表现为莫莱蒂以对"世界文学"中"量"的文本研究的方法

---

① ［英］阿尔伯特·托斯卡诺、［美］杰夫·金科：《"绝对"的制图学：图绘资本主义》，张艳译，长江文艺出版社 2021 年版，第 8—9 页。

论对"文学性"进行反噬,"远读"从所谓对"细读"的互补变成了把后者一脚踢开,其中不可抑制的以数学为基础的绘图观念可见一斑,这一整体性的思想形式最终因其对计算批评的发展和对实验性科学的召唤而对数字人文计划产生了深远的影响。尽管莫莱蒂多次表达其与詹姆逊思想的继承关系,但他对信息和统计技术、计算科学的盲从使得从美学高度出发的策略性思想最终被"形而下"的"落实",而这不仅是对认知图绘真实价值的背离,实际也是对其所探讨之问题的延续。

众所周知,詹姆逊的"后现代文化理论批判"以对后现代的文化状况进行"历史化"为起点,在得出了这一时间中特殊的"空间感"——空间感的丧失之后,认知图绘便是詹姆逊结合了凯文·林奇(Kevin Lynch)、阿尔都塞,并以拉康的结构系统超越其上的应对策略。事实上,对于詹姆逊,"认知图绘"这一具有一定误导性的能指从来都不单纯涉及某个具体的方法论。因为既有的误解,《绝对》首先试图为"认知图绘"再做定义,"导言"的标题便是"已知宇宙的极限,或重新审视认知图绘"。作者们指出,"认知图绘不仅是阶级意识的同义词,它还和辩证批判的思想、马克思主义和形式的问题、萨特的总体性思想密切相关"[①]。认知图绘作为一种美学策略实际是詹姆逊对于西方马克思主义关于资本主义表征问题的综合发展,两位作者的解释便是将这一内涵的诸要素进行了展示。从某种角度来说,《绝对》的再

[①] [英]阿尔伯特·托斯卡诺、[美]杰夫·金科:《"绝对"的制图学:图绘资本主义》,张艳译,长江文艺出版社 2021 年版,第 38 页。

定义有一种鲜明的"以正视听"的意味，而这一定义简言之，必须认识到我们所面对的当下世界"更广阔，更不可表征"，并且理解我们这个时代的"终极参照物"或"真正基础"仍是资本。"参照物"意味着"迎难而上"的再表征的目标，而"限定性"的根本决定论则与詹姆逊和齐泽克对资本主义逻辑的超乎想象力一脉相承。[1]

在这一总前提下，两位作者所理解的"认知图绘美学"的基础也就可以提炼出来。首先，这一美学以实现"不可能之可能"为目标，认识到资本主义世界真相的"不可见"为第一步，将"不可见"变为可见为第二步。而辩证法的意义在于，两步不分"两步走"，两者之间

---

[1] 不少人把"想象资本主义的灭亡比想象世界末日更难"或类似的表述同时归于詹姆逊和齐泽克，这一认识主要来自马克·费舍尔（Mark Fisher）在《资本主义现实主义：私情绪与时代症候》（Capitalist Realism）开头的引述，"观看《人类之子》时，我们不可避免地想起弗雷德里克·詹姆逊和斯拉沃热·齐泽克说过的一句话：想象世界末日比想象资本主义的末日更容易"。但是据马修·博蒙特（Matthew Beaumont）在《想象末世——意识形态、当代灾难电影与传染病》（Imagining the End Times: Ideology, the Contemporary Disaster Movie, Contagion）中的考证，这一说法最早出现于詹姆逊的《时间的种子》，后来又见于《未来城市》。然而博蒙特认为詹姆逊只是记错了布鲁斯·富兰克林（H. Bruce Franklin）对巴拉德（J. G. Ballard）的评论，那里才是原出处，并且原始说法为"想象世界末日比想象资本主义的末日更容易"。后来齐泽克在不同场合反复提到这个观点，并使之家喻户晓。按博蒙特的说法，正是因为齐泽克的转引往往更为夸张，如"想象地球上所有生命的终结都要比想象资本主义更温和的激进变革要容易得多"。由此也才有了《资本主义现实主义》中那种把这一说法同时归于詹姆逊和齐泽克的情况。参见 Mark Fisher, Capitalist Realism: Is There no Alternative? Winchester & Washington: O Books, 2009, p. 2; Matthew Beaumont, "Imagining the End Times: Ideology, the Contemporary Disaster Movie, Contagion", in Matthew Flisfeder, and L. Willis eds., Žižek and Media Studies: A Reader, New York: Palgrave Macmillan, 2014, pp. 79-89。

始终互为矛盾互相转化，不能轻易认为已经看到了实在界的真相，也不会因为一叶障目而转向犬儒。"在晚期资本主义状况下提出一种认知图绘美学，可以被视为一种强迫形成政治可见性的尝试，来对抗占主导地位的表征制度的客观而物质性的效应"①，所以其次，某种具体化的"绘图"理论既是"认知图绘美学"的一部分，更是其所要扬弃的部分。

在解释"认知图绘美学"时，作者们也引用了塔利所说的晚近的重要"绘图"理论家弗兰克·莫莱蒂的"世界在外部权力的支配下向一个奇怪的方向走去；世界观试图理解它，却总是去平衡"②。但在《远读》的这一论述之后，莫莱蒂却不断将出路交由他并不熟悉的数学和计算科学系统，即使他大方地承认他的统计学知识还有待进一步成长（却丝毫不怀疑这一方法论可能的偏颇）。也就是在这里，托斯卡诺和金科与莫莱蒂同为"认知图绘"（显然，莫莱蒂没有在根本意义上将认知图绘发展为一种美学）的解释者与布道人开始"分道扬镳"。当与莫莱蒂关系密切的数字人文计划（即使他曾表示对这一概念的拒绝）已经将实验室开遍了西方人文研究的诸多领域，针对这一情况，《绝对》一边沉稳地阐发文学艺术自身的图绘能力，一边解释计算型方法论本身的意识形态陷阱。换言之，《绝对》一方面是在绘图的具象实践

---

① [英] 阿尔伯特·托斯卡诺、[美] 杰夫·金科：《"绝对"的制图学：图绘资本主义》，张艳译，长江文艺出版社 2021 年版，第 18 页。

② [英] 阿尔伯特·托斯卡诺、[美] 杰夫·金科：《"绝对"的制图学：图绘资本主义》，张艳译，长江文艺出版社 2021 年版，第 35 页。

之外找寻"另类选择";另一方面是在阐释"认知图绘"的"元理论"面目，以及在这一理论的真实根基上，动手（或者鼠标、机械臂）绘图可能问题。对于那些旨在发扬詹姆逊"认知图绘"思想，却在绘图学的层面绕不出来，甚至在面对困境时将目光投向了地理、计算科学的理论与实践形态，托斯卡诺和金科无非是要重申詹姆逊在最开始便发出的警告，不能对"认知图绘"做具象的绘图学的理解，一方面，绘图学本身"不是一个解决办法，而是一个问题"；另一方面"一旦你明白'认知图绘'的用意所在，你就可以把所有地图和图绘的形象从脑海中抹去……"[1] 正是在这个意义上，作者们才会在引言之前引用了阿伦特的一句话："康德说，他没有时间旅行，正是因为他想了解这么多的国家。"[2] 如果找到阿伦特或康德的上下文，我们当然能够对启蒙理性到反思现代性的思想史历程有不同的认识，但是在这个"断章取义"的引用中，作者希望我们对"具象"实践和空间"骗局"均有所警惕，而对文学艺术本身所具有的总体化潜能保持信心与开拓的勇气。

那么，如何展示"艺术本位"所具有的对当下世界的"绘图"能力？通俗地说，实践见真章。

---

① [英] 阿尔伯特·托斯卡诺、[美] 杰夫·金科：《"绝对"的制图学：图绘资本主义》，张艳译，长江文艺出版社 2021 年版，第 41 页。

② [英] 阿尔伯特·托斯卡诺、[美] 杰夫·金科：《"绝对"的制图学：图绘资本主义》，张艳译，长江文艺出版社 2021 年版，第 2 页。

二、认知图绘美学实践

对于詹姆逊来说，不可见的资本逻辑的全球化和普遍化导致了后现代文化中的认知主体的不可确定性，换言之，在晚期资本主义逻辑的进一步"成熟"中，不可见性抵达了日常生活中的方方面面。更重要的是，资本已经超越社会成为决定性的力量，第一自然与第二自然均劫数难逃地被资本逻辑所收编。而它必然的毁灭却令人难以捉摸，对这一必然性保持想象力便是无产阶级意识的发生基础。在悲观情形中继续保持乐观精神便是詹姆逊等人思想的立足点，这一想象也就是认知图绘的意义所在，故此，认知图绘也与乌托邦美学密不可分。

有三组不同形式与内容的辩证法被作者们视为艺术作为"认知图绘美学"实践最值得期待的方向。第一是源自古典政治经济学计算所需要的"全景图"，这一讨论一定程度上直接承担了"制图学"（绘图）的现实意义。而正如上文所说，恰恰是因为这种"落实"了的"认知图绘"理解所存在的问题，使得作者们在讨论这一维度时带有极其鲜明的批判态度，甚至在辩证法意义上以"全景图"的问题视为它自身的"认知图绘美学"意义。一种"经济美学"是这一批判的起点，如果说重农主义者最早使用经济统计图表再现的是经济情况，那么从这一刻，"经济认知图绘"就以其自身的问题性展现为对抽象的再现，因为其所再现的自由主义经济本身就是抽象的过程与关系。[①] 作者指出，将重点放在"经济美学"的方面是暂时的，一是因为政治与经济的密不可分，二是因为这实际是一种策略选择。经由这一策略，"认知图绘美学"的第一个要求得以提出，必须承认"看不见"，换言之，得首先理性地接受詹姆逊所截断的后现代时间的"不确定性"感知。这种后现代的"不可见性"只是资本逻辑在晚近的深化、复杂化和普遍化，而不承认这种"不可见性"则成就了资产阶级意识形态的基础。以其自身的盲视或遮掩所体现，它同样有着理论上的起点，即"图表是新古典政治经济学的至高工具和象征"[②]。无视或无法看出图表二次表现（re-presentation）的意识形态因素正是资产阶级政治经济学意识形态的表征，它是不及物的。资本阻止被看到和被表现符合资本逻辑，在这个意义上，观看图表的我们需要记住《绝对》振聋发聩的提醒，"它不是一场观众观看的海难，而是观众自身的海难"[③]。

在《生命政治的诞生》中，福柯将这种个体在资本主义语境中的"不可见性"描述为"经济人"在集体中的"不知道、不愿意、不能操

---

① 参见［英］阿尔伯特·托斯卡诺、［美］杰夫·金科《"绝对"的制图学：图绘资本主义》，张艳译，长江文艺出版社 2021 年版，第 60 页。

② ［英］阿尔伯特·托斯卡诺、［美］杰夫·金科：《"绝对"的制图学：图绘资本主义》，张艳译，长江文艺出版社 2021 年版，第 63 页。

③ ［英］阿尔伯特·托斯卡诺、［美］杰夫·金科：《"绝对"的制图学：图绘资本主义》，张艳译，长江文艺出版社 2021 年版，第 65 页。

控"的处境，并与斯密的"看不见的手"联系起来。① 对于马克思主义而言，承认资本世界的不可见性就能明白通过经济类图表（技术性图绘）不可能抵达总体性。为了理论的辩证发展，《绝对》引入了布鲁诺·拉图尔（Bruno Latour）的"行动者网络理论"（Actor-Network Theory，ANT）为扬弃对象，后者试图以"立体图""全景图"来识别总体性。可以说拉图尔充分认识到了资本主义"不可见性"的重要意义，但是当他把方法论赋予"封闭"的全景图，他便"既误解了阶段，又误解了总体性"②。由此，实际上拉图尔的全景图本身是一种"隐喻装置"。而如果非要在这一"全景图"的想象中理解资本主义，就必须理解"辩证法思想家"本雅明的提醒，"全景图的真相只有在它最后闭合的时候才能被准确地图绘出来"，因为"虚构反而成为真实的条件"③，无论作者们的理解是否正确，这一认识显然更为贴合詹姆逊的思想。

第二是城市美学中的"资本主义危机"表征，而对城市的聚焦又不仅仅是以城市为映射单位，是对"认知图绘"以小见大、窥斑见豹的具体化。

① 参见［法］米歇尔·福柯《生命政治的诞生》，莫伟民、赵伟译，上海人民出版社2018年版，第365—366页。
② ［英］阿尔伯特·托斯卡诺、［美］杰夫·金科：《"绝对"的制图学：图绘资本主义》，张艳译，长江文艺出版社2021年版，第89页。
③ ［英］阿尔伯特·托斯卡诺、［美］杰夫·金科：《"绝对"的制图学：图绘资本主义》，张艳译，长江文艺出版社2021年版，第91页。

比如作为都市恐怖意象的《狼人就在你身边》，或许这部好莱坞影片可归于"邪典电影"的类型里，但在经过历史性的变革之后，作者们将之划到了所谓"纽约剥削电影"的类别中。同样是面对一个肮脏、混乱的纽约，但在 20 世纪六七十年代那种对之采用"愤世嫉俗"的批判姿态的所谓"沥青丛林"（asphalt jungle）电影（如《出租车司机》《热天午后》等）之后，"纽约剥削电影""都把纽约这座城市描绘为一个身患绝症的有机体，但又没有为它开出任何药方，甚至连治疗的希望也没有给出来——或者尝试探索角色和这座城市之间的关系"①。失去了直接的批判立场，当然可以称之为一种退化，但它至少是一种转变，反映了背后更深层次的历史逻辑。类似于《狼人就在你身边》这样的影片，呈现的是作为废墟的纽约市貌，其重要的魅力之一就在于"将暧昧的废墟美学投射到乐观的资本上面"②。而不论是这样展示"废墟美学"的影片，还是真正冠以"废墟摄影"的项目，都为废墟在艺术表现中的"矛盾性"提供了辩证批评的契机。如同上述电影美学的转变，废墟摄影中也出现了历时性的发展，此前的废墟摄影往往"要等待有人经过他的取经框才按下快门"，现在摄影家们则把视像的主角完全留给了废墟本身，整幅巨大的"空镜头"将固定资本塑造成"灾难性的装饰品"。作者们对于这一装饰品精妙地总结道："点缀在

---

① ［英］阿尔伯特·托斯卡诺、［美］杰夫·金科：《"绝对"的制图学：图绘资本主义》，张艳译，长江文艺出版社 2021 年版，第 160 页。
② ［英］阿尔伯特·托斯卡诺、［美］杰夫·金科：《"绝对"的制图学：图绘资本主义》，张艳译，长江文艺出版社 2021 年版，第 172 页。

'没有我们的世界'这一乐观的幻想中。"[1] 表象中主体与废墟的分离是对灾难无处不在的反讽，而灾难的根本原因——资本逻辑的抽象核心对我们的疏远（异化）恰恰又是因为那个"没有我们的世界"，这样多重性的辩证关系是"认知图绘美学"的价值根源。

又比如詹姆逊所谓"使我们对分类的已有认识产生巨大的震撼"[2]的《火线》(The Wire)，它勾画了另一个险象环生的美国城市——巴尔的摩。《绝对》认为《火线》在认知图绘的意义上之所以能达到前所未有的高度，主要在于"这部剧不再使用情节噱头来考察某些人物关系"[3]，这实际上是在创作论意义上回应了托多洛夫对行动与人物两分的理解。它更意味着在艺术的表征实践上，我们可以将空间的网络线索从时间的"非历史化"的纠缠中摆脱出来。这当然不是说《火线》的形式就是唯一方向，但它使我们更为容易地理解，当艺术将自身化解为"日常生活"，我们可以以单一艺术品对日常生活"映射"（作为图绘 mapping 的另一个翻译）到怎样的深度。而《火线》的图绘实践与现实世界有着如此令人着迷的想象性关系，与其所立足的世界观相匹配。托斯卡诺与金科在不同的评论中把握到了与这种世

---

① [英]阿尔伯特·托斯卡诺、[美]杰夫·金科：《"绝对"的制图学：图绘资本主义》，张艳译，长江文艺出版社 2021 年版，第 177 页。

② [美]弗雷德里克·詹姆逊：《古代与后现代——论形式的历史性》，王逢振、王丽亚译，中国人民大学出版社 2018 年版，第 272 页。

③ [英]阿尔伯特·托斯卡诺、[美]杰夫·金科：《"绝对"的制图学：图绘资本主义》，张艳译，长江文艺出版社 2021 年版，第 208 页。

界观最接近的理论，即卡尔·波兰尼在《大变革》中阐发的"脱嵌"（disembedding）思想，"市场对经济体系的控制，对整个社会组织来说都具有压倒性的影响：这几乎意味着，让社会成为市场运作的附庸"①。作者们将以此世界观所构建的叙事框架称为"失败叙事"，这或许就是《火线》"成功"的秘密，它放弃了寻找问题的"罪魁祸首"，而拒绝给观众一个"终极的安慰策略"②，也通过抑制政治表述而让经济环节——外显。总之，它以失败的"认知图绘"将"认知图绘"本身的"失败性"暴露出来，从而将这一美学实践与其背后的哲学思想直接关联。尽管在另一方面，这种"失败叙事"也涉及世界历史局部的失败主义倾向，与"后革命氛围"有关。但不可否认，正是这种"失败叙事"使得以巴尔的摩为代表的美国现实如此具有"现实主义"效果，"换句话说，我们与其认为，《火线》是一次对资本主义积累中城市不均衡发展及其带来的社会影响的成功图绘，还不如认为它表现了在当前意识形态和体制下所有批判性和政治性的'求知意志'的挣扎"③。

　　第三个方面的艺术源自保罗·维利里奥（Paul Virilio）的"后勤学"理论，作者们进一步将之发展为一种聚焦于全球资本主义语境流

---

① ［英］阿尔伯特·托斯卡诺、［美］杰夫·金科：《"绝对"的制图学：图绘资本主义》，张艳译，长江文艺出版社 2021 年版，第 214 页。

② ［英］阿尔伯特·托斯卡诺、［美］杰夫·金科：《"绝对"的制图学：图绘资本主义》，张艳译，长江文艺出版社 2021 年版，第 220 页。

③ ［英］阿尔伯特·托斯卡诺、［美］杰夫·金科：《"绝对"的制图学：图绘资本主义》，张艳译，长江文艺出版社 2021 年版，第 228 页。

通领域中的"后勤艺术",并且在更具"日常生活审美""市民社会政治"和"资本主义全球化"等几层意义上将之发扬为前述的"物流艺术",它已然超越了维里利奥基于军事场域总问题的美学与文化理论,而在更为普遍的马克思主义美学的意义上产生价值。比如作者们将"集装箱"作为这种"物流艺术"的重要标志物,将世界尺度中资本主义生产的流通领域凝结起来,再从不同的影像的蒙太奇艺术中感受流动所造成的问题与希望。并且再一次,"集装箱"同样也只是一个意象,一个认知图绘表现的表征装置,而仅对詹姆逊本人来说,最能代表资本主义后勤意味的新技术创新除了集装箱还有条形码。[1]

三、余论

从某种意义上,试图在"认知图绘"的意义上把握世界级大尺度的文学艺术且仍然能够理解其资本主义世界体系的限定性,莫莱蒂等人的数字方案中至少存在三个方面的问题:首先是没有清晰地意识到"认知图绘"中失败与成功的辩证法,艺术从"不以成败论英雄",这是"计算理性"所永远搞不明白的问题,后者对于精确的追求使其在美学的表征意义上难得要领;其次,正是这种问题使得计算方案忽略了其自身便是问题,便需要"认知图绘"的理解;最后,莫莱蒂等人

---

[1] 参见〔英〕阿尔伯特·托斯卡诺、〔美〕杰夫·金科《"绝对"的制图学:图绘资本主义》,张艳译,长江文艺出版社 2021 年版,第 302 页。

信誓旦旦的计算批评的一个根本问题是为人文艺术领域偷运进了资本逻辑，却对这一逻辑的潜在威胁视而不见。其要以数学逻辑统摄全局，客体化艺术法则的冲动本源既是"自然之镜"的形而上学难题，也是"毕达哥拉斯主义"的遥远回音。而《绝对》的价值便是其"喋喋不休"的艺术的"失败"意义，其所涉及的对现代性以降通过人的自负而造成的对人的反噬（异化）的警醒，将詹姆逊作为"后现代状况"药方的"认知图绘美学"归还至其"判断力批判"的本位，把资本主义表征的任务归还到"当仁不让"的文学艺术肩上，恰恰是因为艺术的恒久魅力在于它从不抛弃人，并对世界怀有敬畏。

从表面上看起来，《绝对》中似乎缺失了对"'绝对'的绘图学"这个概念本身的描述，而这一"在场的"主题正是作者们反复强调的东西。这一概念来自詹姆逊本人对"认知图绘"的解释，作者们以此统摄其理论话语，主要是为了借用这一表述的"自相矛盾"性。"绝对"是资本主义的再生产逻辑和所构成的宇宙尺度的现实境遇，那么对之进行"绘图"的说法"会引导我们去认识到，描绘我们的社会和经济世界既是一个技术困境，同时也可以说是一个哲学困境。资本主义归根到底是日常生活中的一种宗教，一种实际存在着的形而上学"[1]。也因为这一"困境辩证法"，尽管文本的主体部分论及了许多不同类型的认知图绘美学的实践方案，但将方法定于一尊绝非作者的意

---

[1]［英］阿尔伯特·托斯卡诺、［美］杰夫·金科：《"绝对"的制图学：图绘资本主义》，张艳译，长江文艺出版社2021年版，第39页。

图，这也就是为什么在对"后勤艺术"做了详尽阐释后，作者并没有以此为结论，而仍然安排了几页"寥寥数语"的结论。而这一结论显示出，作者意图的根源仍然是对一个问题的强调，即澄清"认知图绘"的实际意义，"当代资本主义的视觉和叙事图绘可能会限制我们的行动和想象力，而不是帮我们识别出社会转型的杠杆"[1]。

如果"自我批评"才是"辩证法"的持续动力，这是试图发展辩证批评的批评者首先应该具有的认识，故此，作者们在"结论"中引用意大利共产主义诗人的名言，指出"在你的敌人的名单中，首先请写上你自己的名字"[2]。而这正是无法反躬自省的莫莱蒂等人的问题，"认为一个具有总体性动力的政治，预先假定了某种严格意义上的世界化和图绘，这种想法是错误的"[3]。所以，作者们引述了本雅明对波德莱尔的引述，"这些东西，正因为它们是虚假的，所以才无限接近于真实"[4]。而把资本主义表征这一美学问题毫无防备地交由计算理性，恰恰是因为后者对"科学之真"的毕恭毕敬而离艺术真实遥不可及，也就离作为辩证法效果的阶级意识渐行渐远了。

---

① ［英］阿尔伯特·托斯卡诺、［美］杰夫·金科：《"绝对"的制图学：图绘资本主义》，张艳译，长江文艺出版社 2021 年版，第 355 页。
② ［英］阿尔伯特·托斯卡诺、［美］杰夫·金科：《"绝对"的制图学：图绘资本主义》，张艳译，长江文艺出版社 2021 年版，第 355 页。
③ ［英］阿尔伯特·托斯卡诺、［美］杰夫·金科：《"绝对"的制图学：图绘资本主义》，张艳译，长江文艺出版社 2021 年版，第 360 页。
④ ［英］阿尔伯特·托斯卡诺、［美］杰夫·金科：《"绝对"的制图学：图绘资本主义》，张艳译，长江文艺出版社 2021 年版，第 91 页。

参考文献

一、著作

[德]阿多尔诺:《否定辩证法》,王凤才译,商务印书馆2019年版。

[德]哈贝马斯:《公共领域的结构转型》,曹卫东等译,学林出版社1999年版。

[德]瓦尔特·本雅明:《巴黎,19世纪的首都》,刘北成译,上海人民出版社2006年版。

[德]瓦尔特·本雅明:《技术可复制时代的艺术作品:专家伴读版》,杨俊杰译,江苏凤凰文艺出版社2023年版。

[德]瓦尔特·本雅明:《经验与贫乏》,王炳钧译,百花文艺出版社1999年版。

[德]西奥多·阿多诺、[德]瓦尔特·本雅明、[德]恩斯特·布洛赫、[德]贝托尔特·布莱希特、[匈]格奥尔格·卢卡奇:《美学与政治》,谢俊、李轶男译,西北大学出版社2024年版。

［法］保罗·维利里奥：《解放的速度》，陆元昶译，江苏人民出版社 2004 年版。

［法］保罗·维利里奥：《视觉机器》，张新木、魏舒译，南京大学出版社 2014 年版。

［法］保罗·维利里奥：《消失的美学》，杨凯麟译，河南大学出版社 2018 年版。

［法］保罗·维利里奥：《战争与电影：知觉的后勤学》，孟晖译，南京大学出版社 2011 年版。

［法］贝尔纳·斯蒂格勒：《南京课程：在人类纪时代阅读马克思和恩格斯——从〈德意志意识形态〉到〈自然辩证法〉》，张福公译，南京大学出版社 2019 年版。

［法］德勒兹、加塔利：《资本主义与精神分裂（卷 2）：千高原》，姜宇辉译，上海书店出版社 2010 年版。

［法］路易·阿尔都塞：《保卫马克思》，顾良译，商务印书馆 2016 年版。

［法］米歇尔·福柯：《生命政治的诞生》，莫伟民、赵伟译，上海人民出版社 2018 年版。

［古希腊］柏拉图，［美］施特劳斯疏：《普罗塔戈拉》，刘小枫译，华夏出版社 2019 年版。

［美］阿尔君·阿帕杜莱：《消散的现代性：全球化的文化维度》，刘冉译，上海三联书店 2012 年版。

[美]艾伦·索卡尔、[比]让·布里克蒙《时髦的空话：后现代知识分子对科学的滥用》，蔡佩君译，浙江大学出版社2021年版。

[美]安妮·伯迪克等：《数字人文：改变知识创新与分享的游戏规则》，马林青、韩若画译，中国人民大学出版社2018年版。

[美]保罗·R.格罗斯、诺曼·莱维特：《高级迷信：学术左派及其关于科学的争论》(第二版)，孙雍君、张锦志译，北京大学出版社2008年版。

[美]大卫·哈维：《新自由主义简史》，王钦译，上海译文出版社2010年版。

[美]戴维·哈维：《后现代的状况：对文化变迁之缘起的探究》，阎嘉译，商务印书馆2003年版。

[美]弗雷德里克·詹姆逊：《古代与后现代——论形式的历史性》，王逢振、王丽亚译，中国人民大学出版社2018年版。

[美]弗雷德里克·詹姆逊：《新马克思主义》，陈永国、胡亚敏等译，中国人民大学出版社2015年版。

[美]弗雷德里克·詹姆逊：《政治无意识》，王逢振、陈永国译，中国人民大学出版社2016年版。

[美]凯瑟琳·海勒：《我们何以成为后人类：文学、信息科学和控制论中的虚拟身体》，刘宇清译，北京大学出版社2017年版。

[美]罗伯特·塔利：《空间性》，方英译，北京大学出版社2021年版。

［美］唐娜·哈拉维：《类人猿、赛博格和女人——自然的重塑》，陈静、吴文诚主译，河南大学出版社 2012 年版。

［美］唐娜·哈拉维：《类人猿、赛博格和女人——自然的重塑》，陈静译，河南大学出版社 2016 年版。

［美］约翰·杜海姆·彼得斯：《奇云：媒介即存有》，邓建国译，复旦大学出版社 2021 年版。

［美］詹明信：《晚期资本主义的文化逻辑：詹明信批评理论论文选》，张旭东编，陈清侨、严锋等译，生活·读书·新知三联书店 1997 年版。

［斯洛文尼亚］斯拉沃热·齐泽克：《欢迎来到实在界这个大荒漠》，季广茂译，译林出版社 2015 年版。

［斯洛文尼亚］斯拉沃热·齐泽克：《视差之见》，季广茂译，浙江大学出版社 2014 年版。

［斯洛文尼亚］斯拉沃热·齐泽克：《无身体的器官——论德勒兹及其推论》，吴静译，南京大学出版社 2019 年版。

［斯洛文尼亚］斯拉沃热·齐泽克：《延迟的否定：康德、黑格尔与意识形态批判》，夏莹译，南京大学出版社 2016 年版。

［斯洛文尼亚］斯拉沃热·齐泽克：《意识形态的崇高客体》，季广茂译，中央编译出版社 2017 年版。

［斯洛文尼亚］斯拉沃热·齐泽克：《真实眼泪之可怖：基耶斯洛夫斯基的电影》，穆青译，武汉大学出版社 2018 年版。

[匈]格奥尔格·卢卡奇：《思考电影美学》，谷壮译，载[德]西奥多·阿多诺等著《电影的透明性：欧洲思想家论电影》，河南大学出版社 2017 年版。

[匈]格奥尔格·卢卡奇：《历史与阶级意识——关于马克思主义辩证法的研究》，杜章智、任立、燕宏远译，商务印书馆 1992 年版。

[印度]阿吉兹·阿罕默德：《在理论内部：阶级、民族与文学》，易晖译，吕黎校，北京大学出版社 2014 年版。

[英]阿尔伯特·托斯卡诺、[美]杰夫·金科：《"绝对"的制图学：图绘资本主义》，张艳译，长江文艺出版社 2021 年版。

[英]埃里克·霍布斯鲍姆：《如何改变世界：马克思和马克思主义的传奇》，吕增奎译，中央编译出版社 2017 年版。

[英]彼得·巴里：《理论入门：文学与文化理论导论》，杨建国译，南京大学出版社 2014 年版。

[英]大卫·M.贝里、[挪]安德斯·费格约德：《数字人文：数字时代的知识与批判》，王晓光等译，东北财经大学出版社 2019 年版。

[英]雷蒙·威廉斯：《关键词：文化与社会的词汇》，刘建基译，生活·读书·新知三联书店 2005 年版。

[英]雷蒙·威廉斯：《希望的源泉：文化、民主、社会主义》，祁阿红、吴晓妹译，译林出版社 2014 年版。

[英]特里·伊格尔顿：《后现代主义的幻象》，华明译，商务印书馆 2000 年版。

［英］特里・伊格尔顿：《理论之后》，商正译，商务印书馆 2009 年版。

［英］特里・伊格尔顿：《马克思主义与文学批评》，文宝译，人民文学出版社 1986 年版。

中共中央马克思恩格斯列宁斯大林著作编译局编译：《马克思恩格斯文集》（第二卷），人民出版社 2009 年版。

中共中央文献研究室编：《毛泽东文艺论集》，中央文献出版社 2002 年版。

中共中央宣传部编：《习近平总书记在文艺工作座谈会上的重要讲话学习读本》，学习出版社 2015 年版。

尹宝林等编著：《离散数学》，高等教育出版社 1998 年版。

罗钢、刘象愚主编：《文化研究读本》，中国社会科学出版社 2000 年版。

孟建主编：《数字人文研究》，复旦大学出版社 2020 年版。

王昆仑：《红楼梦人物论》，岳麓书社 2010 年版。

许煜：《递归与偶然》，苏子滢译，华东师范大学出版社 2020 年版。

许煜：《论数码物的存在》，李婉楠译，上海人民出版社 2019 年版。

许煜：《论中国的技术问题——宇宙技术初论》，卢睿洋、苏子滢译，中国美术学院出版社 2021 年版。

许煜:《艺术与宇宙技术》, 苏子滢译, 华东师范大学出版社 2022 年版。

李建会等:《计算主义：一种新的世界观》, 中国社会科学出版社 2012 年版。

Adam Hammond, *Technology and Literature Cambridge Critical Concepts*, Cambridge: Cambridge University Press, 2024.

Alan Badiou, *Theory of the Subject*, Translated and with an introduction, by Bruno Bosteels, London & New York: Continuum, 2009.

Alan Sokal and Jean Bricmont, *Fashionable Nonsense : Postmodern Intellectuals' Abuse of Science*, New York: Picador, 1997.

Amanda Du Preez, *Voices from the South: Digital Arts and Humanities*, New York: AOSIS, 2018.

Andrew Milner and Jeff Browitt, *Contemporary Cultural Theory*, New South Wales: Allen & Unwin, 2002.

Ania Loomba, Suvir Kaul, Matti Bunzl, Antoinette Burton and Jed Esty, eds., *Postcolonial Studies and Beyond*, Durham & London: Duke University Press, 2020.

Anthony Vidler, *Warped Space: Art, Architecture and Anxiety in Modern Culture*, MIT press, 2000.

Arjun Appadurai, ed., *The Social Life of Things: Commodities in*

Cultural Perspective, Cambridge: Cambridge University Press, 1988.

Bernard Stiegler, *Technics and Time, 1: The Fault of Epimetheus*, Stanford: Stanford University Press, 1998.

Bernard Stiegler, *Technics and Time, 2: Disorientation*, Stanford: Stanford University Press, 1998.

Bernard Stiegler, *States of Shock: Stupidity and Knowledge in the 21st Century*, Hoboken: John Wiley & Sons, 2015.

Bill Ashcroft, Gareth Griffiths, and Helen Tiffin, eds., *Key Concepts in Post-colonial Studies*, London: Psychology Press, 1998.

Cary Wolfe, *What is Posthumanism?* Minnesota: University of Minnesota Press, 2010.

Crystal Bartolovich, Neil Lazarus and Timothy Brennaneds, *Marxism, Modernity and Postcolonial Studies*, Cambridge: Cambridge University Press, 2002.

David Berry, *Understanding Digital Humanities*, London: Palgrave Macmillan, 2012.

David Golumbia, *The Cultural Logic of Computation*, Massachusetts: Harvard University Press, 2009.

Deborah Cowen, *The Deadly Life of Logistics: Mapping Violence in Global Trade*, Minnesota: U of Minnesota Press, 2014.

Dennis Tenen, *Plain Text: The Poetics of Computation*, Stanford:

Stanford University Press, 2017.

Dipesh Chakrabarty, *Habitations of Modernity: Essays in the Wake of Subaltern Studies*, Chicago: University of Chicago Press, 2002.

Dipesh Chakrabarty, *Provincializing Europe: Postcolonial Thought and Historical Difference*, Princeton: Princeton University Press, 2000.

Dipesh Chakrabarty, *Rethinking Working-Class History: Bengal 1890—1940*, Princeton: Princeton University Press, 2018.

Dolf Sternberger, *Panorama of the Nineteenth Century*, Oxford: Basil Blackwell, 1977.

Donna Haraway, *Simians, Cyborgs and Women: The Reinvention of Nature*, New York: Routledge, 1991.

Donna Haraway, *Manifestly Haraway*, Minnesota: University of Minnesota Press, 2016.

Francesca Ferrando, *Philosophical Posthumanism*, New York & London: Bloomsbury, 2019.

Francis Fukuyama, *Our Posthuman Future: Consequences of the Biotechnology Revolution*, New York: Farrar, Straus and Giroux, 2002.

Franco Moretti, *Distant Reading*, London and New York: Verso Books, 2013.

Franco Moretti, *Graphs, Maps, Trees: Abstract Models for a Literary History*, London: Verso, 2005.

Franco Moretti, *Signs Taken for Wonders: on the Sociology of Literary Forms*, London: Verso, 2005.

Fredric Jameson, *Archaeologies of the Future: The Desire Called Utopia and Other Science Fictions*, London & New York: Verso, 2005.

Fredric Jameson, *Brecht and Method*, New York: Verso, 1998.

Fredric Jameson, *Marxism and Form: Twentieth-Century Dialectical Theories of Literature*, Princeton: Princeton University Press, 1974.

Fredric Jameson, *Postmodernism, or, The Cultural Logic of Late Capitalism*, Durham: Duke University Press, 1991.

Glyn Daly, *Conversations with Zizek*, Cambridge: Polity Press, 2004.

Hans Bertens, *Literary Theory: The Basics (2nd Edition)*, London & New York: Routledge, 2008.

Homi K Bhabha, *The Location of Culture*, London and New York: Routledge, 1994.

Ian James, *Paul Virilio*, London & New York: Routledge, 2007.

Immanuel Wallerstein, *Historical Capitalism with Capitalist Civilization*, London & New York: Verso, 2003.

Ian James, *The Essential Wallerstein*, New York: New Press, 2000.

Jacques Derrida and Bernard Stiegler, *Echographies of Television: Ian James, Filmed Interviews*, trans. Jennifer Bajorek, Cambridge &

Malden: Polity Press, 2002.

James Der Derian, *Virtuous War: Mapping the Military-Industrial-Media-Entertainment-Network*, New York & London: Routledge, 2009.

James Everett Katz and Mark Aakhus, eds., *Perpetual Contact: Mobile Communication, Private Talk, Public Performance*, Cambridge: Cambridge University Press, 2002.

Jean Baudrillard, *Simulacra and Simulation*, Ann Arbor: University of Michigan Press, 1994.

Jean Baudrillard, *The Gulf War did not Take Place*, trans. PaulPatton, Bloomington: Indiana University Press, 1995.

Jean Baudrillard, *The Perfect Crime*, trans. Chris Turner, London & New York: Verso, 1996.

Jean Baudrillard, *The Spirit of Terrorism*, trans. Chris Turner, London & New York: Verso Books, 2013.

John Anthony Cuddon, *A Dictionary of Literary Terms and Literary Theory*, West Sussex: John Wiley & Sons, 2013.

John Armitage ed., *Paul Virilio: From Modernism to Hypermodernism and Beyond*, London: Sage, 2000.

John Armitage ed., *The Virilio Dictionary*, Edinburgh: Edinburgh University Press, 2013.

John Armitage ed., *Virilio Live: Selected Interviews*, London:

Sage，2001.

John Armitage ed.，*Virilio and Visual Culture*，Edinburgh：Edinburgh University Press，2013.

John Lechte，*Fifty Key Contemporary Thinkers：From Structuralism to Post-Humanism*，New York & London：Routledge，2007.

Jonathan Goodwin and John Holbo，eds.，*Reading Graphs，Maps & Trees：Responses to Franco Moretti，Anderson，SC：* Parlor Press，2011.

Julian Wolfreys ed.，*Literary theories：A Reader and Guide*，New York：NYU Press，1999.

Langdon Winner，*The Whale and the Reactor：A Search for Limits in an Age of High Technology*，Chicago：University of Chicago Press，1989.

Lev Manovich，*The Language of New Media*，Cambridge：MIT Press，2002.

Lois Tyson，*Critical Theory Today：A User-Friendly Guide*，London & New York：Routledge，2006.

Mark Fisher，*Capitalist Realism：Is there no Alternative?* Winchester & Washington：O Books，2009.

Matthew K. Golded，*Debates in the Digital Humanities*，Minneapolis：U of Minnesota Press，2012.

Melissa Terras, Julianne Nyhan and Edward Vanhoutte eds., *Defining Digital Humanities*, London: Routledge, 2013.

Michael Hardt and Antonio Negri, *Empire*, Cambridge: Harvard University Press, 2001.

Nick Mansfield, *Subjectivity: Theories of the Self from Freud to Haraway*, New South Wales: Allen & Unwin, 2000.

Nick Stevenson, *Understanding Media Cultures: Social Theory and Mass Communication*, London: Sage, 2002.

Paul Jones, *Raymond Williams' Sociology of Culture: A Critical Reconstruction*, Houndsmills: Palgrave Macmillan, 2004.

Paul Virilio, *A Landscape of Events*, Cambridge: MIT Press, 2000.

Paul Virilio, *Open Sky*, trans. Julie Rose, London: Verso, 1997.

Paul Virilio, *Polar Inertia*, trans. Patrick Camiller, London: Sage Publications, 2000.

Paul Virilio, *Pure War*, trans. Mark Polizzotti, New York: Autonomedia, 2008.

Paul Virilio, *The Lost Dimension*, trans. Daniel Moshenberg, New York: Semiotext (e), 1991.

Paul Virilio, *The Vision Machine*, trans. Julie Rose, Bloomington: Indiana University Press, 1994.

Paul Virilio, *Speed and Politics*, trans. Mark Polizzotti, Los Angeles:

Semiotext（e），2006.

Paul Virilio, *War and Cinema: The Logistics of Perception*, trans. Patrick Camiller, London & New York: Verso, 1989.

Perry Anderson, *The Origins of Postmodernity*, London: Verso, 1998.

Raymond Williams, *Politics of Modernism: Against the New Conformists*, New York & London: Verso Books, 1989.

Raymond Williams, *Television: Technology and Cultural Form*, London & New York: Routledge, 2004.

Robert C. Scharff and Val Dusek, eds., *Philosophy of Technology: The Technological Condition: An Anthology*, Hoboken: John Wiley & Sons, 2013.

Sarah Gamble ed., *The Routledge Companion to Feminism and Postfeminism*, London: Routledge, 2006.

Scott McQuire, *The Media City: Media, Architecture and Urban Space*, Los Angeles: Sage, 2008.

Slavoj Žižek, *Less Than Nothing: Hegel and the Shadow of Dialectical Materialism*, London: Verso Books, 2012.

Stefan Herbrechter, *Posthumanism: A Critical Analysis*, London: A & C Black, 2013.

Stuart Sim, *Post-Marxism: An Intellectual History*, New York &

London: Routledge, 2000.

Susan Schreibman, R. Siemens and J. Unsworth, *A New Companion to Digital Humanities*, Hoboken: John Wiley & Sons, 2015.

Terry Eagleton, *Hope Without Optimism*, New Haven: Yale University Press, 2015.

Theodor W. Adorno and Jay M. Bernstein, *The Culture Industry: Selected Essays on Mass Culture*, London & New York: Routledge, 2020.

Timothy Brennan, *Borrowed Light: Vico, Hegel, and the Colonies.* Stanford: Stanford University Press, 2014.

Tony Bennett, Lawrence Grossberg and Meaghan Morris, eds., *New Keywords: A Revised Vocabulary of Culture and Society*, Malden: Blackwell Publishing, 2005.

Val Dusek, *Philosophy of Technology: An Introduction*, Malden: Blackwell Publishing, 2006.

Vivek Chibber, *Postcolonial Theory and the Specter of Capital*, New York & London: Verso Books, 2014.

二、期刊、论文

[美] 戴安德、姜文涛撰:《数字人文作为一种方法:西方研究现状及展望》,赵薇译,《山东社会科学》2016 年第 11 期。

[美]弗兰科·莫莱蒂:《对世界文学的猜想》,诗怡译,《中国比较文学》2010 年第 2 期。

[美]达纳·伯兰:《雷蒙·威廉斯论电影》,潘源译,《世界电影》2014 年第 1 期。

[美]笪章难撰:《以计算的方法反对计算文学研究》,汪蘅译,姜文涛校,《山东社会科学》2019 年第 8 期。

[美]迈克尔·奎特:《数字殖民主义:美帝国与全球南方的新帝国主义》,顾海燕译,《国外理论动态》2022 年第 3 期。

[美]伊曼纽尔·沃勒斯坦:《三种还是一种意识形态?——关于现代性的虚假争论》,杜丹英、王列译,《马克思主义与现实》1999 年第 1 期。

А. В. Брушлинский:《人工"智能"为什么不可能?》,世京译,《世界科学译刊》1979 年第 7 期。

[英]霍米·巴巴:《纪念法农:自我、心理和殖民状况》,陈永国译,《外国文学》1999 年第 1 期。

蔡恒进、汪恺:《AI 时代的人文价值——对强计算主义的反驳》,《人文杂志》2020 年第 1 期。

臧棣:《霍拉旭的神话:幸存和诗歌》,《延边大学学报(社会科学版)》1993 年第 1 期。

陈文化、李立生:《马克思主义技术观不是"技术决定论"》,《科学技术与辩证法》2001 年第 6 期。

陈向义:《马克思技术观中的技术决定论思想辨析》,《自然辩证法通讯》2007 年第 3 期。

陈晓辉:《世界文学、距离阅读与文学批评的数字人文转型——弗兰克·莫莱蒂的文学理论演进逻辑》,《文艺理论研究》2018 年第 6 期。

戴雪红:《后女性主义对二元论的批判——身体的哲学剖析》,《妇女研究论丛》2008 年第 6 期。

但汉松:《朝向"数字人文"的文学批评实践:进路与反思》,《文化研究》2018 年第 2 期。

但汉松:《跨媒介性》,《外国文学》2023 年第 6 期。

都岚岚:《论莫莱蒂的远读及其影响》,《中国比较文学》2020 年第 3 期。

方英:《空间转向之后的存在、写作与批评——评塔利的〈处所意识:地方、叙事与空间想象〉》,《外国文学》2021 第 3 期。

方英:《文学绘图:文学空间研究与叙事学的重叠地带》,《外国文学研究》2020 年第 2 期。

付文军:《〈资本论〉与马克思的技术批判》,《社会科学辑刊》2019 年第 6 期。

胡大平:《技术社会视角及其现代性批判》,《社会科学辑刊》2023 年第 4 期。

黄秦安:《"离散数学"的范式革命及其意义》,《科学学研究》

2019 年第 2 期。

黄在忠：《智能互联与数据记忆——论一种技术拜物教的产生》，《吉首大学学报（社会科学版）》2021 年第 5 期。

蓝江：《数字异化与一般数据：数字资本主义批判序曲》，《山东社会科学》2017 年第 8 期。

蓝江：《一般数据、虚体、数字资本——数字资本主义的三重逻辑》，《哲学研究》2018 年第 3 期。

李桂花：《科技异化与科技人化》，《哲学研究》2004 年第 1 期。

李建会、夏永红：《宇宙是一个计算机吗？——论基于自然计算的泛计算主义》，《世界哲学》2018 年第 2 期。

李三达：《现实何以消失：论维利里奥的后人类主义视觉理论》，《文艺研究》2022 年第 3 期。

李三虎：《技术决定还是社会决定：冲突和一致——走向一种马克思主义的技术社会理论》，《探求》2003 年第 1 期。

李熙：《莱布尼茨、计算主义与两个哲学难题》，《科学技术哲学研究》2019 年第 6 期。

刘方喜：《超越"鲁德谬误"：人工智能文艺影响之生产工艺学批判》，《学术研究》2019 年第 5 期。

刘康：《西方理论在中国的命运——詹姆逊与詹姆逊主义》，《文艺理论研究》2018 年第 1 期。

刘立：《论马克思不是"技术决定论者"》，《自然辩证法研究》

2003 年第 12 期。

刘涛:《图式论：图像思维与视觉修辞分析》,《南京社会科学》2020 年第 2 期。

刘耘华:《远程阅读时代诗学对话的方法论建构》,《华东师范大学学报（哲学社会科学版）》2020 年第 2 期。

罗钢:《资本逻辑与历史差异——关于后殖民主义与马克思主义的一些思考》,《外国文学评论》2002 年第 4 期。

罗佳璇:《欧美科幻电影中的"后人类"形象研究》,《四川戏剧》2021 年第 8 期。

吕超:《西方科幻小说中的机器人伦理》,《外国文学研究》2015 年第 1 期。

齐磊磊:《从强计算主义到弱计算主义——走出"万物皆数"之梦》,《学术研究》2016 年第 11 期。

汪怀君:《技术恐惧与技术拜物教——人工智能时代的迷思》,《学术界》2021 年第 1 期。

王伯鲁:《马克思技术决定论思想辨析》,《自然辩证法通讯》2017 年第 5 期。

王汉林:《"技术的社会形成论"与"技术决定论"之比较》,《自然辩证法研究》2010 年第 6 期。

王军:《从人文计算到可视化——数字人文的发展脉络梳理》,《文艺理论与批评》2020 年第 2 期。

王平：《走向后现代：后马克思主义女权主义的当代论域及其归宿》，《哲学动态》2012 年第 9 期。

王涛：《"数字史学"：现状、问题与展望》，《江海学刊》2017 年第 2 期。

王伟：《"反理论"的真相及意义——以罗蒂、费什为例》，《燕山大学学报（哲学社会科学版）》2014 年第 1 期。

王玉鹏：《论后马克思主义的主要理论主张及其内在矛盾》，《国外社会科学》2018 年第 5 期。

吴筱燕：《福柯与后结构主义女权主义》，《上海文化》2020 年第 4 期。

徐洁磐：《应用型计算机本科中离散数学课程目标定位与课程改革的探讨》，《计算机教育》2010 年第 5 期。

徐晋：《离散主义：理论、方法与应用》，《学术月刊》2018 年第 3 期。

徐英瑾：《数字拜物教："内卷化"的本质》，《探索与争鸣》2021 年第 3 期。

许煜：《算法灾难：偶然性的报复》，刁俊春译，《新美术》2016 年第 2 期。

杨玲：《远读、文学实验室与数字人文：弗朗哥·莫莱蒂的文学研究路径》，《中外文论》2017 年第 1 期。

俞吾金：《走出"科学技术决定论"的误区：对中国现代化道路

的一个反思》,《马克思主义研究》2010 年第 6 期。

袁立国:《数字资本主义批判:历史唯物主义走向当代》,《社会科学》2018 年第 11 期。

张以哲:《数据资本权力:数字现代性批判的重要维度》,《西南大学学报（社会科学版）》2021 年第 1 期。

赵奎英:《当代跨媒介艺术的复杂共感知与具身空时性》,《文艺研究》2021 年第 8 期。

赵薇:《从概念模型到计算批评:数字时代的"世界文学"研究》,《中国比较文学》2019 年第 4 期。

赵薇:《数字时代的"世界文学"研究:从概念模型到计算批评》,《外国文学动态研究》2020 年第 3 期。

赵薇:《数字时代人文学研究的变革与超越——数字人文在中国》,《探索与争鸣》2021 年第 6 期。

钟路:《21 世纪马克思主义女性主义的论域与展望》,《国外理论动态》2020 年第 6 期。

Louis Althusser, "Philosophy as a Revolutionary Weapon", *New Left Review*, Vol. 64, 1970.

Andreas Wittel, "Digital Marx: Toward a Political Economy of Distributed Media", Christian Fuchs and Vincent Mosco, eds., *Marx in the Age of Digital Capitalism*, Leiden: Brill, 2016.

Bernard Stiegler, "Derrida and Technology: Fidelity at the Limits of

Deconstruction and the Prosthesis of Faith", in Tom Cohen ed., *Jacques Derrida and the Humanities*, Cambridge and New York: Cambridge University Press, 2001.

Bruce Sterling, "Preface to the Mirrorshades: The Cyberpunk Anthology", Rob Latham ed., *Science Fiction Criticism: An Anthology of Essential Writings*, 2017.

Cedric Robinson, "The Appropriation of Frantz Fanon", *Race & Class*, vol.35, No.1, 1993, pp.79-91.

Christof Schöch, "Big? Smart? Clean? Messy? Data in the Humanities", *Journal of the Digital Humanities*, Vol.2, 2014.

Clifford E. Wulfman, "The Plot of the Plot: Graphs and Visualizations", *The Journal of Modern Periodical Studies*, Vol.5. No.1, 2014.

Constance Penley, Andrew Ross and Donna Haraway, "Cyborgs at Large: Interview with Donna Haraway", *Social Text*, Vol.25/26, 1990.

Daniel Allington, Sarah Brouillette and David Golumbia, "Neoliberal Tools (and Archives): A Political History of Digital Humanities", *LA Review of Books*, Vol.1, 2016.

David Berry, "The Computational Turn: Thinking about the Digital Humanities", *Culture machine*, Vol.12, 2011.

David Berry, "Critical Digital Humanities", in James O'Sullivan ed., *The Bloomsbury Handbook to the Digital Humanities*. London:

Bloomsbury Publishing, 2022.

David Harvey, "The Fetish of Technology: Causes and Consequences",
Macalester International, 2003.

Debjani Ganguly, "Global Literary Refractions: Reading Pascale
Casanova's The World Republic of Letters in the Post-Cold War Era",
English Academy Review, Vol.25, No.1, 2008.

Des Freedman, "A 'Technological Idiot'? Raymond Williams and
Communications Technology", *Information, Communication & Society*,
Vol.5, No.3, 2002.

Douglas Kellner, "Virilio, War and Technology: Some Critical
Reflections", *Theory, Culture & Society*, Vol.16, No.5-6, 1999.

Emily Apter, "Global Translation: the 'Invention' of Comparative
Literature, Istanbul, 1933", *Critical Inquiry*, Vol.29, No.2, 2003.

Eric Kelderman, "Another 'Sokal' Hoax? The Late Stimitation Calls
an Academic Journal's Integrity into Question", *The Chronicle of Higher*,
Vol.11, 2021.

Eric Schatzberg, "Technik Comes to America: Changing Meanings of
Technology Before 1930", *Technology and Culture*, Vol.47, No.3, 2006.

Eric Weiskott, "There is No Such Thing as 'the Digital Humanities'",
The Chronicle of Higher Education, Vol.11, No.1, 2017.

Francesca Ferrando, "Towards a Posthumanist Methodology. A

Statement", *Frame Journal For Literary Studies*, Vol.25, No.1, 2012.

Franco Moretti, "More Conjectures on World Literature", *New Left Review*, Vol.20, 2003.

Fredric Jameson, "Marxism and Postmodernism", *New Left Review, Vol.* 176（1989）.

Fredric Jameson, "Modernism and Imperialism", Terry Eagleton, Fredric Jameson and Edward W. Said, *Nationalism, Colonialism and Literature*, Minnesota: U of Minnesota Press, 1988.

Gayatri Chakravorty. Spivak, "Three Women's Texts and a Critique of Imperialism", *Critical Inquiry*, Vol.12, No.1.

Gerard Delanty and Neal Harris, "Critical Theory and the Question of Technology: The Frankfurt School Revisited", *Thesis Eleven*, Vol.166, No.1, 2021.

Glenn Rikowski, "Alien Life: Marx and the Future of the Human", *Historical Materialism*, Vol.11, No.2, 2003.

James Murphy, "How to Do Things with Networks: A Response to Franco Moretti", See https://magmods.wordpress.com/2011/08/18/how-to-do-things-with-networks-a-response-to-franco-moretti/（accessed 3 March 2022）（2011）.

James W. Malazita and Korryn Resetar, "Infrastructures of Abstraction: How Computer Science Education Produces Anti-Political

Subjects", *Digital Creativity*, Vol.30, No.4, 2019.

Jan Patočka, "The Dangers of Technicization in Science according to E. Husserl and the Essence of Technology as Danger according to M. Heidegger (Varna Lecture, 1973)1", Ludger Hagedorn and James Dodd, eds., *The New Yearbook for Phenomenology and Phenomenological Philosophy: Volume 14, Special Issue: The Philosophy of Jan Patočka*, London & New York: Routledge, 2015.

Janet Wolff, "On the Road Again: Metaphors of Travel in Cultural Criticism", *Cultural Studies*, Vol.7, No.2, 1993.

Jeffrey R Wilson, "Shakestats: Writing about Shakespeare Between the Humanities and the Social Sciences", *Early Modern Literary Studies*, Vol.20, No.2, 2018.

Jeffrey Schnapp, Todd Presner and Peter Lunenfeld, *Digital Humanities Manifesto 2.0*, http: //www.humanitiesblast.com/manifesto/ Manifesto_V2.pdf.2020-05-10.

Jennifer Daryl Slack and M. Mehdi Semati, "Intellectual and Political Hygiene: the 'Sokal Affair' ", *Critical Studies in Media Communication*, Vol.14, No.3, 1997.

Jeremy Huggett, *Is Digital Archaeology Busted* ? http: // introspectivedigitalarchaeology.com/2017/10/24/is-digital-archaeology-busted/.2020-04-04.

Jim McGuigan, "Mobile Privatisation and the Neoliberal Self", *Key Words: A Journal of Cultural Materialism*, Vol.11, 2013.

Joan Gordon, "Yin and Yang Duke It Out", Larry McCaffery ed., *Storming the Reality Studio: A Casebook of Cyberpunk and Postmodern Science Fiction*, Durham, NC: Duke UP, 1991.

Joanne Paul, "The Best Counsellors are the Dead: Counsel and Shakespeare's Hamlet", *Renaissance Studies*, Vol.30, No.5, 2016.

Johanna Drucker, "Humanistic Theory and Digital Scholarship", *Debates in the Digital Humanities*, Minneapolis, MN: U of Minnesota Press, 2012.

John Guillory, "The Sokal Affair and the History of Criticism", Critical Inquiry, Vol.28, No.2, 2002.

John Knight, "Fading Poststructuralisms: Post-Ford, Posthuman, Posteducation?", Richard Smith and Philip Wexler, eds., *After Postmodernism*, New York & London: Routledge, 2005.

Julien Longhi, "Proposals for a Discourse Analysis Practice Integrated into Digital Humanities: Theoretical Issues, Practical Applications, and Methodological Consequences", *Languages*, Vol.5, No.1, 2020.

Kathryn Schulz, "What is Distant Reading", *The New York Times*, Vol.24, 2011.

Lisa Rhody, "A Method to the Model: Responding to Franco Moretti's

Network Theory, Plot Analysis", See https: //magmods.wordpress.

com/2011/08/22/a-method-to-the-model-responding-to-franco-moretti

（accessed 3 March 2022)(2011).

Luciano Floridi, "Against Digital Ontology", *Synthese*, Vol.168,

No.1, 2009.

D. MacKenzie, and J. Wajcman, "Introductory Essay", in D. MacKenzie

and J. Wajcman *eds.*, *The Social Shaping of Technology*, Milton Keynes:

Open UP, 1999.

Marcus Pound, "Baudrillard, Žižek, and the Seduction of Christ",

International Journal of Žižek Studies, Vol.10.1, 2016.

Matthew Beaumont, "Imagining the End Times: Ideology, the

Contemporary Disaster Movie, Contagion", Matthew Flisfeder, and L.

Willis, eds., *Žižek and Media Studies: A Reader*, New York: Palgrave

Macmillan, 2014.

Michael Bull, " 'To Each Their Own Bubble' : Mobile Spaces of

Sound in the City", Nick Couldry and Anna McCarthy, *MediaSpace:

Place, Scale and Culture in a Media Age*, London: Routledge, 2004.

Nicholas Gane, "When We Have Never Been Human, What Is to Be

Done?", Interview with Donna Haraway, *Theory, Culture & Society*,

Vol.23, 2006.

Niels Brügger, "Digital Humanities in the 21st Century: Digital

Material as a Driving Force", *Digital Humanities Quarterly*, Vol.10, No.3, 2016.

Patrick Crogan, "The Tendency the Accident and the Untimely: Paul Virilio's Engagement with the Future", *Theory, Culture & Society* Vol.16, No.5-6, 1999.

Patrik Svensson, "Sorting out the Digital Humanities", Susan Schreibman, R. Siemens and J. Unsworth, *A New Companion to Digital Humanities*, Hoboken: John Wiley & Sons, 2015.

Petter Törnberg and Anton Törnberg, "The Limits of Computation: A Philosophical Critique of Contemporary Big Data Research", *Big Data & Society*, Vol.5, No.2, 2018.

R. L. Rutsky, "Technologies", *The Cambridge Companion to Literature and the Posthuman*, eds., Bruce Clarke and Manuela Rossini, Cambridge: Cambridge University Press, 2017.

Richard Miller, "Social and Political Theory: Class, State, Revolution", Terrell Carver, ed., *The Cambridge Companion to Marx*, Cambridge: Cambridge University Press, 1991.

Robert J. C. Young, "Ideologies of the Postcolonial", *Interventions*, Vol.1, No.1, 1998.

Robert Kaufman, "Red Kant, or the Persistence of the Third 'Critique' in Adorno and Jameson", *Critical Inquiry*, Vol.26,

No.4，2000.

Robert Kurz，"The Ontological Break: Before the Beginning of a Different World History"，*Mediations*，Vol.27，No.1-2，2013.

Robrecht Vanderbeeken，"The Screen as an in-between"，*Foundations of Science*，Vol.16，2011.

Sarah E. Bond，Hoyt Long and Ted Underwood，"'Digital' Is Not the Opposite of 'Humanities.' "，*Chronicle of Higher Education*，Vol.1，2017.

Sarah Emily Bond，*Mapping Racism And Assessing the Success of the Digital Humanities*，https：//sarahemilybond.com/2017/10/20/mapping-racism-and-assessing-the-success-of-the-digital-humanities/.2020-04-10.

Stanley Fish，"Mind your P's and B's: The Digital Humanities and Interpretation"，*New York Times*，Vol.23，No.1，2012.

Stanley Fish，"The Digital Humanities and the Transcending of Mortality"，*The New York Times*，Vol. 9，2012.

Stanley Fish，"The old Order Changeth"，*The New York Times*，Vol.26，2011.

Stephen Groening，"From 'A Box in the Theater of the World' to 'The World as Your Living Room': Cellular Phones，Television and Mobile Privatization"，*New Media & Society*，Vol.12，No.8，2010.

Sumit Sarkar，"The Decline of the Subaltern in Subaltern Studies"，

David Ludden, ed., *Reading Subaltern Studies: Critical History, Contested Meaning and the Globalization of South Asia*, London: Anthem Press, 2002.

Tara McPherson, "Why are the Digital Humanities so White? Or Thinking the Histories of Race and Computation", *Debates in the Digital Humanities*, Vol.1, 2012.

Terry Eagleton, "The Idealism of American Criticism", *New Left Review*, Vol.127, 1981.

Timothy Brennan, "The Digital-Humanities Bust", *The Chronicle of Higher Education*, Vol.15, 2017.

Timothy Burke, "Book Notes: Franco Moretti's Graphs, Maps, Trees", Jonathan Goodwin, ed., *Reading Graphs, Maps & Trees: Responses to Franco Moretti*, Anderson, SC: Parlor Press, 2011.

Todd Presner and David Shepard, "Mapping the Geospatial Turn", Susan Schreibman, R. Siemens and J. Unsworth, *A New Companion to Digital Humanities*, Hoboken: John Wiley & Sons, 2015.

John Unsworth, "What is Hhumanities Computing and What is Not", Melissa Terras, Julianne Nyhan and Edward Vanhoutte. Eds., *Defining Digital Humanities*, London: Routledge, 2013.

Verena Andermatt Conley, "The Passenger: Paul Virilio and Feminism", *Theory, Culture & Society*, Vol.16, No.5-6, 1999.

后 记

威廉斯将理论视同悲剧，并将两者均看作一种提醒（reminder）。笔者并不具备深厚的学理储备和完整的哲学素养，斗胆染指论题皆因情动，试图"把丑话说在前面"，唯恐在没有认真检查西方技术主义文论的前提下出现新一轮的"拿来主义"。书中文字皆为旁证，议论均是侧写，往往词不达意、不知所云，仅希望这个旁敲侧击的小品能够为中国式现代化的技术认知及其文论影响提供一点微不足道的参考。书中部分章节已见刊，感谢众多师友的容忍与启迪，在此一并谢过！其原初版本分别发表于《理论月刊》、《文学评论》、《社会科学论坛》、《北京电影学院学报》、《电影艺术》、《美育学刊》、《当代比较文学》、《外语研究》、《艺术管理》（中英文）、《中国人民大学学报》、《文艺理论研究》、《文艺论坛》（按发表时间排序）。感谢中国艺术研究院基本科研业务费个人后期资助项目资金的支持，感谢文化艺术出版社的出版，感谢中国艺术研究院马克思主义文艺理论研究所领导和同人的包容和爱护，感谢刘利健老师的编辑。

图书在版编目（CIP）数据

技术的幻象：当代西方技术主义文论片论 / 张墨研
著. -- 北京：文化艺术出版社, 2025. 7. -- ISBN 978-
7-5039-7890-6

Ⅰ. A811.691

中国国家版本馆CIP数据核字第2025RE5461号

技术的幻象——当代西方技术主义文论片论

著　　者　张墨研

责任编辑　刘利健

责任校对　董　斌

书籍设计　顾　紫

出版发行　文化艺术出版社

地　　址　北京市东城区东四八条52号　（100700）

网　　址　www.caaph.com

电子邮箱　s@caaph.com

电　　话　（010）84057666（总编室）　　84057667（办公室）
　　　　　　　　84057696—84057699（发行部）

传　　真　（010）84057660（总编室）　　84057670（办公室）
　　　　　　　　84057690（发行部）

经　　销　全国新华书店

印　　刷　国英印务有限公司

版　　次　2025 年 7 月第 1 版

印　　次　2025 年 7 月第 1 次印刷

开　　本　787毫米×1092毫米　1/32

印　　张　12.625

字　　数　300 千字

书　　号　ISBN 978-7-5039-7890-6

定　　价　68.00 元